EUROPA
Mit dem Motorrad durch die Alpen

An der Erarbeitung dieses Reiseführers waren beteiligt:

Autoren	Fabien Lecoutre, Anne-France Dautheville
Herausgeber	Sylvie Gillet, Chloé Tassel, Hélène Payelle
Übersetzung	Übersetzungsbüro Peschel
Kartographie	Stéphane Anton, Daniel Duguay, André Prévault, Sandrine Tourari
Grafische Gestaltung	Catherine Jambois
Anzeigenverwaltung und Partner	michelin-cartesetguides-btob@fr.michelin.com
Unser Dank gilt	Géraldine Balay, Philippe Besse, Nicolas Breton, Stéphane Coiffet, Maria Gaspar (iconographie), Arnaud Mialdéa, Alexis Offergeld, Remi Paupert, Axel Piquet-Gautier, Philippe Orain

Erscheinungsjahr 2011

Das Herausgeberteam hat diesen Reiseführer mit größter Sorgfalt zusammengestellt und überprüft. Dennoch sind die praktischen Informationen (Preise, Adressen, Besichtigungsbedingungen, Telefonnummern, Websites, Webadressen usw.) als unverbindliche Hinweise zu betrachten, da solche Daten ständigen Änderungen unterworfen sind. Es ist nicht auszuschließen, dass einige dieser Angaben zum Erscheinungsdatum des Führers nicht mehr ganz exakt oder vollständig sind. Dafür übernehmen wir keine Gewähr.

EUROPA
Mit dem Motorrad durch die Alpen

Die Alpen sind ein Anziehungspunkt für alle Motorradfreunde, die vor allem die grundlegenden Werte der Motorradgemeinschaft suchen: Freiheit und geteiltes Erleben. Nirgendwo sonst in Europa ist die Freiheit besser zu erleben als in den unendlichen Weiten dieser einsamen, eisigen Höhen, auf den engen Straßen oder auf Wegen, die nur noch den Zweirädern zugänglich sind. Wer sich mit dem Motorrad in die Alpen aufmacht, hat das einzige Fahrzeug gewählt, mit dem an den gesamten Alpenbogen innerhalb weniger Tage besichtigen und überall dort anhalten und verweilen kann, wo man einen interessanten Aussichtspunkt entdeckt. Vor allem bekommen Sie hier die Gelegenheit, andere Motorradfahrer zu treffen, die aus ganz Europa oder sogar von noch weiter her kommen, um ebenfalls die Schönheit dieses Gebirges zu entdecken und seine Straßen einträchtig mit Ihnen zu teilen.

INHALT

DIE STRECKE GENIESSEN — p. 6

1 WALLIS — p. 26
Annecy / Freiburg

2 BERNER OBERLAND — p. 34
Freiburg / Altdorf

3 GRAUBÜNDEN — p. 42
Altdorf / Stilfserjoch

4 VORARLBERG — p. 50
Stilfserjoch / Riedbergpass

5 BAYERN — p. 58
Riedbergpass / Salzburg

6 KÄRNTEN — p. 66
Salzburg / Tolmezzo

7 DOLOMITEN — p. 74
Tolmezzo / Bozen

8 SÜDTIROL — p. 82
Bozen / Tirano

9 ENGADIN — p. 90
Tirano / Disentis

10 OBERWALLIS — p. 98
Disentis / Simplonpass

11 DIE ITALIENISCHEN SEEN — p. 106
Simplonpass / Biella

12 AOSTATAL — p. 118
Biella / Großen Sankt Bernard

🇨🇭🇫🇷	**13 SAVOIE** Großen Sankt Bernard / Annecy	p. 126
🇫🇷	**14 DIE SEEN DER SAVOIE** Umgebung von Annecy	p. 134
🇫🇷	**15 VERCORS** Umgebung von Grenoble	p. 144
🇫🇷	**16 CHARTREUSE** Umgebung von Grenoble	p. 152
🇫🇷	**17 QUEYRAS** Umgebung von Briançon	p. 160
🇫🇷	**18 DÉVOLUY** Umgebung von Gap	p. 168
🇫🇷	**19 ROUTE NAPOLÉON** Grenoble / Embrun	p. 176
🇫🇷	**20 ROUTE NAPOLÉON** Embrun / Grasse	p. 184
🇫🇷	**21 ROUTE DES GRANDES ALPES** Menton / Guillestre	p. 192
🇫🇷	**22 ROUTE DES GRANDES ALPES** Guillestre / Bourg-St-Maurice	p. 200
🇫🇷	**23 ROUTE DES GRANDES ALPES** Bourg-St-Maurice / Thonon-les-Bains	p. 208
	INDEX	p. 216

DIE STRECKE GENIESSEN

Für unseren ersten großen Motorrad-Reiseführer wollten wir ein außergewöhnliches und verbindendes Ziel aussuchen. Eine Route, die das Interesse jedes Motorradfreundes weckt, der gerne reist, andere Länder, Regionen und Kulturen entdeckt, großartige Landschaften und Straßen, die Spaß machen. Also, wo führen wir Sie hin?

WARUM MIT DEM MOTORRAD DURCH DIE ALPEN?

Das Hochgebirge hat Motorradfahrer schon immer magisch angezogen, wegen der Schönheit seiner Landschaften ebenso wie wegen der reizvollen kurvenreichen Straßen. Das Alpenmassiv ist dabei der klare Favorit gegenüber den Pyrenäen: die Alpen liegen in der Mitte Europas, sind von allen Seiten aus leicht zugänglich und bieten eine große Vielfalt an Landschaften und Straßen – und zwar auf einer derart riesigen Fläche, dass sich hier jeder auf seine Kosten kommt, egal ob er eine Woche, zehn Tage, zwei Wochen oder noch länger unterwegs sein möchte!

Die Alpenkette beschreibt einen Bogen, der sich von Nizza bis Wien über 1.200 km Länge erstreckt und eine Fläche von rund 192.000 km² einnimmt. Sie zählt 82 Gipfel von über 4.000 m Höhe und 16 Pässe von über 2.000 m, welche allesamt (bis auf einen) auf der von uns vorgeschlagenen Strecke liegen.

2.005 m: Simplon-Pass (Schweiz)
2.058 m: Col du Lautaret (Frankreich)
2.065 m: San-Bernardino-Pass (Schweiz)
2.068 m: Col de la Croix de Fer (Frankreich)
2.084 m: Col du Mont-Cenis (Frankreich/Italien)
2.106 m: Sankt-Gotthard-Pass (Schweiz)
2.164 m: Grimsel-Pass (Schweiz)
2.360 m: Col d'Izoard (Frankreich)
2.469 m: Großer Sankt-Bernard-Pass (Schweiz/Italien)
2.478 m: Nufenen-Pass (Schweiz)
2.503 m: Großglockner-Hochalpenstraße (Hochtor, Österreich)
2.647 m: Col du Galibier (Frankreich)
2.715 m: Col de la Bonette (Frankreich)
2.757 m: Stilfser Joch (Italien)
2.770 m: Col de l'Iseran (Frankreich)

Diese Menge an Höhepunkten, die mit kurvigen Straßen einhergehen, muss das Interesse jedes Motorradtouristen wecken.

EINE SCHATZKISTE DER URSPRÜNGLICHKEIT

Diese geografischen Schätze wären jedoch nur halb so reizvoll, würden sie nicht mit einer unglaublichen natürlichen und kulturellen Vielfalt einhergehen.

Die Alpen sind zweifellos das am intensivsten erschlossene Gebirge der Welt. Dennoch gehören sie noch immer zu den wichtigsten und artenreichsten Ökosystemen Europas. Eine Fülle von Biotopen, von Arten, die es nirgendwo sonst gibt, eine veränderliche Geologie, wechselnde Gelände und Sonneneinstrahlungen, verschiedene Klimate und Naturvorgänge mit bisweilen fürchterlichen Auswirkungen – Föhnstürme, Lawinen, Erdrutsche, wiederkehrende Überschwemmungen und strenge Winter – machen die Alpen zu einer weltweit beachteten Ökoregion.

Die menschliche Besiedlung ist dem Beispiel dieses einzigartigen Biotops gefolgt und hat ihre Traditionen in all ihrer Vielfalt zu bewahren gewusst. So ist die einheimische Folklore immer noch in zahlreichen Tälern lebendig, deren Bewohner ihre Lieder und Tänze, ihre Trachten und ihre kulinarischen Spezialitäten und manchmal sogar ihren Dialekt weiter pflegen.

Ein Beispiel dafür ist Gröden, wo noch das Ladinische (zu den Rätoromanischen Sprachen gezählt) gesprochen wird, das aus der Zeit der römischen Besatzung stammt, oder das Engadin mit seinem Bündnerromanisch, einem entfernten Verwandten des Französischen und Italienischen, das die römischen Legionen nach ihrer Eroberung von Rhätien vor 2.500 Jahren hinterließen.

Wir wollten die Alpen für alle zugänglich machen, ganz gleich, in welchem Land oder welcher Region Sie starten, welches Motorrad Sie fahren und vor allem über wie viel Zeit Sie verfügen, um mit uns dieses Gebirge zu durchqueren.

UNSERE ROUTEN

Wir stellen Ihnen drei Strecken unterschiedlicher Länge vor, damit Sie sich entsprechend Ihrer geplanten Reisezeit die passende Route heraussuchen können.

1. Eine Woche
Wenn Sie auf der französischen Seite bleiben wollen, können Sie zwei Tage der Route Napoléon und dann drei Tage der Route des Grandes Alpes folgen. Wenn Sie Ihre Woche grenzübergreifend verbringen möchten, können Sie auf unserer ersten Europa-Runde mit Start in Annecy die wichtigsten großen Alpenpässe der Schweiz und Italiens kennenlernen.

2. Zehn Tage
Hier entdecken Sie die Schweiz, das österreichische Tirol, die italienischen Dolomiten... und erleben Pässe, Serpentinen und Panoramen, von denen Sie noch das ganze Jahr zehren!

3. Zwei Wochen
In dieser Zeit können Sie fast das gesamte Alpenmassiv durchfahren und die verschiedenen Regionen besuchen: das Wallis, das Berner Oberland, Tirol, Bayern, Kärnten, die Dolomiten, Südtirol, das Engadin, den Oberalppass, die italienischen Seen, das Aostatal, das Savoyen...

DIE ETAPPEN

Überall, wo es möglich ist, geben wir Ihnen die Gelegenheit, die Reiseroute Ihren Wünschen und Notwendigkeiten anzupassen, je nachdem, ob Sie den Fahrspaß auskosten oder lieber kulturelle Seiten entdecken möchten, ob Sie Muße für Besichtigungen haben oder Termine einhalten müssen, ob Sie den kürzesten Weg bevorzugen oder gern auf kleinen Seitenwegen durch die Natur rollen.

ORIENTIERUNG

Um Ihnen das bestmögliche Vorankommen ohne den geringsten Zweifel zu gewährleisten, schlagen wir Ihnen drei einander ergänzende Arten der Orientierung vor.

Karten
Zunächst greifen wir auf die Erfahrung von Michelin in Sachen Straßenkarten zurück, die auf zwei Ebenen Niederschlag gefunden hat: einerseits in einer Generalkarte aus Satellitenperspektive, die Ihnen einen Überblick über die Routen und die verschiedenen Alternativen verschafft, und andererseits Einzelkarten in kleinem Maßstab für jede Regionalstrecke. Auf diesen finden Sie in Form von Piktogrammen die wichtigen Hinweise zu den von uns empfohlenen Unterkünften und Restaurants, den besten Aussichtspunkten und gegebenenfalls zu den schwierigsten Wegabschnitten.

Roadbooks
Damit Sie keinen Abzweig verpassen, sind alle unsere Routen in einem Roadbook genauestens beschrieben. Es gibt für jeden Abzweig die Richtung und den Namen der einzuschlagenden Straße sowie die verbleibenden Kilometer bis zur nächsten Richtungsänderung an. Nun müssen Sie nur noch ein Auge auf Ihren Tageskilometerzähler haben, um nicht daran vorbeizufahren...
Wie für unseren Führer *90 Motorradtouren in Frankreich* können diese Roadbooks auf der Website ViaMichelin kostenlos heruntergeladen, vergrößert und im A4-Format ausgedruckt werden, damit sie auf Ihrem Tankrucksack bequem zu lesen sind.

GPS-Dateien
Anhänger der Satelliten-Navigation können ebenfalls auf der Website ViaMichelin Straßenkarten von unserem Partner Tripy herunterladen, die als trb für Tripy RoadMaster und als GPX für die Systeme Garmin und TomTom zur Verfügung stehen.
Anschließend können Sie die Routen am Computer nach Belieben abändern, bevor Sie sie auf Ihr Navigationsgerät übertragen.

Wenn Sie noch nie die Gelegenheit hatten, durch Europa zu reisen, kennen Sie möglicherweise die Sitten und Gebräuche der Länder nicht, die Sie durchqueren werden. Hier einige Hinweise, damit Sie Missgeschicke vermeiden können.

DIE DURCHQUERTEN LÄNDER
DIE SPRACHE SPRECHEN
Kein Problem in Österreich und in der deutschsprachigen Schweiz. Auch in Südtirol sprechen viele Einheimische eher Deutsch als Italienisch. Die nördlichen Regionen (Trentino, Südtirol und Triest) sind erst 1919 an die Republik Italien angegliedert worden, und die Tiroler Kultur ist dort noch sehr lebendig. Nur im Gebiet der Seen müssen Sie sich auf Italienisch verständigen – oder zur Not auf Englisch, wie überall.
In der Westschweiz (Jura, Neuenburg, Waadt, Genf sowie Teile von Freiburg, Bern und Wallis) ist Französisch Amtssprache. Es ist auf jeden Fall ratsam, wie auch in Frankreich, Grundkenntnisse mitzubringen oder einen Sprachkundigen dabei zu haben.

EINKAUFEN
Die Läden öffnen im Allgemeinen um 9 oder 10 Uhr und schließen zwischen 18.30 und 20 Uhr. Samstags schließen sie um 16 Uhr (nur kleine Lebensmittelgeschäfte, Fleischereien und Bäckereien schließen bereits zwischen 13 und 14 Uhr). Einige Bäckereien öffnen auch sonntagvormittags.

AKKUS AUFLADEN
Die Netzspannung ist die gleiche wie in Deutschland (220 V), doch die Abstände und Formen der Stecker sind manchmal unterschiedlich. Es empfiehlt sich also, Adapter mitzunehmen, besonders für Schukostecker (in Italien und der Schweiz dreipolig).

GELD AUSGEBEN
Österreich, Frankreich und Italien haben wie Deutschland den Euro und in etwa vergleichbare Preise. In der Schweiz wird mit Schweizer Franken gezahlt (CHF oder SFr), und die Preise sind hier deutlich höher, insbesondere im Gastgewerbe.

STRAßENVERKEHR
Die wesentlichen Straßenverkehrsregeln gelten in allen durchquerten Ländern. Die strengsten Geschwindigkeitsbegrenzungen hat die Schweiz: 80 km/h außerhalb von Ortschaften und 120 km/h auf der Autobahn. Für die Benutzung der Schweizer Autobahnen muss man eine Jahres-Vignette zu 40 CHF erwerben (online erhältlich bei www.automobile-club.org). Das gleiche gilt für Österreich, allerdings gibt es hier auch Vignetten für eine Woche. Achtung: EU-Bürger, die in Österreich bei einem Verstoß erwischt werden, müssen ihr Bußgeld sofort entrichten. In Italien kommt es vor, dass an den Ampeln das rote Licht nie ausgeht und gleichzeitig ein grüner Pfeil aufleuchtet, der die Weiterfahrt erlaubt.

IMAGE DER MOTORRADFAHRER
Hier wird der Unterschied zwischen romanischen und germanischen Ländern besonders deutlich: In Deutschland, Österreich und der Schweiz behandelt man Motorradtouristen mit Respekt. Zahlreiche Einrichtungen, Hotels, Restaurants und Bars zeigen Aufschriften wie „Bikers welcome". Einige bieten Ermäßigungen oder besondere Leistungen für Motorradfahrer an. Das kommt in Italien seltener vor, was merkwürdigerweise mit einem Unterschied in Auftreten und Mentalität der dortigen Motorradfahrer einhergeht – Ursache oder Wirkung?

TANKEN
Hier werden Sie keine Probleme haben. Da die meisten von uns ausgewählten Strecken touristisch erschlossen sind, gibt es unterwegs genug Tankstellen verschiedener Marken.

Sporttouringreifen MICHELIN Pilot Road 2.
Seit 4 Jahren unbesiegt im MOTORRAD-Reifentest!

MOTORRAD testsieger

Platzierung

MOTORRAD 11/2010* — „agiler" · „kurvengierig" · „Regengott" · „gehört zu den langlebigen Reifen" — *MOTORRAD testsieger*

MOTORRAD 13/2009* — „keinen agileren Reifen" · „überragende Eigenschaften bei Nässe" — *MOTORRAD testsieger*

MOTORRAD 12/2008 — „bei Nässe sind Michelin-Reifen unschlagbar" · „federleichtes Handling" — *MOTORRAD testsieger*

MOTORRAD 11/2007 — „vorzügliche Nässeeigenschaften" · „erstaunliche Abriebfestigkeit" — *MOTORRAD testsieger*

MOTORRAD BEST BRAND 2010 — Kategorie: Reifen

Getestete Reifen: VR 120/70 ZR 17, HR 180/55 ZR 17
* 2 Produkte als Testsieger mit gleicher Punktzahl

MICHELIN Pilot Road 2

MICHELIN — Wir bringen Sie weiter

Seien wir ehrlich: für die wenigsten Motorradfahrer ist das Fahren im Hochgebirge alltäglich. Dabei gibt es hier einige Vorsichtsmaßnahmen und besondere Anforderungen an das Fahrverhalten zu beachten.

FAHREN IM GEBIRGE

Wenig befahrene Straßen und Unmengen von Kurven machen das Hochgebirge zu einem idealen Tummelplatz für Motorradfreunde, die sich nach Weite sehnen und gerne langen, ununterbrochenen Strecken folgen. Man darf jedoch nie vergessen, dass diese Umgebung zahlreiche Gefahren birgt, die dem Flachlandbewohner unbekannt sind. Wenn man außerdem bedenkt, dass in der Einsamkeit ein Unfall noch kritischere Folgen haben kann, da es viel länger dauert, bis Hilfe eintrifft, ist für den Motorradfahrer besondere Vorsicht geboten: Entweder schnell fahren und auf die Straße konzentrieren oder in aller Gemütlichkeit die Landschaft bewundern – hier muss man sich ganz klar entscheiden.

TÜCKISCHES WETTER

Unabhängig von Jahreszeit und Region kann die Witterung im Hochgebirge extrem wechselhaft sein. Bei unseren Erkundungstouren im Sommer 2010 haben wir mitunter Temperaturunterschiede von mehr als 20 Grad an einem Tag erlebt, manchmal im Abstand von nur wenigen Kilometern. Wo das Thermometer auf Pässen in 1.000 m Höhe kaum 4 °C zeigte, stieg es in der prallen Sonne im Tal auf 30 °C... Und gegen Ende des Tages kann jeden Augenblick ein heftiges örtliches Gewitter hereinbrechen. Studieren Sie regelmäßig vor der Abfahrt den Wetterbericht, um über die Vorhersagen auf dem Laufenden zu sein.

Erste Konsequenz: auf geeignete Ausrüstung achten. Unbedingt dabei sein muss ein vollständiger Regenschutz (Jacke und Hose oder Kombi, wasserdichte Stiefel und Handschuhe), ebenso warme Kleidung (Fleecejacke, Weste, Pullover und lange Unter- oder Überhose), eventuell sogar ein vollständiger Anzug zum Wechseln. Wer einen Helm mit verspiegeltem Visier („Iridium") trägt, sollte ein durchsichtiges Visier mitnehmen.

Zweite Konsequenz: das Fahren bei widrigem Wetter beherrschen. Bei Witterungen, die ebenso schnell wie heftig umschlagen, kann sich die Sicht in wenigen Augenblicken verschlechtern. Die wechselnde Reifenhaftung erfordert eine gesteigerte Aufmerksamkeit, ob nun im mitten im Unwetter oder kurz danach. Neben Pfützen und Asphaltflecken, die bei Nässe wie Glatteis wirken können, ist die Straße oft nach Windböen mit abgerissenen Zweigen und Ähnlichem übersät. Ganz zu schweigen von Steinschlägen, auf die ganzjährig gültige Schilder hinweisen. Achten Sie auf die Schutznetze an den seitlichen Felswänden – sie signalisieren eine starke Steinschlaggefahr, besonders bei Unwetter. Die großen Brocken werden von den Netzen zurückgehalten, nicht aber kleinere Steine, die ausreichen können, um Sie zu heftigen Schlenkern zu zwingen.

Die Witterungsbedingungen können sich auch auf die Zuverlässigkeit Ihres Motorrads auswirken. Im Gebirge fährt man meist bei mäßiger Geschwindigkeit mit höheren Drehzahlen, so dass sich der Motor stärker erhitzt als sonst, und umso mehr bei hohen Außentemperaturen. Man muss darauf achten, dass der Kühl- bzw. der Ölkreislauf einwandfrei funktioniert. Auf langen Strecken sollte man ruhig einen kleinen Kanister mit Kühlflüssigkeit und eine Flasche Motoröl mitnehmen. Besonders Tourenmaschinen tun sich im Sommer schwerer mit der Kühlung als das restliche Jahr über, da sich der Motor in seiner Vollverkleidung schneller erhitzt. Man sollte immer ein Auge auf die Öl- bzw. Motortemperaturanzeige haben und hin und wieder Stand und Alter des Kühlwassers überprüfen. Luft- und ölgekühlte Motoren sollte man bei jedem Halt abstellen, wenn die Temperaturanzeige in den roten Bereich spielt. Oft macht sich die Hitze besonders beim Anhalten bemerkbar. Halten Sie deshalb so oft wie möglich im Schatten. Und wenn Sie die Maschine abstellen, sehen Sie zu, dass zumindest der Sitz beschattet ist, damit Sie beim Weiterfahren nicht wie auf Kohlen sitzen.

GEFÄHRLICHE KURVEN

Motorradfahren im Gebirge bedeutet vor allem viele aufeinanderfolgende enge Kurven, Serpentinen und Haarnadeln. Und meistens sind diese Kurven uneinsichtig, das heißt, ihr Ausgang ist von Felsen oder Bäumen verdeckt, was böse Überraschungen bescheren kann.

Deshalb sollte man die Kurven immer mit gedrosselter Geschwindigkeit angehen, abbremsen und zurückschalten, um sofort reagieren zu können, falls ein anderes Fahrzeug entgegenkommt. In erster Linie ist hier an Busse, Lkw und Sattelschlepper oder Autos mit Hänger zu denken, denen in Kurven nichts anderes übrig bleibt, als die gesamte Straßenbreite auszunutzen. Überdies rutschen die Reifen solcher Fahrzeuge in den Spitzkehren und hinterlassen dort einen glatten Gummiabrieb. Selbst auf ganz einsamen Straßen müssen Sie immer damit rechnen, im ungünstigsten Augenblick einem Lkw, Bus, Traktor oder Wohnmobil zu begegnen.

Auch Pkw können eine Gefahr darstellen, sei es, weil sie von Touristen ohne Bergstraßenerfahrung gelenkt werden, die die Kurve falsch einschätzen, oder weil Einheimische mit ihren Pkw die Kurven schneiden. Häufig trifft man ortsansässige Autofahrer, die davon überzeugt sind, dass die Straße ihnen gehört, weil sie die Strecke und ihre Kurven in- und auswendig kennen, und das dem Motorradtouristen unbedingt beibringen wollen, der sie auf „ihrem" Weg stört. Wir haben das in Frankreich erlebt, wo ein junger Autofahrer es nicht ertragen konnte, von einer Frau auf dem Motorrad überholt zu werden, und über Dutzende Kilometer hinweg mit halsbrecherischer Fahrweise seine Führungsposition zu behaupten versuchte, wobei er beinahe mit einem anderen Fahrzeug zusammenstieß. Es muss jeder selbst wissen, ob er sich herausfordern oder den ortskundigen Rennfahrer lieber davonschießen lässt.

Nicht vergessen darf man auch die Radsportler, die auf stark befahrenen Gebirgsstraßen zahlreich vertreten sind. Viele von ihnen fahren in kompakten Gruppen, um Kraft zu sparen, und nehmen dabei auf der Fahrbahn einen beträchtlichen Platz ein. Man muss also einerseits immer schön rechts bleiben, um nicht einem Auto in den Weg zu geraten, andererseits aber darauf gefasst sein, einem plötzlich hinter der Kurve auftauchenden Radfahrergrüppchen auszuweichen…

Haarnadelkurven
Der Motorradfahrer sollte sich hier tunlichst darin üben, an der Außenseite zu fahren – und keinesfalls die Kurve zu schneiden.

Mehr noch als alle anderen Kurven gilt es eine Haarnadel von weit außen anzufahren und den Kopf so weit wie möglich zu drehen, um den Kurvenausgang zu beobachten (damit man reagieren kann, wenn ein anderes Fahrzeug entgegen kommt). Man muss aufmerksam über die Schulter spähen und den Kopf so weit drehen, dass man weder seine Maschine noch die Straße vor sich sieht. Das ist unnatürlich und nicht leicht, es erfordert einige Übung.

Um genügend Reserven zum Beschleunigen am Kurvenausgang zu haben, ist es unerlässlich, an der Einfahrt einen oder sogar zwei Gänge zurückzuschalten, damit man nicht mitten in der Biegung dazu gezwungen wird.

Eine Serpentine ist mit Sorgfalt anzugehen, indem man stark abbremst (Vorsicht beim Bremsen bergab) und schon im Voraus prüft, wie weit man am Kurveneingang ausholen kann. Denn es gilt den Bogen wirklich so groß wie möglich zu schlagen, um den Kurvenradius zu vergrößern, nicht zu viel an Geschwindigkeit zu verlieren, stark zu bremsen, solange die Maschine aufrecht steht, und sie so bald wie möglich wieder aufzurichten, um ohne Rutschgefahr Gas geben zu können. Wenn man die Kurve „nicht kriegt", liegt das gewöhnlich an einer zu schnellen oder zu weit innen genommenen Einfahrt, oder aber man hat etwas zuversichtlicher Gas gegeben, als es die Schräglage der Maschine erlaubte. Die ganze Schwierigkeit liegt nämlich darin, das Gas nie ganz loszulassen und eher leicht zu beschleunigen, sobald man den Kurvenausgang sieht, ohne dass das Rad den Halt verliert.

Die Sitzhaltung
Eine richtig gefahrene Haarnadelkurve verlangt die volle Koordination von Blick, Geschwindigkeit (entsprechend den Verkehrsbedingungen, der Sicht und der Bodenhaftung) und Beanspruchung der sechs Auflagepunkte: die Hände haben den Lenker fest im Griff, die Knie sind an den Tank gepresst und drücken ihn in die Schräglage, die Füße belasten die innere Fußraste zum Hineinlegen in die Kurve und die äußere zum Aufrichten des Motorrads.

Es wird dringend davon abgeraten, auf Gebirgsstraßen eine sportliche Fahrhaltung einzunehmen, das heißt, die Hüfte nach innen zu verlagern, so dass Schultern und Kopf zur Kurveninnenseite zeigen. Diese Kurventechnik in Verbindung mit dem Schneiden der Kurve hat zur Folge, dass bei Linkskehren der

Oberkörper auf die Gegenfahrbahn ragt und bei Rechtskehren die Sicht eingeschränkt wird.

BERGAB

Abfahrten erscheinen einfach, doch in Wirklichkeit stellen sie den gefährlichsten Teil der Fahrt dar. Berücksichtigen Sie vor allem die verlängerten Bremswege aufgrund des Gewichtes (besonders, wenn das Motorrad mit Sozius und Gepäck beladen ist) und die verringerte Bodenhaftung, ganz abgesehen von der Bremsleistung, die sich bei zunehmender Erhitzung der Bremsen verschlechtert.

Beim Bergabfahren hat man meist einen besseren Überblick, den sollten Sie nutzen, um so vorausschauend wie möglich zu fahren, die vor Ihnen liegenden Straßenabschnitte zu beobachten und auf die Motorbremse zurückzugreifen.

GERINGERE SICHERHEIT DER STRAßEN

Gebirgsstraßen sind an ihren Rändern nicht immer abgesichert, und wer sich im Weg verschätzt, landet entweder an der Felswand oder im Abgrund...

Eine weitere Eigenheit von Bergstraßen ist ihr Belag, der öfters für Überraschungen sorgt. Am Ende des Winters, nach mehrwöchigem Frost, kann die Asphaltdecke stark beschädigt sein. Im März oder April hatten die Straßendienste noch keine Zeit, alle Winterschäden zu beseitigen. Doch die Verwüstungen des Frostes (Risse, Senkungen, Schlaglöcher) bleiben auch im Sommer noch sichtbar, da dann die Reparaturen in Angriff genommen werden, so dass man es immer mal wieder mit Splitt und Wanderbaustellen zu tun bekommt...

Wir sind bei unseren Erkundungstouren auf sehr viele Baustellen zur Straßenausbesserung gestoßen. Glücklicherweise waren sie von den Zuständigen in der Schweiz, in Deutschland und in Österreich immer sehr gut ausgeschildert. Gefährlicher war es manchmal in Frankreich und vor allem in Italien, wobei man sich vor allem in Italien eher gewünscht hätte, dass an mehr Stellen etwas getan würde...

In jedem Fall sollten Sie Ihre Aufmerksamkeit verdoppeln und langsamer fahren, sobald Sie ein Schild sehen, das auf eine Baustelle hinweist. Häufig wird der Verkehr abwechselnd vorbeigeleitet, so dass längere Wartezeiten entstehen. In solchen Fällen stellen sich Motorradfahrer oft ans vordere Ende der Schlange, was von allen anstandslos geduldet wird. Allerdings sollten Sie sofort Ihren Motor abstellen, um sowohl die Umwelt als auch Ihren Tankinhalt zu schonen und vor allem eine Überhitzung der Mechanik zu vermeiden, die sonst bald Ihre Waden rösten könnte. Da das Ampelgrün überall außer in Frankreich durch eine Gelbphase angekündigt wird, haben Sie genug Zeit, um Ihren Motor wieder zu starten, ohne die nachfolgenden Autos zu behindern.

Bei großer Hitze sollten Sie außerdem auf den Teer achten, der an manchen Stellen schmelzen und Rutschgefahr bergen kann. Bei jeder schwarzen Pfütze auf dem Asphalt ist höchste Vorsicht geboten. Lernen Sie, Zeichen richtig zu deuten: sind Reifenabdrücke auf der Straßendecke sichtbar, so ist der Teer an dieser Stelle weich geworden und kann also durchaus schmelzen. Ebenso sollte man auch beim Anhalten aufpassen, wo der Seiten- oder Hauptständer in weichem Teer einsinken und das Motorrad umfallen kann. Stellen Sie die Maschine dann lieber an einer anderen Stelle ab, vorzugsweise im Schatten. Wenn das nicht möglich ist, schieben Sie einen Stein, ein Holzstück oder eine flachgedrückte Dose unter den Ständer, um das Gewicht auf eine größere Fläche zu verteilen.

TIERE AUF DER FAHRBAHN

Ein anderes unvorhersehbares Hindernis sind Tiere, sowohl Wild- als auch Haustiere. Erhöhte Aufmerksamkeit bei Weidetieren, die naturgemäß in Herden auftreten. Allerhöchste Vorsicht bei Jungtieren, deren Verhalten noch viel weniger vorhersehbar ist. Verringern Sie in jedem Fall deutlich die Geschwindigkeit und warten Sie ab, bis die Tiere aus dem Weg sind, bevor Sie weiterfahren. Es hat keinen Sinn, den Motor aufheulen zu lassen oder wild zu hupen: die meisten Tiere würden dadurch nur verängstigt und würden entweder auf Sie zu oder panisch in alle Richtungen rennen, einschließlich der Fahrbahn... Auch wenn keine Tiere zu sehen sind, so hinterlassen sie doch Spuren, insbesondere ihren Kot, der durchaus rutschig sein kann, besonders nach ein paar Tropfen Regen. Seien Sie vor allem in Weidegebieten, in der Nähe von umzäunten Wiesen wachsam.

Im Gebirge ist man starken Temperaturschwankungen ausgesetzt. Da auf den hohen Pässen von November bis April Schnee liegt, sind die Alpenstraßen in dieser Zeit nicht befahrbar. Also müssen Sie sowohl mit großer Hitze in den Tälern als auch mit der Kälte in hochgelegenen Gegenden fertig werden.

AUSRÜSTUNG FÜR DAS GEBIRGE

GEGEN DIE HITZE
Bei drückender Hitze ist die Versuchung groß, in T-Shirt und Sandalen zu fahren, oder zumindest die Jacke wegzulassen. Dabei gibt es heute ausgeklügelte Motorradkleidung, die luftdurchlässig und angenehm kühl ist und den Fahrer trotzdem mit CE-genormten Protektoren (an Schultern, Ellbogen, Rücken, Hüfte, Knien) schützt.

In jedem Fall kann man sich der Sonnenhitze mit heller Kleidung besser erwehren als mit dunkler.

Einkleidung
Die Jacke
Die meisten Winter- oder Übergangsjacken haben ein herausnehmbares Thermofutter, das man in der warmen Saison einfach weglassen kann. Natürlich nur, wenn die Außenschicht einigermaßen atmungsaktiv ist und beim Schwitzen nicht auf der Haut klebt. Bei vielen Jacken der unteren Preisklasse besteht das Futter aus Nylon und lässt einen im eigenen Saft schmoren, sobald draußen mehr als 20°C herrschen. Angenehmer ist da ein Netz-Innenfutter.

Bei Temperaturen von 25 bis 30°C ist das ausreichend, darüber sind andere Modelle in Betracht zu ziehen, die speziell für den Motorradsport in großer Hitze konzipiert sind. Diese Leder- oder Textiljacken sind an den dem Fahrtwind ausgesetzten Stellen wie Brust, Armen, Rücken usw. zur Belüftung mit Netzgewebe (auch „Mesh" genannt) versehen. Bei den besten Modellen ist der kühlende Effekt selbst bei langsamer Fahrt zu spüren (nicht jedoch beim Halt). Eine andere Variante sind Belüftungsbereiche, die man nach Bedarf mit Reißverschluss oder Druckknöpfen öffnen kann.

Manche modernen Fasern sind mit einer reflektierenden Beschichtung versehen, um eine übermäßige Erhitzung durch die Sonneneinstrahlung zu verhindern. Beim Kauf einer belüfteten Jacke sollten Sie darauf achten, dass auch hinten Lüftungsöffnungen vorhanden sind. Wenn nämlich die vorn eindringende Luft nicht abgeleitet wird, sind Sie in Bälde aufgeplustert wie ein Michelin-Männchen. Prüfen Sie auch die Verarbeitung des Futters und der Nähte – da Sie unter der Jacke nur ein T-Shirt tragen werden, liegen die Ärmel direkt auf der Haut und sollten auch längere Zeit über angenehm zu tragen sein.

Vergessen Sie auf keinen Fall den Rückenschutz! Immer häufiger ist in der Motorradkleidung bereits ein Wirbelsäulenschutz integriert. Sollte Ihre Jacke nicht damit ausgestattet sein, ist es ratsam, sich einen zusätzlichen, nach der CE-Norm 1621-2 zertifizierten Rückenprotektor aus Kunststoff oder Hartschaum (mit Hüft- und Schultergurten) zuzulegen – auch wenn es darunter warm wird.

Belüftete Jacken sind in der Sonne ein wahrer Segen, können sich aber in einen Kühlschrank verwandeln, sobald die Sonne verschwindet. Nehmen Sie immer noch eine Jacke für darunter oder darüber mit, die Sie bei Gewitter oder plötzlichem Auffrischen schnell anziehen können. Eine Unterjacke aus Mischgewebe oder dünnem Fleece ist sehr nützlich, wenn man frühmorgens, bei Nachteinbruch oder bei plötzlichem kalten Wind auf den Pässen nicht frösteln will.

Die Handschuhe
Sommerhandschuhe haben an ihrer Oberseite Einsätze aus Netzgewebe oder belüftete Gelenkprotektoren. Im Gegensatz zur Winterausführung wählt man einen Sommerhandschuh möglichst eng anliegend. Meiden Sie schlecht geschnittene Modelle (Zeigefinger zu lang, Mittelfinger zu kurz) und nehmen Sie lieber eine Größe kleiner als bei Ihren Winterhandschuhen. Der Handschuh soll die ganze Hand richtig bedecken und am besten Protektoren über dem Handgelenk, am Ballen, an der Handkante und über den Fingerknöcheln besitzen.

Keinen Kompromiss gibt es beim Verschluss am Handgelenk. Wenn dieser geschlossen ist, muss es unmöglich sein, den Handschuh abzuziehen. Genau wie der Helm ist ein Handschuh völlig nutzlos, wenn man ihn bei einem Sturz verliert.

Die Karbonprotektoren auf den Fingern, die für Rennfahrer entwickelt wurden, sind bestens geeignet, Stöße abzufangen und Abschürfungen zu verhindern. Doch nicht der Handrücken kommt bei einem Sturz als erstes auf, sondern die Handfläche. Überzeugen Sie sich außerdem, dass diese Protektoren die Beweglichkeit Ihrer Finger nicht beeinträchtigen.
Metallnieten auf der Innenseite mancher Handschuhe sollen zum besseren Rutschen beitragen und die Abschürfung des Materials verringern. Prüfen Sie aber, dass die Rückseite dieser Nieten zum Schutz der Haut mit einem hitzebeständigen Futter oder Ledereinsatz bedeckt ist. Anderenfalls würden sie Ihnen, durch die Reibung auf dem Asphalt erhitzt, bei einer Schlitterpartie die Hand verbrennen.
Übrigens: einige Sommerhandschuhe färben, da sie ja nicht gefüttert sind, bei Regen oder durch starkes Schwitzen auf die Hände ab. Das ist zwar nicht dramatisch, aber eventuell müssen Sie in einer Pause mal eine Waschgelegenheit aufsuchen. Bei sehr hellen Handschuhen wiederum wird schnell die Innenseite schmutzig.
Außenliegende oder flache Nähte bürgen für guten Tragekomfort. Wenn Sie den Handschuh anprobieren, achten Sie darauf, dass an den Fingerspitzen keine Naht drückt oder kratzt, sonst werden Ihre Hände es auf die Dauer bereuen.
Wasserdichte und atmungsaktive Modelle sind nicht unverzichtbar, können sich aber als nützlich erweisen. Auch wenn durchnässte Handschuhe im Flachland im Sommer schnell wieder trocknen, können sie die Hände im Gebirge, wo es selbst im August frisch sein kann, empfindlich frieren lassen.

Die Stiefel
Natürlich sollte man aus Sicherheitsgründen auch im Sommer am besten Stiefel tragen. Allerdings ist hier eine Gore-Tex-Schicht entbehrlich (wenngleich immer mit Gewittern gerechnet werden muss), und es sind luftdurchlässige Modelle oder solche mit verschließbaren Belüftungsöffnungen an den Seiten vorzuziehen.
Eine andere Möglichkeit sind sportliche Halbstiefel mit Belüftung und Gelenkprotektoren. Selbst wasserdichte und atmungsaktive Wanderschuhe können bei kleineren Ausflügen gute Dienste leisten.

Der Helm
Entgegen der allgemeinen Vorstellung ist beim Helm die Farbe kaum von Bedeutung, da das dicke Innenpolster den Kopf gegen die Wärme von außen schützt. Die Farbe des Visiers spielt hingegen eine große Rolle. Die Hitze, die wir auf dem Gesicht spüren, rührt größtenteils nicht von der Lufttemperatur her, sondern von der ungefilterten Sonneneinstrahlung. Die Wirkung erfährt man ebenso, wenn man hinter einer sonnenbeschienenen Glasscheibe steht. Um sie abzuwehren, gibt es verspiegelte Visierfolien zum Aufkleben. Vorsicht, diese Folien sind getönt und verschlechtern die Sicht. Gänzlich undurchsichtige, „iridium-verspiegelte" Visiere sind auf der Straße nicht zugelassen, sondern nur bei Rennen.
Bei sehr großer Hitze kann der Gesichtsschutz, den ein Integralhelm bietet, zur Last werden, denn die mehr oder weniger große Kinnpartie behindert die Luftzufuhr am Gesicht. Anstelle des Integralhelms kann der leichtere Jethelm ohne Kinnpartie zum Einsatz kommen, damit das Gesicht besser belüftet wird. Ein Jethelm muss jedoch unbedingt mit einem vollen Visier ausgestattet sein, damit man keine Staubkörner, Insekten, Splitt, Blätter und Zweige, Abgaspartikel, Zigarettenkippen und ähnliches ins Gesicht oder gar in die Augen bekommt. Eine gute Kompromisslösung bietet der Klapphelm mit beweglicher Kinnpartie, die man hochklappen kann, wenn es zu heiß wird. Achtung: Klapphelme sind nur dann als Integralhelme zugelassen, wenn sie mit geschlossener Kinnpartie getragen werden. Es wird davon abgeraten, mit offenem Helm zu fahren, aber vorübergehend bei geringer Geschwindigkeit kann das erholsam sein. In jedem Fall muss der Helm zugelassen sein und mit dem Kinnriemen stets ordentlich befestigt werden (zwischen Kinnriemen und Hals sollten noch zwei Finger passen). Dies ist seit 2007 gesetzlich vorgeschrieben.
Vergessen Sie nicht, regelmäßig die Lüftungsschlitze zu reinigen, die sich gern mit Insekten zusetzen.

Die Hose
Sie wird bei der Sommerkleidung häufig vernachlässigt. Etwa 80 % der Motorradfahrer(innen) tragen schon das ganze Jahr über keine Schutzhose. Von den wenigen, die eine Lederhose anziehen, motten viele sie im Sommer ein, da das schwarze,

luftundurchlässige Leder in der Hitze unerträglich ist, besonders, wenn es kein Baumwollfutter hat.

Besser als in Jeans zu fahren, die fast überhaupt keinen Schutz bieten, sollte man sich eine abriebfeste Textilhose mit integrierten Protektoren an den Knien und eventuell an den Schienbeinen leisten. Auch in diesem Bereich bieten die Ausstatter atmungsaktive Modelle mit einem widerstandsfähigen Material (Leder oder Cordura) an den gefährdeten Stellen (Knie, Beinaußenseite) und einem luftigen Gewebe an den Innenseiten an. Andere sind mit Reißverschlüssen an den Oberschenkeln versehen, die eine sehr gute Belüftung ermöglichen. Hosen vom Typ „Kevlar-Jeans" sind für den Sommer zu warm.

Eine gute Sommerhose besitzt ein atmungsaktives Futter, welches verhindert, dass die schweißnasse Haut am Gewebe klebt.

Sonnenschutz

Große Hitze bedeutet oft auch starke Sonneneinstrahlung. Leider merkt man durch den Fahrtwind nicht immer, wie die Sonne auf eine ungeschützte Hautstelle brennt, vorzugsweise am Hals oder an den Handgelenken. Zu den empfindlichsten Stellen gehört der Nacken: tragen Sie deshalb immer ein Halstuch oder einen leichten Schal. Bei leichten Verbrennungen an Stellen, wo der Kragen oder das Ärmelbündchen auf der Haut reibt, zuerst kaltes Wasser darüber laufen lassen, um den Schmerz zu lindern und Blasenbildung zu verhindern, dann Puder auftragen, um Entzündungen vorzubeugen und schließlich mit beruhigender After-Sun-Creme behandeln. Äußert sich die Verbrennung in mehr als einer einfachen Rötung, tragen Sie eine spezielle Salbe gegen Verbrennungen auf, wie z.B. Biafine.

Bis 30/35 °C ist eine luftdurchlässige Bekleidung in den meisten Fällen ausreichend, um mit der Hitze unterwegs fertig zu werden. Wenn man empfindlicher ist oder wenn die Temperaturen auf 35 oder gar 40 °C steigen, muss man einige Vorkehrungen treffen, um übermäßiges Schwitzen zu vermeiden, das unangenehm ist und zur Dehydratation führen kann, was wiederum die Gefahr eines Hitzschlags mit sich bringt.

Ein bisschen Physiologie

Der menschliche Körper verträgt nur sehr geringe Schwankungen seiner Innentemperatur (weniger als ein Grad). Während die meisten Motorradfahrer die Unterkühlung fürchten, machen sich nur wenige Gedanken um Überhitzung. Auf eine gefährliche Temperaturerhöhung reagiert der Organismus mit verschiedenen Abwehrmechanismen: Schwitzen, Gefäßerweiterung, Erhöhung des Herzrhythmus und Senkung des Blutdrucks.

Schwitzen

Der Schweiß verdunstet an der Oberfläche der Haut und der Kleidung. Durch diese Verdunstung kann die Oberflächentemperatur der Haut gesenkt werden, indem die Wärme vom Körperinneren an die Umwelt abgegeben wird. Da der Schweiß zum größten Teil aus Wasser besteht, braucht Ihr Körper also Wasser, um schwitzen und den dabei entstehenden Flüssigkeitsverlust wieder ausgleichen zu können. Das bedeutet zweierlei: Sie müssen dafür sorgen, dass genug Luft an Ihre Körperoberfläche gelangt, dürfen also keine zu enge Kleidung tragen; und Sie müssen Ihrem Körper regelmäßig Flüssigkeit zuführen, etwa einen halben Liter pro Stunde.

Gefäßerweiterung

Mit dem Anstieg der Körpertemperatur weiten sich die Gefäße, damit mehr Blut zirkuliert und die Wärme zur Haut leitet, wo sie durch Schwitzen abgegeben wird. Das funktioniert so lange, wie die Temperatur der Umgebung niedriger oder nur wenig höher ist als die des Körpers. Ab 38 °C verdunstet der Schweiß zu schnell, die Haut trocknet aus und ein umgekehrter Prozess wird in Gang gesetzt: die Haut beginnt die Umgebungswärme aufzunehmen, der durch die Gefäßerweiterung erhöhte Blutfluss transportiert sie in den Körper hinein, welcher daraufhin seinen Kühlungsmechanismus noch mehr ankurbelt. Es beginnt ein Teufelskreis, der zur Dehydratation führt.

Herzfrequenz und Blutdruck

Als Antwort auf die steigende Körpertemperatur und die Gefäßerweiterung erhöht das Herz seine Schlagfrequenz um 50 bis 70 %, um die erweiterten Blutgefäße zu füllen. Funktioniert der Abkühlungsprozess des Köpers nicht, wird das Blut statt an seine üblichen Hauptbestimmungsorte (Muskeln und Gehirn) in die Haut geleitet, was zu einem Abfall des Blutdrucks führt. Hier droht der Hitzschlag. Ein trockener Mund, heftiges Schwitzen, gestörtes Sehvermögen sind Anzeichen dafür, dass eine Trinkpause dringend nötig ist.

Wie hält man sich auf dem Motorrad kühl?

Da man nicht eine Trinkpause nach der anderen einlegen kann (abgesehen davon, dass es nicht immer möglich ist, anzuhalten), haben erfahrene Motorradtouristen ein paar Tricks auf Lager, um sich vor Überhitzung zu schützen. Erstens: so viel wie möglich vor der Fahrt trinken. Zweitens: die Umgebungswärme von der Haut fernhalten. Und drittens: durch Verdunstung abkühlen.

Trinken Sie einen halben Liter pro Stunde, das heißt mindestens vier Liter an einem langen Fahrtag, und vorzugsweise Wasser oder Tee. In den westeuropäischen Ländern kann man das Leitungswasser bedenkenlos trinken. Wenn Sie Zweifel haben, nehmen Sie Mineralwasser in Flaschen mit. Energy-Drinks sind auch in Ordnung, solange Sie keinen Bluthochdruck haben. Limonaden und Ähnliches sind nicht zu empfehlen, da sie Salz und Zucker enthalten, aber immer noch besser als nichts... Alkohol sollten Sie dagegen auf jeden Fall meiden. Ein Bier, ein Gläschen Weißwein oder Rosé zum Aperitif mögen im ersten Moment erfrischend wirken, aber der darin enthaltene Alkohol erhöht die Herzfrequenz und trocknet letztendlich den Organismus aus.

Im Allgemeinen legt man immer mehr Kleidung ab, je wärmer es wird. Der Motorradfahrer wird zuerst seine Hose oder Überhose ausziehen, dann seine Jacke. Wenn ihm dann immer noch zu warm ist, verzichtet er auf T-Shirt und Jeans und fährt in Shorts. Und trotzdem ist ihm noch zu warm – warum? Wie vorhin bereits erklärt, funktioniert der Kühlungsmechanismus der Haut so lange, wie die Umgebung nicht wärmer ist als die Haut. Schließlich können wir keine Wärme an eine Luft abgeben, die bereits heißer ist als unsere Haut, nicht wahr? Im Gegenteil, unser Körper erwärmt sich noch beim Kontakt mit der Luft. Fazit: ab 38 °C heißt es bedeckt bleiben und sich von der Umgebung abschirmen! Natürlich wird Ihnen warm, aber auch nicht mehr, als wenn Sie alles ausziehen.

Wie also werden Sie die Wärme los, die sich in Ihrem Körper anstaut? Indem Sie den Schwitzvorgang imitieren. Das Wichtigste ist, das Gehirn zu schützen, das heißt, für seine ausreichende Durchblutung und Kühlung zu sorgen. Das Gehirn wird über die Halsschlagader versorgt, die seitlich unter Kinn und Ohren verläuft. Das trifft sich gut, da diese Stelle beim Sturz selten betroffen ist, aber sehr dem Fahrtwind ausgesetzt ist.

Es geht aber nicht darum, sie zu entblößen, im Gegenteil. Binden Sie sich ein Baumwolltuch um, möglichst dünn, das Sie vorher mit Wasser tränken. Legen Sie es weit oben um den Hals, so dass es den Nacken bis unter die Ohren bedeckt. Der Luftzug wird die Feuchtigkeit verdunsten lassen, die Hauttemperatur senken (also auch die des dort fließenden Blutes), und der Dampf kann sofort entweichen. Befeuchten Sie das Halstuch ruhig alle 10-15 Minuten, bevor es ganz trocken wird.

GEGEN DIE KÄLTE

Das Wetter wird schlechter, das Thermometer fällt und Sie haben nicht daran gedacht, einen Pullover mitzunehmen?

Erhöhen Sie Ihre Körpertemperatur durch Muskelarbeit. Bewegen Sie sich auf dem Motorrad, jedes Bein und jeden Arm einzeln. Halten Sie öfter an, um sich aufzuwärmen und bewegen Sie sich! Lassen Sie Hände und Arme kreisen, auch beim Halten an Ampeln.

Nutzen Sie die Hauptwärmequelle Ihrer Maschine, den Motor. Halten Sie in den Pausen die bloßen Hände darüber (natürlich ohne ihn zu berühren). Wenn Sie länger anhalten, legen Sie Ihre Handschuhe so nah wie möglich am Motor ab, klemmen Sie sie unter die Verkleidung oder bei einem Boxermotor auf die Zylinder. Aber Vorsicht, nicht auf den Auspuff legen, dort würde der Kunststoff schmelzen.

Halten Sie Ihre Hände zum Aufwärmen an eine Wärmequelle (z.B. einen Heizkörper), doch ohne sie zu berühren! Die Kälte betäubt: nichts ist schlimmer als gefrorene Hände oder Füße in heißes Wasser zu tauchen, denn das ist ziemlich schmerzhaft. Legen Sie sie zuerst in lauwarmes Wasser und erhöhen Sie die Temperatur allmählich.

Eine andere Möglichkeit: langsamer fahren! Denken Sie daran, dass der Fahrtwind stärker wird, je schneller Sie fahren, und dabei die gefühlte Temperatur sinkt, besonders bei feuchter Haut. Bei einer Lufttemperatur von 10 °C im Stand bei Windstille beträgt die gefühlte Temperatur auf einem fahrenden Motorrad ohne Windschutz auf der bloßen Haut bereits -2 °C bei 50 km/h und -6 °C bei 130 km/h. Ebenso verwandeln sich 0 °C im Stand in -20 °C bei 90 km/h und -21 °C bei 130 km/h.

Bei einem Unfall ist die erste, instinktive Reaktion nicht immer die richtige. Um effektiv zu handeln, muss man wissen, was zu tun ist. Die richtige Vorgehensweise besteht in den drei Hauptschritten Absichern und Selbstschutz, Notruf, Hilfe.

ABSICHERN

Hierbei geht darum, eine Verschlimmerung der Situation bzw. einen Folgeunfall zu verhindern.

Die Unfallstelle muss so gekennzeichnet werden, dass die anderen Verkehrsteilnehmer rechtzeitig auf die vorhandene Gefahr aufmerksam gemacht werden. Sobald Sie einen Unfall vor sich bemerken, bremsen Sie ab und schalten Sie Ihre Warnblinkleuchte ein, auch wenn Sie nicht anhalten. Sie müssen jedoch anhalten, wenn kein weiterer Zeuge am Unfallort anwesend ist, das ist eine gesetzliche und moralische Pflicht. Ist bereits jemand zur Stelle, fragen Sie ihn, ob Sie helfen können. Wenn ja, stellen Sie Ihr Fahrzeug in einiger Entfernung ab.

Es gibt drei Personengruppen zu schützen.

- **Der Helfer:** das erste Glied in der Rettungskette; es ist entscheidend, dass er nicht auch noch verletzt wird. Mögliche Gefahren in der Umgebung der Unfallstelle sind immer im Auge zu behalten.
- **Zeugen und Schaulustige:** sie müssen von der Gefahrenzone ferngehalten werden, damit es keine weiteren Verletzten gibt.
- **Das Unfallopfer:** die bereits verletzte Person muss vor weiteren direkten oder indirekten Schäden geschützt werden (zweiter Unfall, Brand, Verschlimmerung der Verletzungen mangels Sofortmaßnahmen usw.).

Denken Sie stets daran, das Warnzeichen (Fahrzeug oder Person) abzusichern und so aufzustellen, dass der nachfolgende Verkehrsteilnehmer nicht überrascht wird. Geschieht der Unfall in einer Kurve, stellen Sie das Warnzeichen vor der Kurve auf. Passiert er hinter einer Bergkuppe, stellen Sie es auf die höchste Stelle der Steigung.

Idealerweise sollte je eine Person in beiden Fahrtrichtungen 100 oder 150 m vor der Unfallstelle stehen. Jeder, der dem Verkehr vom Unfallort aus entgegengeschickt wird, muss eine Leuchtweste tragen, um von weitem gesehen zu werden. Führen Sie stets mindestens eine Leuchtweste auf Ihrem Motorrad mit; sie kostet nicht viel, lässt sich platzsparend zusammenfalten und kann Ihnen das Leben retten.

Die vor der Unfallstelle postierte Person kann die Aufmerksamkeit der herannahenden Fahrzeuge erregen, indem sie beispielsweise ein weißes Tuch oder bei Nacht eine Taschenlampe schwenkt (notfalls auch ein Feuerzeug oder ein beleuchtetes Handy).

Wenn Sie öfters in der Nacht Motorrad fahren, nehmen Sie am besten immer zwei Leuchtstäbe mit (erhältlich in Sport- oder Outdoorläden). Bei einem Unfall können Sie diese 100 m vor und nach der Unfallstelle ablegen, sie ersetzen so ein Warndreieck und brauchen sehr viel weniger Platz im Gepäck. Man braucht den Stab nur zu knicken, und er beginnt für 30 Minuten weithin sichtbar zu leuchten.

Wenn nicht genug Personen da sind, um den Unfallort in beiden Fahrtrichtungen abzusichern, den Notruf abzusetzen und Hilfe zu leisten, stellen Sie ein Fahrzeug ab, um die Gefahrenstelle zu kennzeichnen.

Stellen Sie Ihr Fahrzeug ab und lassen Sie die Warnblinkleuchte (oder einen Blinker) eingeschaltet.

Wenn Sie die Unfallstelle nicht als erster erreichen, stellen Sie Ihr Motorrad möglichst dahinter ab. Sind Sie der erste, halten Sie 50 Meter vor dem verunglückten Fahrzeug auf der gleichen Spur, um zu verhindern, dass ein anderes Fahrzeug auffährt oder gar Sie selbst verletzt.

Oder aber Sie stellen ein Motorrad mit eingeschalteter Warnblinkleuchte etwa 100 m vor der Unfallstelle an den Straßenrand.

Lassen Sie Ihren Sozius sofort absteigen und sich neben der Straße in einigem Abstand in Sicherheit bringen. Auf der Autobahn darf niemand auf dem Seitenstreifen bleiben, sondern alle sollten sich so schnell wie möglich hinter die Leitplanke zurückziehen. Fordern Sie auch alle anderen Beteiligten, alle nicht oder nur leicht verletzten Personen dazu auf, wenn sie dies noch nicht getan haben.

Die Zündung des verunglückten Motorrads muss ausgeschaltet werden, um zu verhindern, dass ein Brand entsteht. Ziehen Sie dazu den Zündschlüssel ab oder drücken Sie den Notausschalter. Stellen Sie alle noch laufenden Motoren ab und ziehen Sie bei Autos die Handbremse an.
Fordern Sie Zeugen, die sich nicht nützlich machen können, zum Weiterfahren auf. Eine Ansammlung vieler Fahrzeuge an einer Stelle stellt nur eine Gefahrenquelle dar. Fordern Sie die Anwesenden auf, das Rauchen in der Nähe des Unfallorts zu unterlassen, da die Tanks der Fahrzeuge beschädigt sein könnten.

NOTRUF ABSETZEN

Das bedeutet, die richtige Nummer zu wählen und die richtigen Angaben für die Rettungskräfte zu machen. Der Notruf ist sehr wichtig für die Rettung.
Mehrere Anrufe sind immer besser als gar keiner. Wenn jemand sagt, dass er bereits Rettungskräfte benachrichtigt hat, es aber anscheinend nicht richtig gemacht hat, rufen Sie noch einmal an! Haben Sie keine Angst, jemanden zu verärgern, wenn es darum geht, Leben zu retten.
Untersuchen Sie kurz (in weniger als einer Minute) die Situation und das Opfer, um die richtigen Informationen zu übermitteln.
Dabei sind die Lebensfunktionen der verunglückten Person zu prüfen. Ist sie bei Bewusstsein? Atmet sie? Schlägt ihr Herz? Es ist lebenswichtig, sich davon zu überzeugen, dass das Opfer keine großen Mengen Blut verliert.
Erfassen Sie genau die Anzahl der Unfallopfer.
Fragen Sie bei einem Motorradunfall nach, ob es einen Sozius gibt, oder suchen Sie die Umgebung ab, ob eventuell jemand fortgeschleudert wurde. Geben Sie danach den Notruf ab oder beauftragen Sie jemanden damit.
Sprechen Sie ruhig. Sie befinden sich in einer Stresssituation und haben einen hohen Adrenalinspiegel. Atmen Sie einen Augenblick tief ein und langsam aus, bevor Sie anrufen.

Anleitung für einen Notruf beim Rettungsdienst

1. Wählen Sie die 112 (europäische Notrufnummer), bleiben Sie ruhig, stellen Sie sich vor, nennen Sie Ihre Telefonnummer.
2. Geben Sie genau die Art (Verkehrsunfall, Unwohlsein, Brand…) und den Ort des Unfalls (Gemeinde, Straße, Kreuzung, Fahrtrichtung) an und nennen Sie ruhig zusätzliche Orientierungspunkte.
3. Erklären Sie eindeutig die aktuelle Situation (Anzahl und Typ der beteiligten Fahrzeuge, Anzahl der Opfer und ihr Zustand, erfolgte Absicherung und Sofortmaßnahmen) und eventuell bestehende Gefahren (Brand, Explosion, Einsturz, chemische Stoffe).
4. Beantworten Sie die Fragen der entgegennehmenden Stelle.
5. Legen Sie erst auf, wenn die entgegennehmende Stelle es Ihnen sagt.
6. Rufen Sie erneut an, wenn sich die Situation verändert.
Der Notruf muss vier Hauptinformationen enthalten:
– die genaue Ortsangabe oder Adresse;
– die Art des Unfalls;
– die Anzahl der Unfallopfer;
– der Zustand des/der Opfer(s).

HELFEN

Die ersten Handgriffe können ein Leben retten, bevor der Rettungsdienst eintrifft. Auch wenn Sie kein Sanitäter sind, können Sie eine unterstützende Rolle spielen. Vernachlässigen Sie keine der am Unfall beteiligten Personen und achten Sie darauf, was Sie sagen: wenn ein Verletzter keine Antwort gibt, heißt das nicht, dass er Sie nicht hört.
Lassen Sie kein Unfallopfer unbeobachtet.
Wenn keine Gefahr droht, darf das Opfer keinesfalls bewegt werden. Fremdbewegungen können nämlich den Zustand des Verletzten verschlimmern und insbesondere seine Wirbelsäule schädigen. Zögern Sie nicht, sich wohlmeinenden, aber inkompetenten Anwesenden entgegenzustellen, die versuchen, ein Unfallopfer wegzutragen, obwohl es keiner direkten Gefahr ausgesetzt ist.

Erster Schritt: machen Sie die Atemwege frei (Nase, Mund, Hals), entfernen oder lockern Sie alles, was hinderlich sein könnte: Krawatte, Gürtel, Kinnriemen des Helms, Schnürsenkel…
Wenn Sie entsprechend geschult sind, leisten Sie Erste Hilfe, aber bewegen Sie einen Verletzten nicht von der Stelle, es sei denn, er befindet sich unmittelbar in Gefahr (Explosion, Brand, Einsturz). Versuchen Sie das Opfer zu trösten, indem Sie ruhig und zuversichtlich mit ihm sprechen. Geben Sie ihm auf keinen Fall etwas zu trinken (auch kein Wasser), zu essen oder zu rauchen. Dies könnte sich fatal auswirken, falls der Verletzte später notoperiert werden muss. Sie können jedoch seine Lippen benetzen, um das Durstgefühl zu lindern.
Wenn das Opfer ohnmächtig zu werden droht, halten Sie es bei Bewusstsein, indem Sie ihm einfache Fragen stellen: Welcher Tag ist heute? Wie heißen Sie, wo wohnen Sie, was ist Ihr Beruf? usw. Wärmen Sie den Verletzten, wenn niedrige Temperaturen herrschen, oder verschaffen Sie ihm Kühlung, wenn es sehr heiß ist. Eine aluminiumbeschichtete Überlebensdecke, die weniger als zehn Euro kostet und kaum Platz braucht, sollten Sie immer dabei haben; sie ist bei Hitze ebenso nützlich wie bei Kälte, da eine Seite die Sonnenstrahlen reflektiert und die andere sie absorbiert.
Wenn schließlich die Rettungskräfte eintreffen, ziehen Sie sich nicht zurück, sondern geben Sie ihnen einen Bericht über den Unfall und über die erfolgten Sofortmaßnahmen.
Rühren Sie auf keinen Fall an den Helm eines verunglückten Motorradfahrers!
Öffnen Sie nur, wenn nötig (bei Atmungsproblemen), den Kinnriemen, sonst nichts! Eine falsche Bewegung des Helms und somit des Kopfes kann zu Verletzungen der Halswirbel führen. Die Entfernung des Helms darf nur von einem Sanitäter (oder besser zweien) vorgenommen werden, der sich damit auskennt, und auch das nur, wenn es dringend notwendig ist.
Wenn keine dringende Notwendigkeit besteht, nimmt nur der Motorradfahrer selbst seinen Helm ab. Und wenn Sie selbst betroffen sind, sollten Sie ihn auch nur abnehmen, wenn Sie nicht mit dem Kopf aufgetroffen sind und die ganze Zeit bei Bewusstsein waren. Wenn Sie bewusstlos geworden sind, sei es auch nur für ein paar Sekunden, behalten Sie Ihren Helm solange auf, bis der Rettungsdienst eintrifft.
Da Unfälle nicht nur anderen passieren, kann es durchaus sein, dass Sie sich selbst einmal in einer Notsituation wiederfinden. Treffen Sie entsprechende Vorkehrungen. Sie sollten unbedingt einen Zettel in der Brieftasche bei sich tragen, auf dem die im Notfall zu benachrichtigenden Personen, Ihre Blutgruppe sowie wichtige Informationen zu Ihrer Gesundheit vermerkt sind, wie Allergien, Dauerbehandlungen, chronische Krankheiten usw.

VOKABELN

Deutsch	**Französisch**	**Italienisch**
Gebrauchswortschatz		
Ja	Oui	Sì
Nein	Non	No
Guten Tag	Bonjour	Buongiorno
Auf Wiedersehen	Au revoir	Arrivederci
Bitte	S'il vous plaît	Per favore
Danke	Merci	Grazie
Entschuldigung	Pardon	Scusi
Wo ? wohin ?	Où ?	Dove ?
Wann ?	Quand ?	Quando ?
Geöffnet	Ouvert	Aperto
Geschlossen	Fermé	Chiuso
Toilette	Toilettes	Bagno
Ich verstehe nicht	Je ne comprends pas	Non capisco
Heute	Aujourd'hui	Oggi
Morgen	Demain	Domani
Gestern	Hier	Ieri
Straße	Rue	Via
Bahnhof	Gare	Stazione
Rechts	À droite	A destra
Links	À gauche	A sinistra
Zimmer	Chambre	Camera
Frühstück	Petit-déjeuner	Prima colazione
Mittagessen	Déjeuner	Pranzo
Abendessen	Dîner	Cena
Die Rechnung	L'addition	Il conto
Notfall		
Krankenhaus	Hôpital	Ospedale
Apotheke	Pharmacie	Farmacia
Arzt	Médecin	Dottore
Polizei	Police	Polizia
Zahlen und Daten		
1	Un	Uno
2	Deux	Due
3	Trois	Tre
4	Quatre	Quattro
5	Cinq	Cinque
6	Six	Sei
7	Sept	Sette
8	Huit	Otto
9	Neuf	Nove
10	Dix	Dieci

Dieser Reiseführer enthält fertig ausgearbeitete Routen. Sie können Ihren Aufenthalt auch verlängern oder die Strecke abändern, eine Reise nach Ihren Wünschen zusammenstellen oder sich an ein spezialisiertes Reisebüro wenden.

REISEVORBEREITUNG

Auf den hier aufgeführten Websites erhalten Sie wichtige Informationen für die Vorbereitung Ihrer Reise.

Auf Deutsch

Die Schweizer, Österreicher und Deutschen kennen sich mit dem Motorrad in den Alpen am besten aus. Auf diesen Seiten finden Sie viele nützliche Informationen:

www.traumrouten.com
www.alpen-motorradhotels.com
www.alpenbiker.de
www.motorradrudi.info
www.alpentourer.eu
www.deutsche-alpenstrasse.de
www.moho.at

Auf Französisch

Der Verein „Grande Traversée des Alpes" bietet umfassende Informationen über die Route des Grandes Alpes:

www.grande-traversee-alpes.com

Der Verband „Hôtels-Chalets de Tradition" bietet Sonderkonditionen und Themenaufenthalte:

www.sejoursatheme.com
www.hct.net

Der Fremdenverkehrsverband Provence-Alpes-Côte d'Azur hat zusammen mit Logis de France das Label „Logis motard" (Motorradfahrerunterkunft) geschaffen:

paca.logishotels.com/envie-de/moto-en-provence-alpes-cote-dazur.html

Das Fremdenverkehrsamt des Departements Doubs hat 2010 das Label „Accueil motard" (Motorradfahrerempfang) geschaffen:

www.doubs.travel
doubs.logishotels.com

Das spezialisierte Reisebüro Mon Tour Moto hat eine Alpentour im Angebot:

www.mon-tour-motos.com/voyage-moto-alpes.html

Auf Englisch

Die Alpen locken Motorradfahrer aus der ganzen Welt, einschließlich den USA, und mehrere englischsprachige Websites warten mit nützlichen Informationen auf:

www.motorcycle-usa.com/308/2032/Motorcycle-Article/Metzeler-Alpine-Motorcycle-Tour.aspx
www.bestbikingroads.com
www.alpentourer.com
digilander.libero.it/watersteam/03_passi/index-alpi.html
www.alpineroads.com

Der erste MICHELIN Rollerreifen mit Lamellen-Technologie PST*

Dank der brandneuen MICHELIN Lamellen-Technologie PST* hilft der MICHELIN City Grip das Wegrutschen bei Gefahren auf nasser Fahrbahn, Kopfsteinpflaster oder Fahrbahnmarkierungen zu verhindern.

1 Besonders tiefe Lamellen, die den Wasserfilm durchtrennen, selbst bei starker Profilabnutzung.

2 Die Anzahl der am Boden aktiven Lamellen nimmt mit erhöhter Schräglage in der Kurve zu.

PST
PROGRESSIVE SIPE TECHNOLOGY

„ **Grip und Rückmeldung haben sich verbessert. Man kann im Notfall schneller reagieren"**, stellte der Michelin Testfahrer in seinem Bericht fest.

Mit anderen Worten:
Der MICHELIN City Grip hilft Ihnen in jeder Fahrsituation die Kontrolle zu behalten. Endlich werden Roller den Regen lieben!

*MICHELIN PST : Progressive Sipe Technology

MICHELIN CITY Grip

MICHELIN
Wir bringen Sie weiter

Wallis
(von Annecy nach Freiburg)

306 km

Die erste Etappe unserer Alpentour führt Sie vom französischen Savoie durch die Schweizer Kantone Wallis und Freiburg. Noch kein Hochgebirge, aber die ersten Aufwärmübungen auf Gebirgsstraßen.

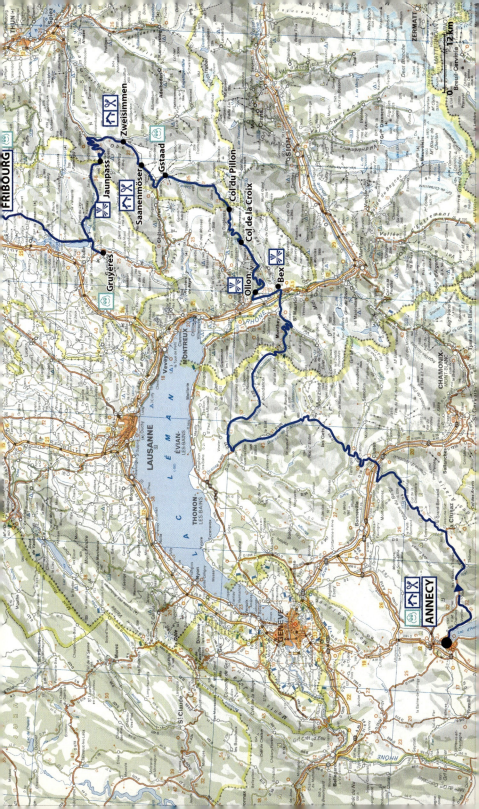

01 WALLIS

Von Annecy nach Freiburg

ANNECY > MONTHEY

Wie könnte man dem Charme dieser Stadt nicht erliegen, die auch das „Venedig der Alpen" genannt wird? Durch die Altstadt schlängeln sich die vom Lac d'**Annecy** abgehenden Flüsse Thiou und Vassé. Das nur zu Fuß zugängliche Viertel mit dem Palais de l'Île an der Spitze leuchtet in sardischen Farben. Neben den unveränderlichen Ansichten des Palais de l'Île und des Pont des Amours wären noch die eigentümliche Rue Filaterie und die architektonischen Zeugnisse der 1920er und 70er Jahre zu nennen. Planen Sie zur Erkundung des Seeufers und der Altstadt einen halben Tag ein, möglichst vormittags, um das Markttreiben mitzuerleben. In der Stadt sollten Sie sich auf schwierige Verkehrsbedingungen gefasst machen, vor allem an Sommerwochenenden. Achtung: das Abstellen von Motorrädern außerhalb der dafür vorgesehenen Parkplätze (Parkhaus Bonlieu, Place de la Mairie, ...) ist verboten und wird geahndet.

Verlassen Sie Annecy in Richtung Südosten und fahren Sie auf die D 909 nach Thônes, die zunächst am rechten Seeufer entlang verläuft und dann zum Col de Bluffy hin ansteigt. Hinter Thônes geht es durch das Nom-Tal nach Saint-Jean-de-Sixt, von wo die Straße über den Col de la Colombière nach Cluses führt *(siehe Route Nr. 23)*. Für den kürzesten Weg zur schweizerischen Grenze folgen Sie anschließend der Straße nach Les Gets (D 902) Richtung Morzine und Thonon. Am Kreisverkehr nach der Pont-du-Diable-Schlucht nehmen Sie die D 22 in Richtung Abondance und Châtel, bis Sie am Pas de Morgins die Zollstelle erreichen. Die lange, sanfte Abfahrt nach Monthey mit einigen Serpentinen am Ende führt Sie in den französischsprachigen Teil des Kantons Wallis, der zur Westschweiz gehört.

MONTHEY > GRUYÈRES

Von Monthey fahren Sie weiter nach **Bex**, wo es noch ein Salzbergwerk gibt. Dann folgen Sie ein Stück dem Rhône-Tal in Richtung Aigle bis nach Ollon, das den Eingang zum Diablerets-Massiv bildet. Die helvetische Landschaft ist zunächst von Weinbergen, Obstbäumen und mit Bienenstöcken bestandenen Wiesen geprägt. Teils an steilen Hängen und Felswänden entlang, teils durch Niederwald steigt die Straße zum (nur im Sommer geöffneten) Col de la Croix an - sie ist wenig befahren, aber stellenweise in schlechtem Zustand. Drei Kilometer nach **Ollon** eröffnet sich eine herrliche Sicht auf die Gebirgsmassive Grand-Muveran und Les Diablerets, getrennt durch den Pas de Cheville. Die Abfahrt hinter dem **Col de la Croix** wird abwechslungsreicher, mit wunderbaren Blicken auf das Gebirge und den Talkessel, wo inmitten einer großartigen Umgebung der Urlaubsort Les Diablerets liegt. Er ist bei den Schweizer Familien überaus beliebt, was für ausländische Besucher Vorteil und Nachteil zugleich ist: das touristische Angebot ist reichhaltig, aber auch kaum erschwinglich...

Fahren Sie weiter in Richtung Gsteig und Gstaad über den **Col du Pillon**. In dieser Gegend gibt es eine kleine Kuriosität: zwischen Les Diablerets und dem Col du Pillon kann man an einer engen Kurve in der Schlucht des Pont Bourquin

zwischen den Bäumen merkwürdige weiße Monolithen finden, die in Folge der Auflösung von natürlichem Gips entstanden sind. Hinter dem (eher uninteressanten) Pass geht es hinunter nach Gsteig und dann durch das Saanetal, das den Übergang in die deutschsprachige Schweiz markiert. Nun kommen Sie durch eine regelrechte Postkartenlandschaft, mit großen, saftig grünen Feldern, die aussehen, als würden sie täglich mit der Schere getrimmt und auf denen hie und da alte, sorgfältig restaurierte Chalets stehen. Hier blitzt alles sauber und ordentlich in der Sommersonne... Schließlich erreichen Sie **Gstaad**, den exklusivsten Urlaubsort der Schweiz. Auf den ersten Blick ist nichts Besonderes zu entdecken, doch wenn man langsamer fährt, fallen einem die luxuriösen Chalets und die zahlreichen Nobelboutiquen auf. Während das Dorf im Winter vom Jetset überlaufen ist, kann man das hübsche Dorf im Sommer in aller Ruhe besichtigen. Hinter einem Golfplatz erreichen Sie Saanen, das an der Straße von Lausanne nach Interlaken liegt, und kommen nun in das Tal der Kleinen Simme. Sie durchqueren eine Landschaft, in der sich Feld und Wald mit schmucken Dörfern abwechseln, und biegen dann hinter Weissenbach zum **Jaunpass** ab. Hinauf geht es über lange Geraden und enge Haarnadelkurven: eine ideale Motorradstrecke, wie die Zahl der Maschinen vor dem Gasthaus auf dem Pass beweist. Die Abfahrt zur Ortschaft Jaun, wo man in den Greyerzbezirk (District de la Gruyère) und wieder in die Westschweiz kommt, ist weniger sportlich und bietet schöne Blicke auf die beiden Gipfel Dent de Ruth und Dent de Brenleire. Besuchen Sie in Jaun den einzigartigen Friedhof: jedes Grab ist hier mit einem handgeschnitzten Kreuz geschmückt. Hinter Charmey können Sie entweder rechts in Richtung Freiburg nach Corbières abbiegen oder über Broc und Epagny weiterfahren, bis Sie den Hügel von Gruyères erreichen.

GRUYÈRES > FREIBURG

Die Grafenhauptstadt **Gruyères (Greyerz)**, am Fuße des Moléson und des Dent de Broc, inmitten der Region, die dem berühmten Käse seinen Namen gab, gehört zu den Museumsstädten der Schweiz. Die lange gepflasterte Straße, die zum Schloss führt, wimmelt von Touristen... Mit dem Motorrad dürfen Sie ohnehin nicht hinauf fahren, dafür können Sie unten vor der Befestigungsmauer kostenlos parken. Für die Zweiräder gibt es einen extra Parkplatz (allerdings abschüssig) ganz nah am Stadtrand: fahren Sie bis ans Ende des Parkplatzes und vergessen Sie nicht, den ersten Gang einzulegen, damit die Maschine nicht wegrollt. Außer dem Gruyère-Käse sollten Sie auch einmal eine Meringue mit Doppelrahm kosten, die zwar eine echte Kalorienbombe, aber unheimlich lecker ist.

Sie können noch einen kleinen Abstecher nach Bulle machen, dem städtischen Zentrum des grünen Greyerzerlandes. Um nach Freiburg zu gelangen, folgen Sie der pittoresken ländlichen Strecke Richtung Corbières am Greyerzersee entlang.

Wenn Sie seit Annecy gut vorangekommen sind, ist der Reisetag noch nicht zu Ende; Sie können direkt zur nächsten Etappe übergehen, indem Sie in Le Mouret nach Giffers oder in Marly nach Tentlingen abbiegen.

Wenn es jedoch schon spät ist oder Sie die Region mit ihren Sehenswürdigkeiten kennenlernen möchten, und insbesondere wenn Sie sich für das Mittelalter interessieren, fahren Sie weiter bis nach **Freiburg (Fribourg)**. Die Stadt besitzt auf einem Felsvorsprung über der Saane eine der schönsten mittelalterliche Altstädte Europas mit Teilen der Stadtmauer, Brücken, Kirchen, steinernen Brunnen und zahlreichen gotischen Häusern.

> *Eine Landschaft, in der sich Feld und Wald abwechseln, dazwischen prangen schmucke Dörfer*

ÜBERNACHTEN

SEYNORD
Hotel Altess - Hotel mit 42 Zimmern, kaum 5 Min. südwestlich von Annecy. Waschküche und Garderobe für Motorradausrüstung. Kostenloser W-LAN-Zugang. Kostenloser Privatparkplatz oder Garage für 5 €/Nacht. Doppelzimmer ab 54 €, Frühstück: 8,40 €. 250 avenue d'Aix-les-Bains, ☎ (00 33) 450 69 11 05, www.hotel-altess-annecy.com

SAINT-JORIOZ
Les Tilleuls - Gilles und Mathilde, leidenschaftliche Motorrad- und Beiwagenfahrer, empfangen Sie im Sommer in ihrem Hotel (12 Einzel- und Doppelzimmer) am Ufer des Lac d'Annecy. Zum Hotel gehört ein Restaurant, wo man z.B. auch Pizza mitnehmen kann. Doppelzimmer ab 65 €, Frühstück 9 €. Route de l'Ancienne-Gare, ☎ (00 33) 450 68 60 19, www.lestilleuls.com

SAINT-FERRÉOL
Florimont - Das Hotel-Restaurant am Ende des Lac d'Annecy wird seit 1740 von der Familie Goubot-Wicht geführt. Sie übernachten in einem der 27 schalldichten Zimmer (ab 75 €) oder in einem der dazugehörigen Restaurants speisen. Kostenloses W-LAN; Service für Motorradfahrer: Privatparkplatz, Garage, Waschplatz, Waschküche, Roadbooks für die Umgebung... ☎ (00 33) 450 44 50 05, www.hotelflorimont.com

SAANENMÖSER
Z'loft Hotel - Ein Hotel-Restaurant mitten auf dem Land in 1.400 m Höhe. Die Inhaberin Barbara Samsel bietet 30 Zimmer, Billardtisch, kostenlosen Internet- und W-LAN-Zugang, Terrasse und Außenpool. Für Motorradfahrer: geschlossene Garage, Waschküche, kleine Werkstatt, Hochdruckwaschanlage und Tipps für die besten Strecken der Umgebung. Geführte Wanderung auf Anfrage. Doppelzimmer ab 125 €, Frühstück: 10,70 €. ☎ (00 41) 33 744 69 69, www.zloft.ch

ZWEISIMMEN
Hotel Post - Die Eigentümerin Monika Sager und ihr Sohn Sascha haben 2006 zusammen ihren Motorradführerschein gemacht. Sie lassen sich also bei Gleichgesinnten nieder, sei es in einem der 14 Zimmer oder an einem Tisch auf der Terrasse - denn das Hotel hat auch ein Restaurant, das täglich geöffnet ist. Hochdruckreiniger und Waschküche stehen zur Verfügung. Doppelzimmer: 75 CHF mit Frühstück. Sonderermäßigung für Motorradfahrer: 5 CHF/Person und Nacht. Beim Bahnhof, ☎ (00 41) 33 729 30 40, www.hotel-post-ag-zweisimmen.ch

ATTRAKTIONEN

ANNECY
Das Palais de l'Île (Juni-Sept. 10.30-18.00 Uhr, sonst tägl. außer Di 10.00-12.00 Uhr u. 14.00-17.00 Uhr), erbaut im 12. Jh. auf einer natürlichen Insel; La Turbine (südwestlich von Annecy, in Cran-Gevrier - Di und So 14.00-18.00 Uhr, Mi, Do und Sa 10.00-12.00 Uhr u. 14.00-18.00 Uhr, Fr 14.00-19.00 Uhr), einzigartiges Kulturzentrum für Wissenschaft, Technik und Industrie der Region Haute-Savoie.

BEX
Salzbergwerk (Route des Mines-de-Sel ☏ (00 41) 24 463 03 30 - Reservierung empfohlen, Öffnungszeiten je nach Jahreszeit verschieden).

GRUYÈRES
Schloss (Apr.-Okt. 9.00-18.00 Uhr, Nov.-März 10.00-16.30 Uhr), ehemaliger Sitz der Grafen von Greyerz. La maison du Gruyère in Pringy (1 km von Gruyères - Juni-Sept. 9.00-19.00 Uhr, Okt.-Mai 9.00-18.00 Uhr - Schaukäserei: 9.00-11.00 Uhr und 12.30-14.30 Uhr).

FREIBURG
Kathedrale Sankt Nikolaus, Meisterwerk der gotischen Kunst; das Museum für Kunst und Geschichte (tägl. außer Mo 11.00-18.00 Uhr, Do 20.00 Uhr, Oster- und Pfingstmontag 14.00-18.00 Uhr).

ESSEN

Annecy - Le Beau Soleil. 6 rue de l'Île - ☏ (00 33) 450 51 68 18. Mitten in der Altstadt, am Thiou-Kanal, Restaurant mit savoyischen und italienischen Spezialitäten für jeden Geschmack, ganzjährig täglich geöffnet. Im Sommer sehr gut besucht. Etwa 15 bis 30 € einplanen.
Le Veyrier-du-Lac - La Chaumière. 12 rue de la Tournette - ☏ (00 33) 450 60 10 06. Am Ortsausgang von Annecy an der Straße nach Thônes, in der Mitte des Dorfes, Restaurant mit 2 Sternen von Logis de France. Motorradfahrer willkommen. Menüs für 25 bis 44 €.
Jaunpass - Hôtel des Alpes. ☏ (00 41) 33 773 60 42. Das Hotel-Restaurant befindet sich direkt auf dem Jaunpass und ist bei Motorradfahrern sehr beliebt. Mittags und abends geöffnet. Menüs mit regionalen Spezialitäten für 27 bis 36 CHF. Auch Snacks und Sandwiches erhältlich.
Gruyères - Le Chalet. ☏ (00 41) 26 921 21 54. Greyerzer Spezialitäten gibt es in diesem rustikalen Gasthaus mitten in der Ortschaft. Fondue, Raclette, Meringuen und Doppelrahm. Etwa 35 CHF einplanen.

01 WALLIS

Von Annecy nach Freiburg

km Par / Total	Image	Description	km Par / Total	Image	Description	km Par / Total	Image	Description
0,00 / 0,00	DEBUT RAZ 1.	Annecy D909 - Avenue du Petit Port	0,33 / 60,00	16.	Cluses D902 - Place Charles de Gaulle	1,32 / 95,99	D902 31.	Seytroux D902
3,36 / 3,36	D909 2.	Veyrier-du-Lac D909 - Rue de la Tournette	0,63 / 60,63	D902 17.	Cluses D902 - Avenue des Alpes	6,83 / 102,82	D902 32.	Le Jotty D902
0,62 / 3,98	D909 2. 3.	Veyrier-du-Lac D909 - Route de Thônes	0,27 / 60,90	D902 2. 18.	Cluses D902	3,60 / 106,42	D22 1. 33.	Bioge D22
7,93 / 11,91	D909 1. 4.	Charvet D909	0,36 / 61,26	D902 2. 19.	Cluses D902 - Avenue de Châtillon	15,33 / 121,75	D22 34.	Abondance D22
6,33 / 18,24	D909 5.	Thônes D909	3,58 / 64,84	D902 20.	Pressy D902	8,30 / 130,05	D22 35.	La Chapelle-d'Abondance D22
8,55 / 26,79	D4 3. 6.	Saint-Jean-de-Sixt D4	3,10 / 67,94	D902 21.	Cellières D902	3,35 / 133,40	D22 36.	Châtel D22 - Route de Vonnes
1,48 / 28,27	D224 7.	Le Villaret D224	1,94 / 69,88	D902 22.	Taninges D902 - Rue de la Poste	2,91 / 136,31	CH FR 37.	Vonnes Route de France
1,05 / 29,32	D4 1. 8.	Le Grand-Bornand D4	0,14 / 70,02	D902 23.	Taninges D902 - Route des Gets	11,46 / 147,77	38.	Croix-du-Nant Chemin de vers le Pont
0,32 / 29,64	D4 9.	Le Grand-Bornand D4	10,39 / 80,41	D902 24.	Les Gets D902 - Route des Grandes Alpes	3,65 / 151,42	39.	Monthey Route de Morgins
25,68 / 55,32	D4 10.	Marnaz D4 - Route de la Colombière	1,11 / 81,52	D902 2. 25.	Les Gets D902 - Route des Grandes Alpes	0,97 / 152,39	21 1. 40.	Monthey 21 - Avenue de France
1,10 / 56,42	D4 11.	Blanzy D4 - Avenue de la Colombière	4,21 / 85,73	D902 26.	Pied-de-la-Plagne D902 - Route des Grandes Alpes	0,29 / 152,68	21 3. 41.	Monthey 21 - Avenue de France
2,00 / 58,42	D4 2. 12.	Scionzier D4 - Avenue du Mont Blanc	0,80 / 86,53	D902 27.	Morzine D902 - Route des Grandes Alpes	0,07 / 152,75	21 3. 42.	Monthey 21 - Avenue du Simplon
0,66 / 59,08	D4 13.	Cluses D4 - Avenue du Mont Blanc	0,76 / 87,29	D902 3. 28.	Morzine D902	0,57 / 153,32	21 1. 43.	Monthey 21 - Avenue du Simplon
0,27 / 59,35	N205 14.	Cluses N205 - Avenue du Mont Blanc	1,43 / 88,72	D902 29.	Montriond D902	0,88 / 154,20	21 44.	Les Ilettes 21 - Avenue du Simplon
0,32 / 59,67	N205 15.	Cluses N205 - Avenue de la Libération	5,95 / 94,67	D902 30.	Bas-Thex D902	0,95 / 155,15	21 2. 45.	Les Ilettes 21

TRIPY GPS+ DIGITAL ROAD BOOK www.tripy.fr

Roadbook zum Herunterladen und Ausdrucken im A4-Format (140 %) bei ViaMichelin

km Par / Total	Image	Description	km Par / Total	Image	Description	km Par / Total	Image	Description
1,50 / 156,65	46.	Cotterd 21	5,07 / 180,24	61.	Taveyanne	1,11 / 272,97	76.	Gruyères Route de la Cité
0,49 / 157,14	47.	Cotterd 9 - Route de Saint-Maurice	11,82 / 192,06	62.	Ormont-Dessus Route du Pillon	0,95 / 273,92	77.	Gruyères Route de la Cité
0,44 / 157,58	48.	Cotterd 9 - Route de Saint-Maurice Bex	21,03 / 213,09	63.	Gstaad	0,97 / 274,89	78.	Gruyères Route de Gruyères
0,57 / 158,15	49.	Bex 9 - Route du Grand Saint-Bernard	1,02 / 214,11	64.	Gstaad Saanenstrasse	1,11 / 276,00	79.	Epagny Route de l'Intyamon
4,03 / 162,18	50.	Villy 9	1,96 / 216,07	65.	Saanen 11 - Saanenmöserstrasse	0,18 / 276,18	80.	Epagny Route de Broc
1,69 / 163,87	51.	Verschiez Route d'Aigle	6,51 / 222,58	66.	Saanenmöser 11 - Saanenmöserstrasse	1,50 / 277,68	81.	Epagny Route de Pra-Riond
1,23 / 165,10	52.	Ollon Rue du Château	6,79 / 229,37	67.	Zweisimmen 11 - Thunstrasse	1,30 / 278,98	82.	Broc
0,50 / 165,60	53.	Ollon Route de Villars	7,99 / 237,36	68.	Reidenbach	1,04 / 280,02	83.	Châtel-sur-Montsalvens Route de Broc
0,48 / 166,08	54.	Ollon Route de Villars	8,38 / 245,74	69.	Jaunpass	16,65 / 296,67	84.	Pramathaux Route de la Gruyère
1,65 / 167,73	55.	Glutières Glutières	15,98 / 261,72	70.	Charmey Les Charrières	0,62 / 297,29	85.	Pramathaux Route de Fribourg
0,67 / 168,40	56.	Forchex	6,11 / 267,83	71.	Châtel-sur-Montsalvens	3,51 / 300,80	86.	Marly Route de la Gruyère
0,74 / 169,14	57.	Pallueyres	1,04 / 268,87	72.	Broc	0,56 / 301,36	87.	Marly Route de Fribourg
5,13 / 174,27	58.	Chesières Avenue Centrale	1,28 / 270,15	73.	Epagny Route de Broc	0,92 / 302,28	88.	Marly Route de Fribourg
0,80 / 175,07	59.	Villars-sur-Ollon Route des Hôtels	1,53 / 271,68	74.	Epagny Route de l'Intyamon	2,19 / 304,47	89.	Fribourg Boulevard de Pérolles
0,10 / 175,17	60.	Villars-sur-Ollon Route des Hôtels	0,18 / 271,86	75.	Epagny Route de Gruyères	0,79 / 305,26	90. FIN	Fribourg Boulevard de Pérolles

Berner Oberland
(von Freiburg nach Altdorf)

260 km

Die Straßen des Berner Oberlandes führen Sie allmählich zum Dach Europas. Das Gebirgsmassiv im Herzen der Schweiz steckt voller weltberühmter Naturwunder und seine kurvenreichen Straßen sind bei gebirgsbegeisterten Motorradfans sehr beliebt.

02 BERNER OBERLAND

Von Freiburg nach Altdorf

FREIBURG > THUN

Verlassen Sie Freiburg *(siehe vorherige Strecke)* in Richtung Bern und biegen Sie auf der Straße nach Bourguillon in Richtung Tentlingen und dann nach Plasselb ab. Die tadellos asphaltierte Straße verläuft mitten durch das Freiburger Land, durchquert Pfaffeien und folgt dann dem Sensetal, das die Grenze zwischen den Kantonen Freiburg und Bern bildet. Hier wird nicht mehr Französisch, sondern Deutsch gesprochen, oder vielmehr ein alemannischer Dialekt mit zahlreichen lokalen Varianten.

Nach der Ortschaft Zollhaus endet die Straße am **Schwartzsee** in einer hübschen, von Tannen bestandenen Gebirgslandschaft. Wieder in Zollhaus steigt links eine kleine Straße steil an und mündet in ein schmales ländliches Tal, das sich unter Tannen versteckt. Am Ende dieses stillen Tals, hinter dem kleinen Pass, bevor man **Rüti** erreicht, eröffnen sich wunderschöne Blicke auf der rechten Seite, mit dem Stockhorn und dem Thuner See zu seinen Füßen. Etwas weiter hinten lugen die ersten verschneiten Gipfel der Berner Alpen hervor... Nach Rüti kommen Sie wieder in eine ebenso schmucke, aber weniger bewaldete Landschaft und die gut gepflegten Straßen führen Sie bis nach **Thun**. Mit dieser schönen Stadt an dem nach ihr benannten See erreichen Sie das Berner Oberland.

Hier können Sie sich etwas Zeit nehmen, um die Altstadt zu besichtigen, die sich um eine erhabene mittelalterliche Burg drängt. Es lohnt sich, einmal um den See herum (45 km, 1h) bis nach Interlaken und zurück über Spiez: das 18 km lange, 4 km breite und 217 m tiefe Gewässer liegt vor einer herrlichen Kulisse aus grünen Bergen und verschneiten Gipfeln (darunter die berühmte Jungfrau mit über 4.000 m) und gehört zu den schönsten Seen der Schweiz.

THUN > MEIRINGEN

Das Berner Oberland grenzt im Norden an den Thuner und den Brienzer See, im Osten an den Kanton Graubünden, im Süden an das Oberwallis und im Westen an die Waadtländer und Freiburger Alpen, aus deren Richtung Sie kommen. Wenn Sie Thun verlassen, nehmen Sie die Straße nach Steffisburg, in Richtung Luzern. Zwischen Oberei und Schangnau überqueren Sie zunächst dennoch bescheidenen **Schallenbergpass**. Verpassen Sie vor Schüpfheim nicht die Panoramastraße, die rechts nach Flühli abbiegt. Sie führt durch das Tal hinauf bis zum **Glaubenbielenpass,** der einen schönen Panoramablick über die Region Unterwalden bietet. Die anfangs leichte und breite Auffahrt wird in der Nähe des Passes sehr eng; nutzen Sie die Ausweichbuchten. Achten Sie auf die „Weidrost"-Schilder; sie weisen auf Gitterstangen im Boden hin, die das Vieh daran hindern sollen, sich zu verlaufen. Nach dem Pass geht die Straße schmal weiter, aber mit noch mehr Kurven (und bei unserer Fahrt im Sommer 2010 in Gesamterneuerung befindlich), bis nach Giswil. Hier biegen Sie nach rechts auf eine breite, viel befahrene und wenig reizvolle Straße, die Sie über den Brünigpass führt und dann nach links nach Meiringen. Die wenigen Kilometer bis Meiringen sind immer noch kurvig, lassen aber einen forscheren Fahrstil zu.

An der Kreuzung vorm Ortseingang haben Sie die Wahl: wenn Ihre Zeit knapp ist oder Sie einfach nur fahren möchten, nehmen Sie die Umgehungsstraße. Wenn Sie sich jedoch für die Sehenswürdigkeiten interessieren, fahren Sie nach links in den Ort hinein, der im Sommer oft von Touristenbussen und ihren Insassen wimmelt. In Meiringen mit seiner altenglischen Atmosphäre weilte unter anderem Sir Arthur Conan Doyle, der britische Abenteuerschriftsteller und Schöpfer von Sherlock Holmes, den er in den nahen Reichenbachfällen verschwinden ließ. Eine Statue des Detektivs, der die wissenschaftliche Kriminalistik begründete, sitzt in der Mitte des Dorfplatzes und in der Rue de la gare ist ihm ein Museum gewidmet. An der Ortsausfahrt von Meiringen in Richtung Grimselpass und Innertkirchen befindet sich die **Aareschlucht**, eine der bekanntesten Sehenswürdigkeiten der Region, mit ihren bald völlig senkrechten, bald vom Wasser polierten und ausgehöhlten Felswänden, auf die ein eigenartiges, diffuses Licht fällt. Wenn Sie hinter der Brücke über die Aare rechts abbiegen, finden Sie die Seilbahn, die zu den **Reichenbachfällen** führt.

MEIRINGEN > ALTDORF

Bald danach erreichen Sie **Innertkirchen** und biegen auf die Sustenpassstraße ab, die durch das Gadmental und das Meiental führt. Sie wurde von 1938 bis 1945 als erste große Alpenstraße der Schweiz für den Autoverkehr gebaut. Der **Sustenpass** ist einer der beliebtesten Hochalpenpässe der Motorradfahrer, die sich an schönen Tagen (der Pass ist von Mai bis Oktober geöffnet, wenn er schneefrei ist) oft in den Bars von Innertkirchen einfinden. Es ist auch der erste große Schweizer Pass, über den unsere Route führt, und wenn Sie die große Runde fahren, werden Sie ihn noch einmal überqueren, und zwar in der Gegenrichtung. Richtig interessant wird die Landschaft nach **Gadmen**, wenn Sie an einer riesigen, steil abfallenden Felswand entlang fahren. Unterwegs sind an mehreren Kurven Haltebuchten und Aussichtspunkte eingerichtet. Keinesfalls versäumen dürfen Sie den Halt 4 km vor dem Pass in einer Serpentine namens „Himmelrank", wo sich ein wunderschöner Blick auf das Gadmental und die schneebedeckten Gipfel bietet. Ab hier können Sie den Weg entweder gemächlich fortsetzen und die Aussicht genießen, oder aber schwungvoll die herrlichen Kurven ausfahren. Halten Sie auf dem großen Parkplatz vor der Tunneleinfahrt, um die Aussicht zu bewundern und eine Erfrischung zu sich zu nehmen. Wenn Sie den kurzen Fußmarsch nicht scheuen, werden Sie auf dem höchsten Punkt des Passes bei 2.259 m mit einem der schönsten Panoramen dieser Gegend belohnt. Kurz hinter dem 300 m langen Tunnel taucht das Talende auf: etwa 700 m hinter dem Ausgang steht eine Orientierungstafel, auf der die wichtigsten Gipfel bezeichnet sind. Eine große Tafel weist darauf hin, dass Sie den Kanton Uri betreten, die Heimat des Wilhelm Tell, mit einem Stierkopf im Wappen. Anschließend führt die Strecke an einem ziemlich schwindelerregenden Steilhang weiter, bevor sie zu einer geraden, schneller zu befahrenden Straße wird.

Hinter Wassen geht es am Talgrund nach Norden, entlang der Reuss und der Autobahn zum Vierwaldstätter See. Die Strecke ist zu Beginn recht angenehm, verliert aber dann besonders hinter Amsteg an Reiz, auch wenn der Kegel des Bristen mit seinen über 3.000 m Höhe die Kulisse überragt.

Das nahe dem Vierwaldstätter See gelegene **Altdorf** verdankt seinen Wohlstand dem Handelsweg über den Gotthard und der Sage von Wilhelm Tell, der Symbolfigur des eidgenössischen Unabhängigkeitskampfes. Der Kanton Uri befreite sich nämlich als erster von der Bevormundung durch die österreichischen Eindringlinge. Eine Statue des Armbrustschützen steht auf dem Dorfplatz.

> Der Sustenpass ist einer der beliebtesten Hochalpenpässe der Motorradfahrer

ÜBERNACHTEN

FLÜELEN
Hotel Tourist - Im Norden von Altdorf, am Ufer des Vierwaldstätter Sees liegt der kleine Hafenort Flüelen. Peter und Sonia Arndt empfangen Sie in ihrem Hotel-Restaurant, das abseits ganz im Norden der Stadt liegt. Die Einrichtung (34 Zimmer) wirkt ein bisschen verstaubt (2003 renoviert), ist für die Schweiz aber recht günstig. Sehr schöner Blick von der Terrasse und den Zimmern auf den Urisee. Verlangen Sie ein Zimmer an der Frontseite, nicht nach hinten raus, wo eine Bahnstrecke vorbeiführt. Für Motorradfahrer: geschlossene Garage, Waschküche und Waschplatz mit Druckreiniger. Kostenloser Internetzugang. Doppelzimmer ab 130 CHF mit Frühstück, Halbpension: 25 CHF/Pers. Um dorthin zu gelangen, nehmen Sie nicht den Tunnel, sondern die kleine Straße durch Altdorf und Flüelen. Axenstrasse 90, ☏ (00 41) 41 874 00 50, www.hotel-tourist.ch

INNERTKIRCHEN
Hotel Hof und Post - Monika und Christoph Steinacher, beide Motorradfahrer, empfangen Sie in ihrem Hotel-Restaurant. Nach einer langen Fahrt können Sie vor dem Schlafengehen zur Entspannung ein originelles Bad nehmen - nämlich in einem alten Bierfass, mit anschließender Ruhepause auf einem Strohlager! Doppelzimmer ab 130 CHF, einschließlich Frühstück, Einzelzimmer: 75 CHF . Halbpension ohne Aufpreis, jedoch erst ab zwei Nächten. Garage gegen Gebühr. Geöffnet von Mitte Juni bis Mitte Okt. Im Zentrum des Ortes. ☏ (00 41) 33 971 19 51, www.hotel-hof-post.ch

Hotel Alpina - Jürg Wüthrich führt das an der Straße zum Sustenpass gelegene Hotel-Restaurant und Pub seit 1990. Es stehen nur zwei Einzel-, drei Doppel- und ein Dreibettzimmer zur Verfügung. Zimmer ab 45 CHF (im Sommer) mit Frühstück, Halbpension + 20 CHF pro Person. Das Restaurant ist sehr viel größer; es hat drei Räume mit 20, 20 und 35 Plätzen und wartet mit saisonaler Küche auf. Im Sommer donnerstags geschlossen, Jahresurlaub im Januar. Grimselstrasse, ☏ (00 41) 33 971 11 16, www.alpina-ritzli.ch

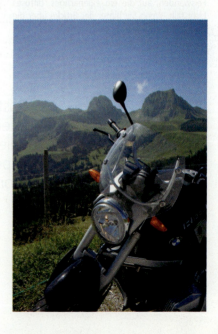

ATTRAKTIONEN

SCHLOSS THUN
Zugang über eine überdachte Treppe (Kirchtreppe). Geöffnet von Apr.-Okt. 10.00-17.00 Uhr; von Nov.-Jan. So 13.00-16.00 Uhr; im Februar und März tägl. von 13.00-16.00 Uhr - 7 CHF. Von der obersten Etage des Turms großartiger Rundblick über die Stadt, die Aare, den Thuner See und die Berner Alpen.

SHERLOCK-HOLMES-MUSEUM IN MEIRINGEN
Bahnhofstr. 26. Geöffnet von Mai-Sept. tägl. außer Mo 13.30-18.00 Uhr; von Okt.-Apr. Mi-So 16.30-18.00 Uhr - geschlossen am 1. Jan., 24. und 25. Dez. - 4 CHF, Kombiticket mit den Reichenbachfällen: 10 CHF.

AARESCHLUCHT
3 km zu Fuß hin u. zurück, 1h Besichtigung. Geöffnet von Ostern bis Ende Okt. 9.00-17.00 Uhr (Juli-Aug. 8.00-18.00 Uhr) - 7,50 CHF, Kombiticket mit den Reichenbachfällen: 13 CHF. Eines der beliebtesten Naturschauspiele des Berner Oberlandes.

REICHENBACHFÄLLEN
30 Min. zu Fuß hin u. zurück, davon 10 Min. mit der Seilbahn. Seilbahn: ℘ (00 41) 33 972 90 10 - von Mitte Mai-Anfang Okt. 9.00-11.45 Uhr, 13.15-17.45 Uhr (Juli-Aug. 9.00-18.00 Uhr) - 8 CHF, Kombiticket mit der Aareschlucht 13 CHF oder mit dem Sherlock-Holmes-Museum 10 CHF.

ESSEN

Thun - Altes Waisenhaus - In der ehemaligen Seidenfabrik am Aareufer, die im 19. Jh. zum Waisenhaus umgebaut wurde, befindet sich nun ein stilvolles *Ristorante* mit Gourmetqualitäten. Italienische Küche, schön eingerichtete Räume und ein herrlicher Blick auf das alte Thun. Im Sommer kann man auf der Terrasse sitzen. Speisen à la carte etwa 35 bis 60 CHF. Bälliz 61, ℘ (00 41) 33 223 31 33, www.bindella.ch

Innertkirchen - **Alpenrose** - Ernst Urweider empfängt Sie in seinem Hotel-Restaurant in der Ortsmitte, nahe der Aare. Großes Restaurant, Menüs von 23,50 bis 80 CHF. Privatparkplatz, W-LAN gegen Gebühr, Infrarotsauna, zwei Bowlingbahnen. Doppelzimmer 100 bis 130 CHF, einschließlich Frühstück, Halbpension: 30 CHF/Pers. Dienstags und im November geschlossen. Dorfstr. 8, ℘ (00 41) 33 971 11 51, www.alpenrose-innertkirchen.ch

02 BERNER OBERLAND

Von Freiburg nach Altdorf

km Par / Total	Image	Description	km Par / Total	Image	Description	km Par / Total	Image	Description
0,00 / 0,00	DEBUT 1.	Fribourg Boulevard de Pérolles	5,38 / 31,21	16.	Zollhaus	0,25 / 77,80	31.	Thun Allmendstrasse
0,78 / 0,78	2.	Fribourg Boulevard de Pérolles	10,51 / 41,72	17.	Schwefelbergbad	1,38 / 79,18	32.	Thun Allmendbrücke
1,92 / 2,70	3.	Marly Route de Fribourg	8,87 / 50,59	18.	Gurnigel Bad Rutti	0,37 / 79,55	33.	Thun Steffisburgstrasse
0,27 / 2,97	4.	Marly Route de Fribourg	10,38 / 60,97	19.	Riggisberg Hintere Gasse	0,19 / 79,74	34.	Thun Steffisburgstrasse
0,92 / 3,89	5.	Marly	0,14 / 61,11	20.	Riggisberg Grabenstrasse	1,07 / 80,81	35.	Steffisburg Glockentalstrasse
0,07 / 3,96	6.	Marly Route des Préalpes	2,10 / 63,21	21.	Kirchenthurnen Riggisbergstrasse	0,88 / 81,69	36.	Steffisburg Oberdorfstrasse
2,86 / 6,82	7.	Tentlingen Marlystrasse	1,11 / 64,32	22.	Kirchenthurnen Dorfstrasse	0,10 / 81,79	37.	Steffisburg Oberdorfstrasse
0,25 / 7,07	8.	Tentlingen Oberlandstrasse	3,83 / 68,15	23.	Pfandersmatt Seftigenstrasse	0,29 / 82,08	38.	Steffisburg Schwarzeneggstrasse
6,33 / 13,40	9.	Plasselb Dorf	1,30 / 69,45	24.	Seftigen Dorfstrasse	4,46 / 86,54	39.	Kreuzweg Kreuzweg
0,35 / 13,75	10.	Plasselb	0,49 / 69,94	25.	Seftigen Thunstrasse	2,09 / 88,63	40.	Schwarzenegg Horben
1,47 / 15,22	11.	Ried Ried	2,95 / 72,89	26.	Uttigen	1,22 / 89,85	41.	Oberlangenegg Stalden
1,03 / 16,25	12.	Plaffeien Dorfstrasse	0,17 / 73,06	27.	Uttigen Aegertenstrasse	4,47 / 94,32	42.	Oberei bei Süderen Oberei
0,31 / 16,56	13.	Plaffeien Telmoos	2,05 / 75,11	28.	Uetendorf Thunstrasse	6,61 / 100,93	43.	Siehen Siehenstrasse
0,61 / 17,17	14.	Plaffeien Telmoos	1,57 / 76,68	29.	Thun Allmendstrasse	4,51 / 105,44	44.	Schangnau Schmittli
8,66 / 25,83	15.	Schwarzsee	0,87 / 77,55	30.	Thun Allmendstrasse	0,56 / 106,00	45.	Schangnau

TRIPY GPS+ DIGITAL ROAD BOOK www.tripy.fr

03 GRAUBÜNDEN

Von Altdorf zum Stilfserjoch

ALTDORF > NÄFELS

Die Klausenpassstraße, die durch die Täler von Reuss und Linth von Altdorf nach Linthal führt, ist gewöhnlich von November bis Mai vom Schnee versperrt. Der Pass wird häufig als letzter in dieser Region wieder geöffnet. Doch wenn es soweit ist, sind die Motorsportler selig: 136 Kurven auf 1.237 m Höhenunterschied innerhalb der 21,5 km zwischen dem **Klausenpass** und der Stadt Linthal! Diese Strecke war in den Jahren 1922 bis 1934 Schauplatz eines der berühmtesten Bergrennen: das Klausenrennen. Zum Andenken daran wird noch immer eine Parade mit historischen Fahrzeugen in Linthal organisiert; das nächste soll im September 2011 stattfinden.

Nach Altdorf gewinnt die Strecke ab Unterschächen immer mehr an Reiz. Zwei große Serpentinen führen nach Urigen, wo eine herrliche, am Steilhang entlang führende schmale Straße beginnt. Nach einigen engen Spitzkehren öffnet sich die Aussicht hinunter auf die wilde Landschaft des oberen Schächentals, das von den gewaltigen Felswänden des Chammlibergs verschlossen wird. Nach einer Tunneldurchfahrt kann man von mehreren Aussichtspunkten den etwa 400 m tiefer gelegenen Stäubifall betrachten. Das beeindruckendste Panorama bietet sich unterhalb des Passes, gegenüber vom Hotel Klausenpasshöhe. Nach dem Pass und einer Reihe von Abwärts-Serpentinen, in denen man gut daran tut, auf die mit Kuhfladen übersäte Fahrbahn zu achten, erreichen Sie den Urnerboden, ein gerades Muldental in Form eines langen Absatzes, den man in dieser Höhe (1.300 m) nicht erwarten würde. Und wieder folgen Serpentinen bis ins Linthtal: höhere Geschwindigkeiten sind hier nicht zu empfehlen, denn die Haarnadelkurven sind leider gepflastert.

An der Linth entlang führt Sie das bald landwirtschaftlich, bald industriell geprägte Tal bis in den Kanton Glarus, einen der kleinsten Kantone der Eidgenossenschaft. Jedes Jahr am ersten Maisonntag findet auf dem Marktplatz der Stadt **Glarus** eine große Volksabstimmung statt. Dieses Datum sollten Sie meiden, wenn Sie den Ort in weniger als zwei Stunden durchqueren wollen... Danach führt die Straße, immer noch entlang dem Fluss, weiter nach Näfels, der zweitgrößten Stadt des Kantons.

NÄFELS > DAVOS

Nachdem Sie den Kerenzberg hinter sich gelassen haben (ohne durch den Tunnel zu fahren), erreichen Sie das Ufer des Walensees, dem Franz Liszt eins seiner Werke gewidmet hat. Die neue Straße zwischen Näfels und Murg, die parallel zur Bahnstrecke verläuft, ist an zahlreichen Stellen in die steilen Gebirgsausläufer gehauen. Es ist jedoch immer noch möglich (und unserer Meinung nach empfehlenswerter), den alten Weg zu nehmen, von dem sich reizvolle Blicke hinunter auf das Glarner Tal bieten.

Dann fahren Sie am Südufer des Walensees fast bis nach Walenstadt, bevor Sie in das Tal der Seez, einem Zufluss des Rheins, kommen. Hier sind Sie nun in der Heimat von Heidi, der Romanheldin von Johanna Spyri, die zur Symbolfigur der Schweizer Bergwelt wurde. Gleich nach Maienfeld, in der Nähe von Bad Ragaz, befindet sich das dem Roman nachempfundene

Heididorf. Wenn Sie durch das berühmte Bad Ragaz kommen, wird Ihnen einerseits das gehobene Ambiente von Golfplatz und Casino auffallen, und andererseits die Alpenkulisse, die zu den schönsten Landschaften des Rheintals gehört. Das Kurbad nutzt seit dem 11. Jh. das mineralhaltige Wasser, das mit einer Temperatur von 37 °C aus der Taminaschlucht unterhalb von Pfäfers entspringt. Hinter Bad Ragaz, in **Mastrils**, führt eine Brücke über den Rhein in den Kanton Graubünden, den flächengrößten der eidgenössischen Kantone (er nimmt allein ein Sechstel des gesamten Staatsgebietes ein). Die Straße verläuft dann durch das Prättigau-Tal, das unterhalb von Davos bei Klosters endet: seine ausgesprochen ländliche Umgebung ist seit den 1950er Jahren im Sommer wie im Winter beim Jetset sehr beliebt.

DAVOS > STILFSER JOCH

Nehmen Sie weder den Tunnel noch die Wege, die zur Verladestation des Vereinatunnels führen, der den Berg unter dem Flüelapass durchquert, sondern bleiben Sie auf der äußeren Straße. Dort, wo sich der Wald um den kleinen Ort Wolfgang öffnet, kündigt ein kleiner See den Ortseingang von Davos an. Obwohl es nicht sehr viele Einwohner hat, ist **Davos** der Fläche nach die zweitgrößte Stadt des Landes und vor allem der berühmte Gastgeber des Weltwirtschaftsforums, das hier seit 1971 jedes Jahr im Januar stattfindet. Sie können durch das dicht bebaute Stadtzentrum mit seinen Casinos und Luxushotels bummeln oder die saubere, trockene Luft genießen, für die der Luftkurort seit 1860 berühmt ist. Wenn Sie jedoch nicht durchs Zentrum fahren möchten, können Sie auch gleich die Straße in Richtung Susch und Zernez über den **Flüelapass** einschlagen. Die Auffahrt ist hervorragend ausgebaut, so dass man in zügigem Tempo den Pass mit seiner wilden, eisigen Umgebung erreicht. Eine schöne Abfahrt nach Susch führt Sie in das Unterengadin, das erst 1999 durch den Vereinatunnel aus seiner Abgeschiedenheit geholt wurde. Hier steht die Wiege des Bündnerromanischen, einer entfernten Verwandten der französischen und italienischen Sprache, das 1938 als vierte Amtssprache der Schweiz anerkannt wurde. Die Region hat ihre eigenen, noch sehr lebendigen Traditionen, ebenso wie eine typische Architektur, die unschwer zu erkennen ist.

Nach Zernez kommen Sie auf die **Ofenpassstraße** und in den Schweizer Nationalpark, das größte Naturschutzgebiet und den einzigen Nationalpark des Landes, der sich über 172 km² zwischen dem Val Müstair, dem Inntal und dem Ofenpass erstreckt. Hier werden die riesigen einsamen Wälder und kleinen Täler bewusst in ihrem natürlichen Zustand belassen und abgestorbene Bäume nicht beseitigt, ein erstaunlicher Anblick in diesem sonst so gepflegten Land. In Santa Maria beginnt die Straße zum **Umbrailpass**, dem vielleicht schwierigsten dieser Route: nach den ersten, besonders engen und steilen Haarnadelkurven kommt noch ein ganzes Stück Wegs ohne Asphalt, wo man nur über Erde und Steine fährt. Die Straße ist mit jedem Motorrad befahrbar, allerdings müssen die nicht geländegängigen Maschinen hier ein langsameres Tempo einlegen.

Vom Umbrailpass ist es nicht mehr weit, bis Sie von der Schweizer Seite aus das legendäre **Stilfserjoch** erreichen, das mit 2.757 m der höchste Pass der Schweiz ist. Um den Pass hat sich ein sehr kommerzieller Tourismusrummel entwickelt, doch auf der italienischen Seite erwartet Sie eine wahnsinnige Abfahrt mit sage und schreibe 48 Haarnadelkurven, die vom Pass an nummeriert sind. Kurz vor dem Pass führt eine Straße nach Bormio und auf die Strecke zurück nach Frankreich, falls Sie die kürzeste unserer Alpenrundfahrten gewählt haben.

Eine Wahnsinnsabfahrt mit sage und schreibe 48 Haarnadelkurven

ÜBERNACHTEN

LITZIRÜTI
Hotel Ramoz - Etwas abseits der Strecke, bei Arosa am Ende des Schanfigger Tals, haben Susan Adam und Michael Rothen ein kleines Hotel mit 15 Zimmern eröffnet. Die beiden fahren Ducati und KTM. Für Motorradfahrer abgeschlossene Garage, Werkstatt, Waschküche, Hochdruckreiniger. Empfehlungen für Strecken und Wanderungen auf Anfrage. Doppelzimmer mit Frühstück ab 130 CHF, Aufpreis für Halbpension 20 CHF/Pers. ✆ (00 41) 81 377 10 63, www.hotelramoz.ch

DAVOS
Hotel Alpina - Eine sympathische Pension im oberen Ortsteil mit 19 Zimmern und einem guten Preis-Leistungs-Verhältnis, besonders für Davos, das als teures Pflaster bekannt ist. Versuchen Sie ein Zimmer auf der Südseite zu bekommen, diese haben alle Balkon. Doppelzimmer ab 110 CHF. Im November und Mai geschlossen. Richtstattweg 1, ✆ (00 41) 81 416 47 67, www.alpina-davos.ch

IL FUORN
Hotel Il Fuorn - Diese ehemalige Schutzhütte zwischen Zernez und dem Ofenpass ist das einzige Hotel (22 Zi.) im Schweizer Nationalpark, direkt an der Straße gelegen. Der Empfang ist ausgesprochen herzlich und die Zimmer sind mit Graubündener Zirbelkiefernholz getäfelt. Ebenso das Restaurant, wo man Wild bestellen kann. Wenn Sie sich still verhalten, bekommen Sie vielleicht in der Früh und abends ein paar Wildtiere zu sehen. Doppelzimmer ab 65 CHF mit Frühstück. Für das Restaurant etwa 40 CHF einplanen. ✆ (00 41) 81 856 12 26, www.ilfuorn.ch

SULDEN
Hotel Paradies - 10 Min. vom Stilfser Joch entfernt empfängt Sie Lukas Wallnöfer in seinem Hotel-Restaurant im italienischen Südtirol. Kostenlose abgeschlossene Garage mit Waschküche. Wellness-Bereich mit Sauna, Swimmingpool mit Panoramablick auf die Berge, Entspannungs- und Massageangeboten. Internetzugang in den Zimmern. Zimmer 50 bis 75 €/Pers. mit Frühstück. Hauptstrasse 87, ✆ (0039) 473 613043, www.sporthotel-paradies.it

ATTRAKTIONEN

WILHELM-TELL-MUSEUM IN BÜRGLEN
In Bürglen, am östlichen Ortsausgang von Altdorf an der Klausenpassstraße.
☎ (00 41) 41 870 41 55. Geöffnet im Juli/August 10.00-17.00 Uhr; im Mai, Juni, Sept. und Okt. von 10.00-11.30 Uhr und von 13.30-17.00 Uhr - 5,50 CHF.

HEIDIDORF
25 Min. zu Fuß von Maienfeld.
☎ (00 41) 81 330 19 12. Geöffnet von Mitte März bis Mitte Nov. von 10.00-17.00 Uhr - 7 CHF. Ein Dorf, in dem sich alles um Heidi dreht, mit Museumshaus, Hirtenwanderweg und Souvenirladen.

KIRCHNER-MUSEUM IN DAVOS
Kirchner-Platz - ☎ (00 41) 81 413 22 02. Geöffnet tägl. außer Mo, von 10.00-18.00 Uhr (14.00-18.00 Uhr von Ostern bis zum 15. Juli und von Okt. bis Weihnachten) - 10 CHF. Weltgrößte Sammlung von Werken Ernst Ludwig Kirchners, eines bedeutenden Malers des deutschen Expressionismus (1880-1938).

ESSEN

Urnerboden - Klause-Ranch. ☎ (00 41) 55 643 14 13. Dienstags geschlossen, sonst täglich ab 9 Uhr bzw. mittwochs ab 11 Uhr bis spätabends geöffnet. An der Straße, die das lange Tal gerade durchquert, hat „Hans der Biker" sein Restaurant mit amerikanischer Küche errichtet. Es erwartet Sie ein rockige Atmosphäre. Übernachtung im Zimmer ab 50 CHF/Pers. oder im Schlafsaal mit 12 bzw. 14 Betten für 35 CHF/Pers.

Mastrils - Tardisbrücke. ☎ (00 41) 81 322 12 07. Am Ortseingang, direkt vor der Rheinbrücke, beherbergt dieses große weiße Haus ein bescheidenes Restaurant, in dem die Fernfahrer verkehren. Ideal, um Mittag zu essen oder etwas zu trinken. Der Inhaber fährt eine Honda 1000 CBF und eine Ducati 1100 Multistrada.

Davos - Alpenhof. Dorfstr. 22 - ☎ (00 41) 81 415 20 60. Geschlossen von Mitte April bis Ende Mai und im Sommer dienstags. Das Restaurant ist bekannt für sein rustikales und gemütliches Ambiente, aber auch für sein Bündnerfleisch und seine herrliche Terrasse. Speisen à la carte 39 bis 74 CHF.

03 GRAUBÜNDEN

Von Altdorf zum Stilfserjoch

km Par / Total	Image	Description	km Par / Total	Image	Description	km Par / Total	Image	Description
0,00 / 0,00	DEBUT 1.	Flüelen Gotthardstrasse	5,68 / 115,99	16.	Bad Ragaz 13	2,20 / 13,69	31.	Chur 13 - Masanserstrasse
0,30 / 0,30	2.	Altdorf (UR) 2 - Flüelerstrasse	2,37 / 118,36	17.	Rosenbergli Maienfelderstrasse	0,16 / 13,85	32.	Chur 13 - Grabenstrasse
3,08 / 3,38	3.	Altdorf (UR) 17 - Klausenstrasse	1,62 / 119,98	18.	Maienfeld 28 - Bahnhofstrasse	0,20 / 14,05	33.	Chur 13 - Grabenstrasse
22,17 / 25,55	4.	Balm (Klausen) 17 Klausenpass	0,16 / 120,14	19.	Maienfeld 28 - Stutz Heididorf	0,41 / 14,46	34.	Chur Lindenquai
9,97 / 35,52	5.	Urnerboden 17 Port	0,16 / 120,30	20.	Maienfeld	0,23 / 14,69	35.	Chur Plessurquai
11,38 / 46,90	6.	Oberdorf 17 - Zum Klausenpass	1,57 / 121,87	21.	Rosenbergli 13	8,12 / 22,81	36.	Castiel Unterdorf
1,95 / 48,85	7.	Linthal 17 - Ennetlinth	4,06 / 125,93	22.	Mastrils 13 - Tardisbrücke	4,73 / 27,54	37.	Sankt Peter Hauptstrasse
0,33 / 49,18	8.	Linthal 17 - Tschachen	0,23 / 126,16	23.	Mastrils 13	9,67 / 37,21	38.	Sunnerüti Sunnarüti
16,93 / 66,11	9.	Glarus 17 - Spielhof	0,13 / 126,29	24.	Landquart 13	1,39 / 38,60	39.	Litzirüti
0,85 / 66,96	10.	Glarus 17 - Landstrasse	0,51 / 126,80	25.	Karlihof 13	1,39 / 39,99	40.	Sunnenrüti
2,63 / 69,59	11.	Netstal 17 - Landstrasse	0,27 / 127,07	26.	Karlihof 13	14,40 / 54,39	41.	Castiel
2,91 / 72,50	12.	Näfels 17 - Oberdorf	0,16 / 127,23	27. Davos RAZ	Landquart Fabriken 13 - Deutschestrasse	0,88 / 55,27	42.	Calfreisen
0,68 / 73,18	13.	Näfels 3 - Bahnhofstrasse	0,24 / 0,24	28.	Landquart Fabriken 13 - Deutschestrasse	2,92 / 58,19	43.	Maladers Im Feld
28,27 / 101,45	14.	Burgerriet 3 - Staatsstrasse	5,27 / 5,51	29.	Chlei Rüfi 13	4,51 / 62,70	44.	Chur 13 - Grabenstrasse
8,86 / 110,31	15.	Sargans 13 - Bahnhofstrasse	5,98 / 11,49	30.	Chur 13 - Masanserstrasse	0,37 / 63,07	45.	Chur 13 - Grabenstrasse

TRIPY GPS+ DIGITAL ROAD BOOK www.tripy.fr

Roadbook zum Herunterladen und Ausdrucken im A4-Format (140 %) bei ViaMichelin

km Par / Total	Description	km Par / Total	Description	km Par / Total	Description
0,19 / 63,26	Chur 13 - Masanserstrasse	0,38 / 42,03	Davos Alte Flüelastrasse	17,75 / 182,15	Passo dello Stelvio SS38 - Stilfserjoch
0,16 / 63,42	Chur 13 - Masanserstrasse	25,83 / 67,86	Süs 28 - Curtins		
2,19 / 65,61	Chur 13 - Deutschestrasse	6,13 / 73,99	Zernez 28 - Via da Rastö		
5,96 / 71,57	Zizers 13	14,16 / 88,15	Il Fuorn 28		
5,22 / 76,79	Landquart Fabriken 13 - Deutschestrasse	20,83 / 108,98	Santa Maria Val Müstair Via d'Umbrail		
0,24 / 77,03	Landquart Fabriken 28 - Prättigauerstrass RAZ	9,41 / 118,39	Umbrail Pass		
1,03 / 1,03	Landquart Fabriken 28 - Prättigauerstrasse	3,63 / 122,02	Umbrail Pass SS38dir b CH IT		
15,07 / 16,10	Jenaz 28 - Hauptstrasse	0,22 / 122,24	Umbrail Pass SS38		
10,48 / 26,58	Mezzaselva 28 - Kantonsstrasse	3,11 / 125,35	Passo dello Stelvio SS38 - Stilfserjoch		
0,75 / 27,33	Walki Kantonsstrasse	17,79 / 143,14	Gomagoi SS622 - Gomagoi		
3,91 / 31,24	Klosters-Platz Landstrasse	5,93 / 149,07	Ausser Sulden SS622		
0,86 / 32,10	Brüggen Davoserstrasse	3,02 / 152,09	Solda SS622 - Sulden		
0,97 / 33,07	Brüggen 28	1,68 / 153,77	Maso di Fuori SS622 - Sulden / Solda		
0,23 / 33,30	Läussüggen 28 - Davoserstrasse	1,68 / 155,45	Solda Sulden		
8,35 / 41,65	Davos Bahnhofstrasse Dorf	8,95 / 164,40	Gomagoi SS38 - Gomagoi		

03 GRAUBÜNDEN

TRIPY GPS+ DIGITAL ROAD BOOK www.tripy.fr

Vorarlberg
(vom Stilfserjoch zum Riedbergpass)

04

318 km

Nachdem Sie mit der Schweiz das Alpenland schlechthin durchquert haben, führt diese Route Sie an einem einzigen Tag in zwei weitere Länder, Italien und Österreich, und durch das österreichische Bundesland Vorarlberg.

04 VORARLBERG

Vom Stilfserjoch zum Riedbergpass

STILFSERJOCH > LANDECK

Nach der Abfahrt über die endlosen Serpentinen des Stilfserjochs auf der italienischen Seite kommen Sie zunächst durch die Dörfer Trafoi und Gomagoi und stoßen dann auf die große Straße durch das Val Venosta. Dieser natürliche Verbindungsweg zwischen Italien, der Schweiz und Österreich verbreitert sich allmählich nach Westen, je weiter man sich dem Reschenpass nähert. Vor dem Pass taucht der Lago di Resia auf. Aus seinem Wasser ragt bedeutsam eine mysteriöse Turmspitze: es ist der Glockenturm der alten Kirche von Curono, die 1950 bei der Flutung dieses künstlichen Sees versank.
Anschließend kommen Sie nach Österreich über den **Reschenpass (Passo di Resia)**, der in das Hochtal von Nauders und ins Inntal führt. Seit die südliche Grenze von Österreich durch die Verträge von 1919 auf die Wasserscheide der Alpen verlegt wurde, ist das Inntal die wichtigste Verkehrsader Tirols. Nach dem Nauderer Tal verläuft die Straße durch den Engpass von **Finstermünz**. Diese Schlucht bildet die natürliche Grenze zwischen dem Tiroler Inntal, dem Unter-Engadin und Südtirol. Während die Straße ins Engadin (nach St. Moritz) am Boden des Tals verläuft, mündet die von Nauders kommende Straße durch einen Durchbruch ins Tal, den die massige Festung Nauders bewacht. Unterhalb des Hotels Hochfinstermünz schmiegt sich die Straße an die Felswände des rechten Innufers. Nach drei Tunneln erreicht man eine Aussichtsterrasse (auf der linken Straßenseite), von wo sich der Blick auf das Tal öffnet, gegenüber der Schlucht, die vom rätoromanischen Samnauntal in der Schweiz einmündet. Hinter dem Aussichtspunkt senkt sich die Straße hinab ins Tal, dem sie nach einer Überquerung des Inns geradewegs folgt. Nach Pfunds erblicken Sie rechts die Gipfel des Kaunergrats. Zwischen Ried und Prutz erkennt man links über der Straße die Burgruine Landeck auf einem Felsen und daneben den kleinen weißen Glockenturm von Ladis.
In Prutz kann man rechts abbiegen, um das **Kaunertal** zu besichtigen (siehe S. 55). Hinter Prutz wird die Straße weniger reizvoll und führt gemächlich bis nach Landeck, das sich nicht umgehen lässt.

LANDECK > RIEDBERGPASS

Von Landeck können Sie die Straße nach Imst und Sölden über das Ötztal einschlagen, um über das Timmelsjoch nach Merano und in die Dolomiten zu gelangen und die zweite Runde der Acht-Tage-Route zu drehen (siehe Route Nr. 7). Wenn Sie die große Runde fahren möchten, haben Sie am Ortsausgang von Landeck die Wahl zwischen drei Möglichkeiten. Wenig Zeit? Nehmen Sie die Schnellstraße nach Sankt Anton am Arlberg und fahren Sie nach dem fünften Tunnel, vor dem langen Arlbergtunnel, auf die **Arlbergpass- und Flexenpassstraße** ab. Sie haben ein bisschen Zeit? Dann nehmen Sie die alte 316, die durch die hübschen Dörfer Pians, Flirsch und Pettneu bis nach Sankt Anton führt. Oder wollen Sie sich die Zeit nehmen, eine richtige, schöne Hochgebirgsstraße zu befahren? Dann folgen Sie unserem Roadbook (oder der GPS-Datei) zur Silvretta und der Bielerhöhe.

Die Silvretta-Hochalpenstraße verbindet die Täler von Ill und Trisanna (Paznauntal) über die **Bielerhöhe** (2.036 m), wo die Schroffheit des Hochgebirges vom blauen Spiegel eines Stausees gemildert wird. Von Landeck bis Bludenz sind es 92 km und gut anderthalb Stunden Fahrt, dazu kommen 28 km (30 Min.) zwischen Bludenz und der Flexenpassstraße. Achtung, die Westseite der Silvretta-Hochalpenstrasse, nach dem Vermuntstausee und vor Partenen, hat eine respekteinflößende Streckenführung mit mehr als 32 Kurven, darunter zahlreiche enge Serpentinen. Die Straße ist gewöhnlich von November bis Ende Mai zugeschneit. Außerdem ist sie, wie viele Hochgebirgsstraßen in Österreich, auf der Strecke zwischen Galtür und Partenen mautpflichtig (10,50 € pro Motorrad). Dafür ist die Asphaltdecke tadellos in Ordnung.
In jedem Fall kommen Sie schließlich auf die **Flexenpassstraße**, die 1900 gebaut und mit einer ganzen Reihe von Lawinenschutzbauten versehen wurde, welche leider auf großen Teilen der Strecke die Sicht versperren. Zwischen Lech und Warth ist die Straße meistens von November bis Mai zugeschneit. Sie zweigt in einer engen Kurve von der Arlbergstraße ab, hinter der sich das weite Panorama des Klostertals ausbreitet. Weiter oben musste die Strecke durch rund 600 m Tunnel geführt und mit Lawinengalerien geschützt werden, deren Wände zur Talseite hin durchbrochen sind. Gleich hinter dem Flexenpass erreicht man Zürs. Nach zwei weiteren Tunneln verengt sich das Tal kurz vor Lech zu einem nur wenige Meter breiten felsigen Durchbruch. **Lech** ist unbestritten der beliebteste Urlaubsort der österreichischen Berge (im Winter) und einer der wenigen in den nördlichen Alpen, die den Rang eines international bekannten Wintersportziels erlangt haben. Nach Lech führt die Straße in mittlerer Höhe durch eine weniger wilde Landschaft. Ab Warth geht es weiter in Richtung Bodensee durch den Bregenzerwald über den **Hochtannbergerpass**. Die höchste Stelle liegt bei 1.675 m und wird vom Widderstein, einem Gipfel des Vorarlbergs, überragt, von dem die hiesige Legende behauptet, dass die Arche Noah sein Felsgestein gestreift habe...
Dort, wo die Straße den Hochtannberg verlässt und in den bewaldeten Trichter von Schröcken eintaucht, befindet sich das Aussichtsplateau **Neßlegg** (beim Hotel Widderstein) mit einem schönen Gesamtblick auf die Bergkette über der Bregenzer Ache mit (von links nach rechts) der Mohnenfluh, der Braunarlspitze mit ihren Firnfeldern, dem Hochberg, dem Einschnitt des Schadonapasses und der Hochkünzelspitze.
Von Neßlegg bis Schröcken erlaubt die schnelle, kurvige Abfahrt durch niederes Gehölz hie und da einen Blick auf die Ortschaft Schröcken. Danach führt die Straße durch die oberen Schluchten der Bregenzer Ache. Zwischen Schoppernau und Mellau kann man die verschiedenen Ansichten der Kanisfluh bewundern, deren Nordseite aus beeindruckenden Felswänden besteht.
Vor Schwarzenberg biegen Sie nach rechts in Richtung Egg ab und fahren bis Müselbach, um nach Hittisau und zum **Riedbergpass** zu gelangen. Auf den letzten Kilometern vor dem Pass und bis nach Obermaiselstein ist die Straße so schmal, dass gerade ein Auto und ein Motorrad aneinander vorbei kommen: hier empfiehlt sich eine gemäßigte Geschwindigkeit, um so mehr, als sich, hauptsächlich auf der rechten Seite, immer wieder sehr schöne Blicke bieten.

> Die Arlbergpassstraße musste durch rund 600 m Tunnel geführt werden

ÜBERNACHTEN

RESIA/RESCHEN
Wallnöfer Garni - Nördlich des Stilfserjochs, kurz vor der österreichischen Grenze, führt Johann Wallnöfer ein Hotel für Motorradfahrer mit 33 Zimmern. Egal ob beim Willkommenstrunk, beim Gläschen an der Bar oder vor dem Abendessen in der Pizzeria, überall können Sie nebenbei in Motorradzeitschriften und -büchern blättern (auf Deutsch und Englisch). Keine Garage, aber ein Parkplatz und ein Wartungsbereich für die Motorräder. Außerdem ein großer Wäschetrockner und sogar eine Stiefel- und Handschuhtrockenmaschine. Doppelzimmer für 24 bis 27 €/Pers. mit Frühstück. Hauptstrasse 12, ✆ (00 39) 473 633227, www.moto-bike-wallnoefer.it

SERFAUS
Maria-Theresia - Wir waren begeistert! Gleich am Eingang eines Tiroler Touristenortes bietet dieses „Bike Apart Hôtel" komfortable, 40 bis 80 m² große Appartements (mit Schlaf-, Wohnzimmer, Küche, Bad) für 2 bis 4 Pers., für 37 bis 39 €/Pers. mit Frühstück (+15 €/Pers. für Halbpension). Herzlicher Empfang, umfassender Service: Waschküche, Routenempfehlungen mit Roadbook, kostenloser Internetzugang, Motorradbibliothek, Probieren von Motorradausrüstung, kostenlose Tiefgarage mit Waschplatz (Druckreiniger 1 € pro Motorrad)... Einzige Einschränkung: das Hotel hat kein Restaurant, sondern beköstigt Sie im Hotel Regina direkt gegenüber, im Ort gibt es außerdem zahlreiche Restaurants in allen Preislagen. Dorfbahnstrasse 11, ✆ (00 43) 5476 6888, www.motorrad-hotel.at

ST. ANTON
Alte Post - Ein Best Western Hotel im Ortszentrum am Arlberg, das auf Verwöhnen und Entspannen setzt. Motorradfahrer bekommen übrigens eine Massage gratis. Zimmer ab 79 €/Pers., 91 € mit Halbpension. Abschließbare Garage kostenlos. Dorfstrasse 11, ✆ (00 43) 5446 2553, www.hotel-alte-post.at

AU
Gasthof Hotel Post - Nicole und Christian Reich nennen ihr Unternehmen „Haus der 59 Pässe" - diese sind alle weniger als eine Tagesfahrt von diesem Ort im Bregenzerwald entfernt. Vom Inhaber geführte Wanderungen auf Anfrage. Internetzugang, kostenlose Garage, Wasch- und Wartungsbereich. Zimmer ab 49 €/Pers. mit Frühstück (+5 €/Pers. für Halbpension). Argenau 100, ✆ (00 43) 5515 4103, www.motorradhotel.at

BACH
Schönauer Hof - Zwischen Warth und Reutte haben Kai und Elke Bürskens, Fahrer von Ducati und Triumph, ein „Biker"-Hotel-Restaurant eröffnet, mit 33 Zimmern für 38 bis 40 €/Pers. mit Frühstück (+8 €/Pers. für Halbpension). Tiefgarage mit 60 Plätzen, Wasch- und Wartungsbereich (Kompressor, Batterieladegerät). Schönau 29, ✆ (00 43) 5633 5309, www.bike-tours.at

ATTRAKTIONEN

KAUNERTAL

Einen Ausflug in dieses wunderbare Tal werden Sie nicht bereuen! Von Prutz bis zum Weißseeferner sind es etwa 40 km. Die Straße verläuft zunächst tief im Grünen am Faggenbach entlang. 12 km weiter, hinter Feichten, kommt eine Mautstelle (11 €/Motorrad). Dann weitet sich das Tal deutlich und man kann das Kar in der Ferne erkennen. Nach 10 km Anstieg über eine schöne Waldstrecke erreicht man den Gepatsch-Staudamm, den größten Westösterreichs, von wo sich ein wunderbarer Blick auf den Stausee und die Weißseespitze bietet. Weiter geht es 6 km am linken Seeufer, vorbei an mehreren Wasserfällen. Den besten Rundumblick über den See bietet die Brücke über den Faggenbach. Ab Kehre 12 ist die großartige Gepatsch-Gletscherzunge zu sehen, an Kehre 7 erweitert sich die Aussicht auf die Weißseespitze, den Fluchtkogel und die Hochvernagtspitze, während die beeindruckende Kulisse immer steiniger wird. Rechts ein flüchtiger Blick auf das pittoreske Krummgampental mit seinen charakteristischen rötlichen Felsen. Kurz darauf erscheint zur Linken der Weißsee. Eine letztes steiles Stück führt zum Rand des Weißseeferner, dem Endpunkt der Strecke (2.750 m).

ESSEN

Resia/Reschen - Am Reschensee - Dieses Hotel-Restaurant (15 Zi.) wird von Carmen und Siegfried Dilitz geführt, die beide Motorrad fahren. Im Restaurant gibt es moderne, mediterran inspirierte Küche. Für Motorradfahrer stehen eine geschlossene Garage, Waschküche, Trockner, Hochdruckreiniger zur Verfügung. Routenempfehlungen und geführte Wanderungen auf Anfrage. Doppelzimmer: 35 bis 45 €/Pers. mit Frühstück. Aufschlag für Halbpension: 13 €/Pers. Hauptstr. 14, ✆ (00 39) 473 633117, www.hotel-reschensee.com

St. Anton a. Arlberg - Schindler - Ein kleiner Familienbetrieb, der gute regionale Spezialitäten anbietet. Herzlicher Empfang und angenehme Bedienung. Speisen à la carte zwischen 23 und 42 €. Alte Arlbergstr. 16, ✆ (00 43) 5446 2207, http://hotel-schindler.at

04 VORARLBERG

Vom Stilfserjoch zum Riedbergpass

km Par / Total	Image	Description	km Par / Total	Image	Description	km Par / Total	Image	Description
0,00 / 0,00		Passo Dello Stelvio/Stilfserjoch SS38 - Stilfserjoch	0,72 / 104,57		Ried im Oberinntal	2,78 / 88,95		Außerbraz Klostertaler Straße
22,73 / 22,73		Spondinga SS40 - Località Spondinga	7,79 / 112,36		Gretlern	1,68 / 90,63		Arlbergstraße
29,28 / 52,01		Resia / Reschen SS40 - Hauptstrasse	7,13 / 119,49		Landeck Innstraße	1,74 / 92,37		Arlbergstraße
1,95 / 53,96		Resia B180 - Fuhrmannsloch	0,48 / 119,97		Landeck B171 - Innstraße	14,68 / 107,05		Langen am Arlberg B197 - Arlberg-Bundesstraße
30,52 / 84,48		Ried im Oberinntal	5,18 / 125,15		Pians Silvretta	3,54 / 110,59		Stuben am Arlberg B197 - Arlberg-Bundesstraße
0,38 / 84,86		Ried im Oberinntal Leite	10,60 / 10,60		Holdernacher Au B188 - Holdernacher Au	2,40 / 112,99		Rauz B198 - Lechtal-Bundesstraße RAZ
0,78 / 85,64		Ried im Oberinntal	9,83 / 20,43		Ebene B188 - Silvretta-Bundesstraße	31,49 / 31,49		Pians B316 - Arlberg-Ersatzstraße RAZ
5,02 / 90,66		Fisser-Höfe Fisser Straße	2,82 / 23,25		Ischgl B188 - Ischgl	0,45 / 0,45		Quadratsch B316 - Arlberg-Ersatzstraße
3,21 / 93,87		Serfaus Kreuzwiesenweg	49,48 / 72,73		Schruns B188 - Montafonerstraße	8,77 / 9,22		Flirsch Flirsch
0,88 / 94,75		Serfaus Dorfbahnstraße	2,63 / 75,36		Schruns B188 - Rhätikonstraße	2,55 / 11,77		Schnann
0,46 / 95,21		Serfaus Serfauserfeld	4,90 / 80,26		Sankt Anton im Montafon B188 - Silvrettastraße	2,74 / 14,51		Pettneu am Arlberg Pettneu am Arlberg
0,16 / 95,37		Serfaus	3,31 / 83,57		Lorüns Lorüns	7,32 / 21,83		Sankt Anton am Arlberg B197 - Arlbergstraße
0,24 / 95,61		Serfaus	0,87 / 84,44		Brunnenfeld	9,71 / 31,54		Rauz B198 - Lechtal-Bundesstraße RAZ
3,22 / 98,83		Fisser-Höfe	1,36 / 85,80		Stallehr Bingser Dorfstraße	9,36 / 9,36		Lech B198 - Lechtal-Bundesstraße
5,02 / 103,85		Ried im Oberinntal	0,37 / 86,17		Stallehr Oberbings	6,95 / 16,31		Warth B198 - Warth

Roadbook zum Herunterladen und Ausdrucken im A4-Format (140 %) bei ViaMichelin

km Par / Total	Image	Description	km Par / Total	Image	Description	km Par / Total	Image	Description
1,96 / 18,27		Lechleiten B198 - Lechtal-Bundesstraße						
18,61 / 36,88		Bach B198 Oberbach						
18,62 / 55,50		Lechleiten B198 - Lechtal-Bundesstraße						
1,96 / 57,46		Warth B200 - Warth						
23,06 / 80,52		Au B200 - Au						
16,90 / 97,42		Bersbuch B200 - Bersbuch						
9,03 / 106,45		Müselbach Müselbach						
6,46 / 112,91		Hittisau Windern						
9,43 / 122,84		OA9 - Balderschwang						
9,86 / 132,20		Mittel-Alm						
0,78 / 132,98		Riedbergpab						

Bayern
(vom Riedbergpass nach Salzburg)

05

475 km

Im Gegensatz zur Schweiz oder zu Österreich machen die Alpen in Deutschland nur einen kleinen Teil der Gesamtfläche aus. Deshalb durchfahren Sie die Bayerischen Alpen entlang der deutsch-österreichischen Grenze, auf den Spuren Ludwigs II. von Bayern und Mozarts.

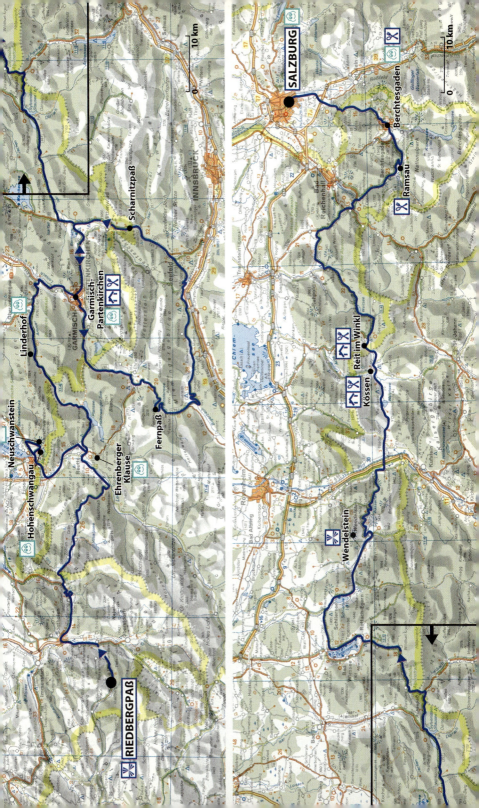

05 BAYERN

Vom Riedbergpass nach Salzburg

RIEDBERGPASS > GARMISCH

Am Riedbergpass kommen Sie nach Deutschland und erreichen hinter Fischen die Landstraße von Oberstdorf nach Sonthofen, wo Sie auf die Deutsche Alpenstraße gelangen, die vom Bodensee bis nach Salzburg die Ausläufer der Allgäuer und der Bayerischen Alpen durchquert. An der Strecke liegen kleine Dörfer mit blühenden Balkonen, Wintersportorte und weltberühmte Sehenswürdigkeiten, zu denen insbesondere die Schlösser Ludwigs II. von Bayern gehören.

Von Sonthofen bis Füssen befinden Sie sich im östlichen Teil des Allgäus, jener „Bergwiesenlandschaft", die sich zwischen dem Bodensee und den schneebedeckten Alpengipfeln erstreckt. Das Land, das Sie in dieser Etappe durchqueren, wurde ursprünglich nicht von Bajuwaren, sondern von Alemannen besiedelt. Hier teilen Schweizer, Österreicher und Deutsche die gleiche Kultur. Das Hohe Schloss von Füssen und die Überreste seiner Stadtmauern zeugen von einer blühenden Vergangenheit, doch die meisten Touristen strömen wegen der Schlösser Ludwigs II. von Bayern hierher, die sich in unmittelbarer Nähe befinden. Um dorthin zu gelangen, brauchen Sie nur den Schildern „Königsschloss" zu folgen. Das bekannteste unter ihnen ist Schloss **Neuschwanstein**: mit seinen Türmen und Pinakeln aus grauem Kalkstein, auf einem 200 m hohen Felsen thronend gleicht das Fantasiewerk des bayerischen Königs einem richtigen Märchenschloss. Wenn es sich nicht sogar umgekehrt verhält - Disney diente es als Vorlage für sein Dornröschenschloss. Die größte Touristenattraktion Bayerns zieht Scharen von Besuchern an, aber man sollte sie sich trotzdem auf keinen Fall entgehen lassen und am besten frühmorgens oder am späten Nachmittag besichtigen. Direkt gegenüber steht das andere Schloss Ludwigs II., **Hohenschwangau**.

Fahren Sie nun auf derselben Strecke wieder zurück über die österreichische Grenze, und Sie kommen in den Region Außerfern, deren Bezirkshauptstadt und Wirtschaftszentrum Reutte ist. Südlich davon, am Ende der Ehrenberger Klause, wird die alte Straße von einer verfallenen Festungsmauer versperrt. Sie gehörte zu den Wehrbauten der **Burg Ehrenberg**, die zwischen dem 16. Jh. und dem Ende des 18. Jh. errichtet wurde, um Tirol abzuriegeln. Die von der Vegetation befreiten Ruinen sind auf dem bewaldeten Hügel zur Linken zu sehen. Im Sommer finden dort berühmte Mittelalterspektakel statt.

Von Reutte fahren Sie zum Plansee und wieder in Richtung Deutschland. Die Straße verläuft zunächst durch ein bewaldetes Talstück und dann 6 km am See entlang. An seinem Nordostende, in der Siedlung Am Plansee befinden sich ein Hotel-Restaurant und ein Kiosk. Von dort hat man nach Südwesten einen Blick über die Landenge, die den Plansee vom Heiterwanger See trennt, bis hin zum Kegel des Thaneller. Weiter geht es nach Deutschland und zum dritten Schloss Ludwigs II.: **Linderhof**. Hinter Ettal führt eine schöne Abfahrt nach Garmisch-Partenkirchen.

GARMISCH > REIT IM WINKL

Die beiden Dörfer **Garmisch** und **Partenkirchen** bilden heute eine einzige Ortschaft, die als größtes Wintersportzentrum Deutschlands bekannt ist und in welcher 1936 die 4. Olympischen Spiele und 1978 die Ski-Weltmeisterschaft stattfanden und die Alpine Ski-WM 2011 bereits vorbereitet wird. Außerdem wird hier jedes Jahr am ersten Juliwochenende das internationale BMW-Motorrad-Treffen ausgerichtet.

Wer schöne Straßen liebt, kann südlich von Garmisch über den **Fernpass** und den **Scharnitzpass** eine Schleife um die Zugspitze fahren. Für die übrigen geht der Weg weiter in Richtung Wallgau zum oberen Isartal. Dieses breite, ursprüngliche Tal, das jährlich von heftigen Hochwassern heimgesucht wird, ist einer der erstaunlichsten Abschnitte der Alpenstraße. Am Ortsausgang von Wallgau biegen Sie in einer Kurve nach rechts auf die Mautstraße ab, die 14 km durch das obere Isartal und dann am Sylvensteinsausee entlang führt (sehr schöne Aussicht) und ihn schließlich überquert, bevor sie einen Abstecher nach Österreich über den Achenpass macht und zum Tegernsee und zum Schliersee hin abfällt. Anschließend durchquert die Deutsche Alpenstraße das Sudelfeld und die Chiemgauer Berge.

Drei Kilometer vor Bayrischzell können Sie Ihre Maschine abstellen, um mit der Seilbahn oder mit der Zahnradbahn auf den **Wendelstein** zu fahren. Oben umfasst das Panorama von Ost nach West die Chiemgauer und die Berchtesgadener Alpen, die Loferer und die Leoganger Steinberge, das Kaisergebirge mit seinen felsigen Spitzen und die eisbedeckten Gipfel der Hohen Tauern. Dafür lohnt sich dieser Abstecher auf jeden Fall!

Nach diesem Abstecher und einer kurvenreichen Strecke, vorbei an dem nahegelegenen Wasserfall Tatzelwurm, führt die Straße das Inntal hinunter, überquert die Autobahn nach Salzburg und verläuft noch einmal 25 Kilometer durch Österreich, bevor sie das deutsche **Reit im Winkl** erreicht.

Das obere Isartal ist einer der erstaunlichsten Abschnitte der Alpenstraße

REIT IM WINKL > SALZBURG

Die Deutsche Alpenstraße setzt sich nun in einem langen Korridor fort, vorbei an flachen Seen mit dunklem Wasser. Bei der Überquerung des Schwarzbachwachtsattels (868 m) zeigt sich ein frappierender Kontrast zwischen dem düsteren, bewaldeten Schwarzbachtal und den offenen Weiden auf der Ramsauer Seite. Auf der Abfahrt nach **Ramsau** bieten sich an mehreren Stellen Ausblicke auf das Hochkaltergebirge mit dem weißen Fleck des Blaueisgletschers in der Mitte. Die Alpenstraße endet in Berchtesgaden. Eigentlich muss hier vom **Berchtesgadener Land** die Rede sein, denn man hat den Eindruck, eine ganze kleine Region zu entdecken und nicht nur eine Gemeinde in den Bergen. Dies liegt zweifellos am historischen Erbe dieser ehemaligen Fürstpropstei, die erst 1810 an Bayern angeschlossen wurde... Der mächtige Watzmann, der dritthöchste Gipfel Deutschlands und zugleich die höchste Felswand der Ostalpen mit 1.750 m Höhenunterschied, beherrscht die Landschaft unübersehbar. Gegenüber befindet sich auf dem **Kehlstein** der berühmte „**Adlerhorst**" **von Hitler**. Dort hinauf geht es über eine beeindruckend steile kleine Straße mit Steigungen von mehr als 20 %, bei denen man den Eindruck hat, eine Mauer zu erklimmen. Man muss das eigene Fahrzeug abstellen und fährt mit dem Bus hinauf, auf einem straßenbaulichen Meisterwerk mit mehreren Tunneln durch den Berg. Das als „Adlerhorst" bekannte Kehlsteinhaus auf dem Gipfel wurde von der NSDAP als Repräsentationsgebäude zum Empfang hoher Gäste errichtet. Der Rundblick (gehen Sie am besten noch ein Stück den Kamm hinauf) reicht über die umliegenden Gipfel bis zu den Salzkammergut-Voralpen hinter Salzburg und zum Dachsteinmassiv, in dem kleine Gletscher aufblitzen.

Auf einer schönen Abfahrt geht es wiederum nach Österreich und endlich in das herrliche Salzburg, die Geburtsstadt Mozarts.

ÜBERNACHTEN

GARMISCH-PARTENKIRCHEN
Alpenkranz - Dieses Gästehaus ist seit 1971 „the place to stay" für Motorradfahrer auf dem Weg nach Garmisch-Partenkirchen. Die Eigentümer sind nicht einfach nur Motorrad- sondern BMW-Fans. Die Hausherrin Heidi Oberpriller ist eine glühende Anhängerin der einheimischen Marke, das ist nicht zu übersehen! Das Haus befindet sich unweit des Stadtzentrums, zum Essengehen kann man das Motorrad also getrost in der Garage lassen. Die Einrichtung der 15 Zimmer ist etwas altmodisch, aber ordentlich und der Preis sehr erschwinglich, was in dieser Gegend selten ist. Übernachtung zwischen 26 und 30 €/Pers. einschließlich Frühstück. Waschküche für die Kleidung und Waschplatz für die Motorräder. Kostenloser W-LAN-Zugang im Erdgeschoss. Keine Halbpension. Für die BMW Motorrad Days Anfang Juli immer schon ein Jahr im Voraus ausgebucht. Angerstr. 7, ☎ 8821 4217, www.alpenkranz-garmisch-partenkirchen.de

REIT IM WINKL
Theresenhof - Das kleine Hotel-Restaurant der Familie Heigenhauser in dem Ort nahe der österreichischen Grenze hat 22 Zimmer. Sie werden das Schwimmbad mit freiem Eintritt ebenso schätzen wie die Garage mit Werkstatt und Hochdruckreiniger, die Ratschläge des Inhabers und die ausliegenden Straßenkarten. Zimmer zwischen 30 und 38 €/Pers., Halbpension: 10 €. Hausbachweg 3, ☎ 8640 8514, www.hotel-theresenhof.de

KÖSSEN
Oberbach - Auf der anderen Seite der Grenze empfängt die Familie Aloïs und Maria Dagn seit über 20 Jahren Motorradfahrer. Garage mit Werkstatt (und technischer Beratung), Druckreiniger, Empfehlungen und geführte Touren. Übernachtung ab 25 €/Pers. mit Frühstück. Keine Halbpension, Restaurants in der Nähe. Thurnbichl 52, ☎ (00 43) 5375 6260, www.pension-oberbach.at

ATTRAKTIONEN

SCHLOSS HOHENSCHWANGAU
Geführte Besichtigung (35 Min.) Apr. bis Sept. 9.00-17.30 Uhr, Okt. bis März 9.00-15.30 Uhr - 9 €. Online-Reservierung möglich: www.lisl.de

SCHLOSS NEUSCHWANSTEIN
Ticket-Center: Alpseestr. 12 in Hohenschwangau, Online-Reservierung möglich: www.lisl.de. Geführte Besichtigung Apr. bis Sept. 9.00-17.00 Uhr, Okt. bis März 9.00-15.00 Uhr - 9 €. Fußweg bis zum Schloss ca. 30 Min. (starke Steigung).

SCHLOSS LINDERHOF
Besichtigung etwa 2 h, lange Wartezeiten in der Saison, die man mit einem Spaziergang durch den Park überbrücken kann. Geöffnet Anfang Apr. bis Mitte Okt. 9.00-18.00 Uhr, im übrigen Jahr 10.00-16.00 Uhr - 7 €.

HITLERS „ADLERHORST"
(Kehlsteinhaus)
Zugang zum Obersalzberg mit dem Motorrad, Fahrt hinauf zum „Adlerhorst" obligatorisch mit Zubringerbussen von Mitte Mai bis Mitte Okt. - 15,50 € Hin- u. Rückfahrt.

ESSEN

Garmisch-Partenkirchen - Zur Schranne - Griesstr. 4 - ☏ 8821 1699. Dienstags geschlossen. Eine gute Adresse, typisch für die Gegend, mit reichhaltigen bayerischen Speisen. Sehr schöne überdachte Terrasse. Etwa 14 bis 19 € für eine ordentliche Mahlzeit.

Ramsau - Gasthof Auzinger - Hirschbichlstr. 8 - ☏ 8657 230. Mittwochs geschlossen. In der Nähe des Hintersees, rustikale Einrichtung und häusliche Küche mit frischen Zutaten. Rindfleisch aus eigener Haltung. Etwa 15 €.

Berchtesgaden - Goldener Bär - Weihnachtsschützenplatz 4 - ☏ 8652 2590. Einfache und wohlschmeckende bayerische Küche, mit Freisitz, im Zentrum von Berchtesgaden. Das Restaurant bietet übrigens auch Speisen zum Mitnehmen an - falls Sie es nicht erwarten können, das Kehlsteinhaus zu besichtigen... Moderater Preis für zahlreiche Menüs, etwa 10/15 €.

05 BAYERN

Vom Riedbergpass nach Salzburg

km Par / Total	Image	Description	km Par / Total	Image	Description	km Par / Total	Image	Description
0,00 / 0,00	DEBUT 1.	Mittel-Alm RAZ	10,94 / 79,23	16.	Unterpinswang	0,51 / 110,82	31.	Bad Kreckelmoos Kreckelmoosstraße
0,78 / 0,78	OA9 2.	Mittel-Alm OA9	0,20 / 79,43	17.	Unterpinswang	0,39 / 111,21	32.	Bad Kreckelmoos Kreckelmoosstraße
6,88 / 7,66	OA5 3.	Obermaiselstein OA5 - Aumühle	0,11 / 79,54	18.	Unterpinswang	17,66 / 128,87	DE AT 33.	St2060
0,45 / 8,11	OA5 4.	Obermaiselstein OA5	2,54 / 82,08	DE AT 19.	Ziegelwies B17 - Tiroler Straße	6,74 / 135,61	34.	Linderhof St2060 - Linderhof
2,08 / 10,19	B19 5.	Fischen im Allgäu B19	2,10 / 84,18	B17 20.	Füssen B17	9,70 / 145,31	35.	Ettal Zieglerstraße
6,66 / 16,85	6.	Rieden	0,77 / 84,95	21.	Horn Kienbergweg	6,47 / 151,78	B23 36.	Oberau B23 - Ettaler Straße
0,25 / 17,10	B308 7.	Tannach B308 - Östliche Alpenstraße	2,13 / 87,08	St2016 22.	Hohenschwangau St2016 - Colomannstraße Neuschwanstein	6,09 / 157,87	17 km WP38 107 WP57 km 37.	Burgrain Garmisch Partenkirchen RAZ
7,30 / 24,40	B308 8.	Vorderhindelang B308 - Alpenstraße	2,98 / 90,06	B17 23.	Schwangau B17	16,76 / 16,76	AT DE 38.	Griesen B187 - Ehrwalder Bundesstraße
7,80 / 32,20	B308 9.	Oberjoch B308	3,71 / 93,77	B17 24.	Füssen B17	7,54 / 24,30	B187 39.	Ehrwald B187 - Garmischer Straße
3,21 / 35,41	AT DE 10.	Kappl B199 - Tannheimer Bundesstraße	2,10 / 95,87	AT DE 25.	Ziegelwies Weißhaus	2,31 / 26,61	40.	Lermoos Innsbrucker Straße
22,31 / 57,72	B198 11.	Weißenbach am Lech B198 - Lechtal-Bundesstraße	2,55 / 98,42	26.	Unterpinswang	5,54 / 32,15	41.	Biberwier
8,31 / 66,03	B198 12.	Reutte B198 - Obermarkt	0,09 / 98,51	B179 27.	Unterpinswang B179 - Fernpaß-Bundesstraße	0,31 / 32,46	B179 42.	Biberwier B179 - Fernpaß-Bundesstraße
1,57 / 67,60	13.	Bad Kreckelmoos Kreckelmoosstraße Ehrenberger	11,49 / 110,00	28.	Bad Kreckelmoos	28,21 / 60,67	B189 43.	Fronhausen B189 - Mieminger-Bundesstraße
0,51 / 68,11	B179 14.	Bad Kreckelmoos B179 - Fernpaß-Bundesstraße	0,27 / 110,27	B198 29.	Reutte B198 - Lechtal-Bundesstraße	8,87 / 69,54	B189 44.	Telfs B189 - Obermarkt
0,18 / 68,29	B179 15.	Bad Kreckelmoos B179 - Fernpaß-Bundesstraße	0,04 / 110,31	30.	Bad Kreckelmoos Kreckelmoosstraße Ehrenberger	0,34 / 69,88	45.	Telfs Weißenbachgasse

Roadbook zum Herunterladen und Ausdrucken im A4-Format (140 %) bei ViaMichelin

km Par / Total	Image	Description	km Par / Total	Image	Description	km Par / Total	Image	Description
0,24 / 70,12	B171	Telfs B171 - Tiroler-Bundesstraße	7,22 / 34,38	B181 AT / DE	B181 - Achenwald	1,58 / 114,38	B172	Sebi B172 - Sebi
0,56 / 70,68	B189	Telfs B189 - Untermarkt	1,28 / 35,66	DE / AT	B307 - Stuben	14,29 / 128,67	B172	Kössen B172 - Lendgasse
0,13 / 70,81		Telfs Saglstraße	26,02 / 61,68	St2076	Am See St2076 - Schlierseer Straße	4,51 / 133,18	DE / AT	Oberbichler Tiroler Straße
1,72 / 72,53		Telfs Buchener Straße	8,02 / 69,70	St2076	Hausham St2076 - Miesbacher Straße	1,79 / 134,97	B305	Reit im Winkl B305 - Rathausplatz
2,69 / 75,22		Bairach Bairbach	0,66 / 70,36	B307	Hausham B307 - Schlierseer Straße	0,08 / 135,05	B305	Reit im Winkl B305 - Weitseestraße
7,43 / 82,65		Seefeld in Tirol Olympiastraße	17,63 / 87,99		Bayrischzell B307 - Deutsche Alpenstraße	21,12 / 156,17	B305	Waich B305 - Deutsche Alpenstraße
0,40 / 83,05		Seefeld in Tirol Münchner Straße	11,63 / 99,62	RO52	Tatzelwurm RO52	8,58 / 164,75	B305	Sulzbach B305 - Reichenhaller Straße
1,29 / 84,34	E533	Seefeld in Tirol E533 - Seefelder-Bundesstraße	4,79 / 104,41		Wall RO52 - Wallensteinstraß	6,67 / 171,42	B305	Schneizlreuth B305 - Deutsche Ferienstraße Alpen-Ostsee
9,06 / 93,40	DE AT	Scharnitz E533 - Am Brunnstein	2,25 / 106,66	RO52	Agg RO52 - Tatzelwurmstraße	2,07 / 173,65	B21	Schneizlreuth B21
11,80 / 105,20	B11 WP58	Krün B11 RAZ	1,10 / 107,76	St2089	Oberaudorf St2089 - Rosenheimer Straße	1,98 / 175,47	B305	Unterjettenberg B305 - Alpenstraße
19,46 / 19,46	E533	Burgrain E533 RAZ	1,38 / 109,14		Oberaudorf	13,56 / 189,03	B305	Ramsau bei Berchtesgaden B305 - Alpenstraße
16,81 / 16,81		Krün B11 RAZ	0,50 / 109,64	St2093	Oberaudorf St2093 - Tiroler Straße	7,95 / 196,98	B305	Berchtesgaden B305 - Bahnhofstraße
4,14 / 4,14		Risser Straße	0,88 / 110,52	St2093	Schweinberg St2093	0,34 / 197,32	B305	Berchtesgaden B305 - Bergwerkstraße
12,76 / 16,90	B307	Vorderriß B307 - Vorderriß	0,62 / 111,14	AT / DE	Schweinberg B172 - Au	22,46 / 219,78	FIN	Salzburg B150 - Alpenstraße
10,26 / 27,16		Langleger B307	1,66 / 112,80	B172	Niederndorf B172 - Dorf			

www.tripy.fr

05 BAYERN

65

Kärnten
(von Salzburg nach Tolmezzo)

250 km

Nachdem Sie einen halben Tag mit der Besichtigung Salzburgs verbracht haben oder auch nicht, durchqueren Sie jetzt Österreich von Norden nach Süden, von Tirol bis Kärnten. Der größte „Brocken" des Tages ist die Fahrt über den legendären Großglockner, das Herzstück der Hohen Tauern und Wahrzeichen der österreichischen Alpen.

06 KÄRNTEN

Von Salzburg nach Tolmezzo

SALZBURG > ZELL AM SEE

Der Charme der Mozartstadt **Salzburg** beginnt zu wirken, sobald die Umrisse der Festung Hohensalzburg über den Dächern und Kirchtürmen der Stadt auftauchen, die von der einstigen Macht der Fürsterzbischöfe zeugt. Ein schwer zu bestimmendes Etwas macht die Hauptstadt des gleichnamigen Bundeslandes zu einem von den Göttern geliebten Ort: eine besonders schöne Lage, ein sanftes Licht, das seine Schlösser und Kirchen umschmeichelt, die Attraktivität des nahen Salzkammergutes, nicht zuletzt die berühmten Salzburger Festspiele... Die Plätze mit ihren steinernen Brunnen, die vornehme Architektur der Gebäude und die vielen Mozart-Denkmäler und -Gedenkstätten hinterlassen unvergessliche Eindrücke. Dabei sprach Mozart selbst aufgrund seiner Erfahrungen im Dienste des Fürsterzbischofs mit größter Verachtung von seiner Geburtsstadt, wo „Leute, die Musik machen, keinerlei Ansehen genießen". Dennoch trugen sich seine Bewunderer seit 1877 mit dem Gedanken an eine Veranstaltung in der Art der Wagner-Festspiele in Bayreuth. Heute verkauft sich der Name Mozart ebenso gut auf Likörflaschen wie auf T-Shirts mit dem Konterfei des Komponisten. Die Salzburger Altstadt, UNESCO-Welterbe seit 1996, ist mit Ausnahme der öffentlichen Transportmittel für den Verkehr gesperrt. Lassen Sie das Motorrad außerhalb der Altstadt stehen und gehen Sie zu Fuß zum Domplatz.

Wenn Sie Ihre touristische Neugier befriedigt haben, ist es Zeit, nach Süden weiter zu fahren, durch das Salzachtal in Richtung Bischofshofen, wobei Sie entweder die Autobahn nehmen können oder die Landstraße über Hallein und Golling, durch eine ländliche, von Bergen flankierte Gegend. Hinter Bischofshofen gelangen Sie auf eine Schnellstraße, auf der Sie bis zur Ausfahrt Bruck an der Großglocknerstraße fahren. Nördlich davon liegt am Westufer des Sees **Zell am See**, eine sehr touristische, belebte Stadt mit vielfältigen Freizeitangeboten, die sich dennoch einen gewissen Charakter bewahrt hat.

ZELL AM SEE > ISELSBERG

Der einzige Weg, der nun oberirdisch weiter nach Italien führt, ist die Großglockner-Hochalpenstraße. Alle anderen Straßen verlaufen in Tunneln durch das Gebirgsmassiv der Hohen Tauern.

Die mautpflichtige Großglocknerstraße (für 19 € bekommen Sie aber einen sehr schicken Motorrad-Aufkleber für Ihr Gefährt) ist gewöhnlich von Anfang November bis Anfang Mai zugeschneit (wobei die Wege zur Edelweißspitze und zur Franz-Josephs-Höhe später vom Schnee befreit werden als die Transitstrecke). Nachdem sie zunächst durch das karge Fuscher Tal verläuft, wird die Strecke zwischen Fusch und Ferleiten abwechslungsreicher und führt ein kurzes Stück am Steilhang einer kleinen bewaldeten Schlucht entlang. An ihrem Ausgang zeigen sich nach und nach die Gipfel am Ende des Tals. Etwas weiter oben stürzen auf der gegenüberliegenden Seite die Wasserfälle des Walcherbachs herab. Von Ferleiten (Mautstelle) bis zum Fuscher Törl erklimmt die Straße nach mehreren Serpentinen den Osthang des

Tals. Es gilt 1.300 Höhenmeter zu überwinden, und Stufen im Gelände sind rar. Oberhalb der Piffkar-Schlucht bieten sich wunderbare Blicke auf Sonnenwelleck und Fuscherkarkopf, zu deren Füßen sich das von Wasserfällen durchzogene Käfertal wölbt. Vom Parkplatz Hochmais (mit Informationstafeln) bietet sich eine besonders schöne Aussicht. Weiter geht es am Steilhang bis zu den Brücken am Naßfeld. Die Großglocknerstraße windet sich hinauf durch das felsige Chaos der Hexenküche und die Mulden des Oberen Naßfeldes. Ein botanischer Lehrpfad und das Museum der alpinen Natur befinden sich etwa 1,5 km vor dem Pass.

Direkt vor dem Pass zweigt eine Straße nach links zur **Edelweißspitze** mit ihrem „Bikers Point" (eine Geschäftsinitiative) ab, den man nach einigen engen, gepflasterten Kehren erreicht. Vom Aussichtsturm hat man einen überwältigenden Blick auf die Gipfelkette. In der ersten Etage des Turms ist ein kleines Museum dem Motorrad-Bergrennen gewidmet, das früher hier stattfand. Nach der Rückkehr zum Abzweig überqueren Sie den Pass und kommen zum **Fuscher Törl**. Beim Passieren dieses „Pförtchens" bietet sich an einer Straßenschleife wieder ein Panoramablick. Auf der Strecke zwischen dem Fuscher Törl und dem Tunnel am Hochtor gibt es eine Unterbrechung: da es unmöglich war, die Straße direkt vom Fuscher Tal zum Mölltal zu führen (der Zugang zu den Pässen ist von Gletschern versperrt), haben die Ingenieure eine Trasse über dem kleinen Tal konstruiert. Ihren höchsten Punkt (2.505 m) erreicht die Straße am Nordeingang des Tunnels, an der Grenze zwischen den Bundesländern Salzburg und Kärnten. Die Abfahrt vom Hochtor führt durch die Almen, mit Aussicht auf die Kämme der Schobergruppe, die über dem Gößnitztal thront. In der Kurve am Tauerneck erscheint die Spitze des Großglockners hinter den Ausläufern des Wasserradkopfes und der Blick senkt sich langsam in das Talbecken von Heiligenblut. Am Ausgang der Schlucht von Guttal schlagen Sie die Gletscherstraße in Richtung Franz-Josephs-Höhe ein. Um die Aussichtsterrasse der **Franz-Josefs-Höhe** hinter Volkerthaus und Glocknerhaus zu erreichen, muss man eine Reihe von Serpentinen in der Sturmalpe überwinden. Vom Ende der Gletscherzunge erstreckt sich der Margaritzen-Stausee bis zu den zwei Staumauern, die zum Pumpspeicherkraftwerk von Kaprun gehören. Die Gletscherstraße endet dort in einer langen, zum Teil in den Fels gehauenen Terrasse, über die man zum Freiwandeck gelangt. Am Fuße des Großglockners, dem 3.797 m hohen Dach Österreichs, erstreckt sich 10 km lang mit blitzenden Eisflächen und schroffen Klüften die großartige Pasterze.

Nun ist es an der Zeit umzukehren. Fahren Sie zurück bis zum Abzweig nach **Heiligenblut**. Dieses Dorf am südlichen Ende der Großglocknerstraße zeichnet sich durch seine steil aufragende Kirche aus. Anschließend folgen Sie dem Mölltal bis nach **Iselsberg**. Versäumen Sie nicht, am Parkplatz in Winklern zu halten, wo der Blick über das Mölltal bis weit in die Ferne reicht.

ISELSBERG > TOLMEZZO

Willkommen im südösterreichischen Kärnten. Nach der Überquerung des Iselsbergpasses fahren Sie hinunter nach Lienz und biegen dann Richtung Dölsach ab. Bei Oberdrauburg fahren Sie rechts ab und auf den kleinen **Gailbergsattel** hinauf, der Sie ins Gailtal führt. Am Ortsausgang von Mauthen halten Sie sich rechts in Richtung Grenze und kommen über den **Plöckenpass** nach Italien. Gleich hinter der Grenze beginnt eine sehr schöne Serpentinenabfahrt nach Timau, dann folgen Sie dem Flusstal des Bût bis nach **Tolmezzo** - und schon haben Sie die herrliche Gebirgsregion der Dolomiten erreicht.

ÜBERNACHTEN

KÖTSCHACH
Gailtaler Hof - Dieses Hotel am Straßenrand ist kein simples Hotel, sondern eine „Abenteuer-Pension". Seit 1991 beherbergen Hans Engl und seine Tochter Christine Motorradfahrer auf dem Weg in die Dolomiten. Die Maschinen können entweder im Haus abgestellt werden (Garage vom Restaurant aus sichtbar) oder unter einem Carport. Waschplatz für Motorräder, Schwimmbecken und Sauna. Übernachtung: 36 bis 51 € je nach Saison, Halbpension: 45 bis 60 €/Pers. Hauptstr. 245, ☎ (00 43) 4715 318, www.gailtalerhof.com

SAALBACH
Landhaus Jausern - Schon seit einem Vierteljahrhundert empfangen Christa und Günther Fresacher hier am Seeufer Motorradfahrer. Die Stärken dieses Hauses etwas außerhalb von Saalbach sind die Küche und die organisierten Besichtigungsfahrten mit dem Motorrad. Zur Entspannung stehen Sauna und Solarium zur Verfügung, zum Übernachten 16 Zimmer zwischen 32 und 39 €/Pers., Halbpension: 49 €/Pers. Umfassender Service für die Motorräder. Jausernweg 497, ☎ (00 43) 6541 7341, www.jausern.com

HEILIGENBLUT
Glockner Hof - Direkt unter dem Großglockner, ein Hotel mit Bio-Restaurant, Panoramablick und Spa. Motorradgarage mit Werkstatt, Druckreiniger und Reifenpumpe. Routenempfehlungen mit Karten und Roadbooks. Internetzugang. Zimmer: 54 bis 85 €, Halbpension: 69 bis 100 €/Pers. Hof 6, ☎ (00 43) 4824 2244, www.glocknerhof.info

ISELSBERG
Iselsberger Hof - Die gelbe Fassade dieses Hotels am Straßenrand ist nicht zu übersehen. Josef Obersteiner, Fahrer einer Yamaha XT und großer Kenner der heimischen Straßen und Wege, bietet hier 20 Zimmer zu 50 €, Halbpension: 33 €/Pers. Voll ausgestattete Werkstatt für die Maschinen und Motorrad-Mietservice. ☎ (00 43) 4852 64112, www.iselsbergerhof.at

MARIA ALM/HINTERTHAL
Simonhof - In dem kleinen Dorf finden Sie bei Margit und Herbert Breitfuß 20 Zimmer für 45 bis 61 €/Pers. mit Halbpension. Umfassender Service für Wartung und Reinigung der Motorräder. Kostenloses Probieren von Motorradausrüstung möglich. Mittlere Sonnleiten 30, ☎ (00 43) 6584 23423, www.simonhof.at

ATTRAKTIONEN

IN SALZBURG:

MOZARTS GEBURTSHAUS
Getreidegasse 9. Geöffnet 9.00-17.30 (bis 20 Uhr im Juli/Aug.) - 7 €.

SALZBURG MUSEUM IN DER NEUEN RESIDENZ
Mozartplatz 1. Geöffnet im Juli, Aug. und Dez. 9.00-17.00 Uhr (Do 20.00 Uhr), im übrigen Jahr tägl. außer Montag, 9.00-17.00 Uhr (Do 20.00 Uhr), 24. und 31. Dez. 9.00-14.00 Uhr, 1. Jan. 13.00-17.00 Uhr. 7 € (So 5,50 €).

BAROCKMUSEUM
Mirabellplatz 3. Geöffnet zu Ostern, im Juli/August und in der Weihnachtszeit Di - So und feiertags 10.00-17.00 Uhr, im übrigen Jahr Mi - So und feiertags 10.00-17.00 Uhr - 4,50 €.

MOZART-WOHNHAUS
Makartplatz 8. Geöffnet 9.00-18.00 Uhr (19.00 Uhr im Juli u. Aug.). 7 €.

AUF DER GROSSGLOCKNERSTRASSE:

MUSEUM ALPINE NATURSCHAU
Geöffnet von Mai bis Ende Okt. 9.00-17.00 Uhr - Eintritt frei.

ESSEN

Heiligenblut - Gasthof Tauernalm - Untertauern 30 - (00 43) 4824 2059 - www.tauernalm.at. Eine familiäre, ruhige Herberge in 1.700 m Höhe nahe dem Großglockner. Gute einheimische Küche.

Sutrio - Alle Trote - Via Peschiera, frazione Noiaris I - (00 39) 0433 778329. Dienstags (außer im August) und 2 Wochen im Oktober geschlossen. Direkt am Fluss können Sie die Forellen aus der benachbarten Zucht genießen. Häusliche Küche und gute Weine aus der Region. Essen à la carte: 18/27 €.

KÄRNTEN

06 KÄRNTEN

Von Salzburg nach Tolmezzo

km Par / Total	Image	Description	km Par / Total	Image	Description	km Par / Total	Image	Description
0,00 / 0,00	DEBUT 1.	Salzburg B150 — RAZ	1,28 / 51,65	B159 2 16.	Bischofshofen B159 - Gasteiner Straße	8,64 / 46,43	B311 2 31.	Saalfelden am Steinernen Meer B311 - Zeller Bundesstraße
6,04 / 6,04	B159 2.	Anif B159 - Salzachtal Bundesstraße	0,58 / 52,23	B159 2 17.	Mitterberghütten B159 - Gasteiner Straße	0,70 / 47,13	1 32.	Saalfelden am Steinernen Meer Bahnhofstraße
1,11 / 7,15	B159 2 3.	Neu-Anif B159 - Salzachtal Bundesstraße	2,43 / 54,66	18.	Mitterberghütten	5,38 / 52,51	33.	Maria Alm am Steinernen Meer B164 - Schattberg
1,97 / 9,12	B159 1 4.	Taxach-Rif B159 - Salzburger Straße	0,54 / 55,20	B311 19.	Urreiting B311	2,26 / 54,77	B164 34.	Rain B164 - Pfaffing
5,12 / 14,24	B159 2 5.	Hallein B159 - Mauttorpromenade	5,13 / 60,33	B311 20.	Sankt Johann im Pongau B311 - Bundesstraße	2,71 / 57,48	35.	Saalfelden am Steinernen Meer Bahnhofstraße
0,46 / 14,70	B159 6.	Hallein B311 Bahnhofstraße	30,02 / 90,35	B311 21.	Hundsdorf B311 - Pinzgauer-Bundesstraße	0,38 / 57,86	B311 3 36.	Saalfelden am Steinernen Meer B311 - Zeller Bundesstraße
0,23 / 14,93	B159 1 7.	Hallein B159 - Salzachtal Straße	1,78 / 92,13	WP44 WP23 22.	Bruck an der Großglocknerstraße B311 - Pinzgauer-	0,71 / 58,57	B311 2 37.	Saalfelden am Steinernen Meer B311 - Zeller Bundesstraße
11,51 / 26,44	B159 8.	Golling an der Salzach Bahnhofstraße	1,85 / 1,85	B311 3 23.	Schüttdorf B311 - Pinzgauer-Bundesstraße	15,56 / 74,13	B311 38.	Zell am See B311 - Pinzgauer-Bundesstraße
0,09 / 26,53	9.	Golling an der Salzach B159 - Markt	1,18 / 3,03	B311 2 24.	Schüttdorf B311 - Brucker Bundesstraße	0,45 / 74,58	B311 39.	Zell am See B311 - Brucker Bundesstraße
0,47 / 27,00	B159 10.	Golling an der Salzach Hildebrandweg	0,36 / 3,39	B311 2 25.	Zell am See B311 - Brucker Bundesstraße	0,34 / 74,92	B311 2 40.	Schüttdorf B311 - Brucker Bundesstraße
0,29 / 27,29	B159 11.	Golling an der Salzach Plaikhofweg	0,33 / 3,72	B311 26.	Zell am See B311 - Pinzgauer-Bundesstraße	1,18 / 76,10	B311 2 41.	Schüttdorf B311 - Pinzgauer-Bundesstraße
0,38 / 27,67	12.	Obergäu B159 - Obergäu	7,09 / 10,81	27.	Atzing Saalfeldner Straße	1,57 / 77,66	42.	Bruck an der Großglocknerstraße
7,73 / 35,40	1 13.	B159 - Paß-Lueg-Straße	13,56 / 24,37	28.	Saalbach Glemmtaler Landesstraße	0,22 / 77,89	43.	Bruck an der Großglocknerstraße Glocknerstraße
13,00 / 48,40	B159 14.	Ellmauthal B159 - Salzachtal-Bundesstraße	13,18 / 37,55	29.	Atzing Glemmerstraße	23,60 / 101,49	44.	Taxenbacher-Fusch Edelweissspitze
1,97 / 50,37	B159 2 15.	Bischofshofen B159 - Josef-Leitgeb-Straße	0,24 / 37,79	B311 30.	Maishofen Saalfeldner Straße	15,45 / 116,94	1 45.	

Roadbook zum Herunterladen und Ausdrucken im A4-Format (140 %) bei ViaMichelin

km Par / Total	Image	Description	km Par / Total	Image	Description	km Par / Total	Image	Description
8,42 / 125,36	46.	Franz Josephs-Höhe	7,03 / 244,10	61.	SS52bis Zuglio SS52bis - Frazione Cedarchis			
8,39 / 133,75	47.		5,99 / 250,09	62.	SS52bis Casanova SS52bis			
5,99 / 139,74	48.	B107 Pockhorn B107 - Fleiß	0,87 / 250,96	63.	FIN Tolmezzo SS52bis			
2,14 / 141,88	49.	B107 Heiligenblut B107 - Hof						
21,99 / 163,87	50.	B107 Winklern B107 - Winklern						
6,27 / 170,14	51.	Iselsberg B107 - Iselsberg						
5,23 / 175,37	52.	B107 Stribach B107 - Großglockner-Bundesstraße						
1,07 / 176,44	53.	E66 Stribach E66 - Drautal-Bundesstraße						
14,46 / 190,90	54.	B110 Oberdrauburg B110 - Gailbergstraße						
13,58 / 204,48	55.	Kötschach-Mauthen B111 - Kötschach						
1,35 / 205,83	56.	B110 Kötschach-Mauthen B110 - Plöckenpaß-Bundesstraße						
11,34 / 217,17	57.	IT / AT Plöckenpass SS52bis Pso di M. Croce Carnico						
18,68 / 235,85	58.	SS465 Sutrio SS465						
0,62 / 236,47	59.	SS465 Sutrio SS465 - Viale Val Calda						
0,60 / 237,07	60.	SS52bis Sutrio SS52bis						

Dolomiten
(von Tolmezzo nach Bozen)

07

240 km

Dieser Streckenabschnitt liegt vollständig in Italien, genauer gesagt in der Gebirgskette der Dolomiten. Die Tour durch diese Berge, das europäische Paradies der Motorradfreunde, ist ein unvergessliches Erlebnis.

07 DOLOMITEN

Von Tolmezzo nach Bozen

TOLMEZZO > CORTINA D'AMPEZZO

Die Alpenregion Trentino-Südtirol erfüllt Gebirgsbegeisterten alle Wünsche: die majestätischen Gipfel der Dolomiten, grüne Wiesen, unberührte Wälder, aber auch die sanften, sonnigen Hänge mit Weinbergen, mittelalterlich anmutende Dörfer, unzählige Schlösser und Burgen, die über den Tälern thronen oder sich in Seen spiegeln, bilden eine wundervolle Naturkulisse.

Das von der Erosion gezeichnete Kalksteinmassiv der Dolomiten erhebt sich auf dem Gebiet der Regionen Trentino-Südtirol und Venetien (der höchste Gipfel ist die Marmolata mit 3.343 m). Diese hoch gelegenen Landschaften sichern den Orten im Tal von Cortina d'Ampezzo, im Grödnertal (Val Gardena), im Gadertal (Val Badia) und im Pustertal (Val Pusteria) sommers wie winters einen großen touristischen Zulauf. Die verschiedenen Formationen dieser „Bleichen Berge" erglühen im Abendrot, um dann plötzlich zu erlöschen, wenn die Sonne verschwindet. Mit ihren schroffen Felsen umschließen die Dolomiten kleine klare Seen und Geheimnisse, die Stoff für unzählige Sagen geliefert haben. Ihren Namen haben sie von dem weißen Kalkstein, aus dem sie bestehen und welcher nach dem französischen Geologen Déodat de Dolomieu, der im 18. Jh. dessen Zusammensetzung untersuchte, Dolomit genannt wird.

Wenn Sie den Plöckenpass erreichen und durch den Canale di Pietro nach Tolmezzo hinunter fahren, ist kein Unterschied zu erkennen, der Alpenstock scheint noch immer der gleiche zu sein. Daran ändert sich auch nicht viel, wenn Sie Tolmezzo umfahren und die Richtung Ampezzo einschlagen. Zwar zeigen sich einige vielversprechende Gipfel am Horizont, doch sie scheinen unerreichbar weit entfernt. Erst nach Forni di Sotto und Forni di Sopra wird die Straße abwechslungsreicher. Richtig interessant wird es dann ab dem Mauriapass. Nach der Abfahrt biegen Sie an der Kreuzung hinter dem Ort rechts nach Norden in Richtung Auronzo di Cadore ab und folgen der schönen R 48. Hinter dem Passo Tre Croci erreichen Sie **Cortina d'Ampezzo**, das in 1.210 m Höhe in eine prächtige Bergkulisse gebettet ist. Der schicke, bestens ausgestattete Winter- und Sommerurlaubsort bildet das Zentrum der Ampezzaner Alpen.

CORTINA D'AMPEZZO > BOZEN (BOLZANO)

Die Straße von Cortina d'Ampezzo nach Bozen, sowohl bautechnisch als auch landschaftlich bemerkenswert, ist ein historischer Verkehrsweg. Bereits in der Renaissance war sie die Handelsstraße zwischen Venedig und Deutschland.

Sie verlassen Cortina über die R 48 nach Arabba. Nach den ersten Serpentinen kommen Sie an dem Ort Pocol vorbei. Wenn Sie etwas Zeit erübrigen können, steigen Sie auf den Aussichtsturm (vorzugsweise bei Sonnenuntergang), um den herrlichen Blick auf das Cortinatal zu genießen.

Danach erreichen Sie die ersten Tummelplätze am **Falzaregopass**. Diese Straßen sind im Sommer oft stark befahren, besonders von Bussen und Wohnwagen. Außerdem können Sie dort einheimischen Motorradfahrern begegnen, mit

denen man im Allgemeinen schwer mithalten kann. Geben Sie in jedem Fall der Sicherheit und der schönen Landschaft den Vorzug, umso mehr, als die italienischen Straßen nicht immer in einwandfreiem Zustand sind.

Je weiter man sich von Cortina d'Ampezzo entfernt, desto schöner wird die Straße. Sie führt vorbei an den „Fünf Türmen" mit ihrer kargen Umgebung, die den britischen Schriftsteller Tolkien zu seiner Trilogie *Herr der Ringe* inspiriert haben sollen.

Dann erreichen Sie **Arabba**. Wenn Sie wenig Zeit haben, fahren Sie geradeaus weiter über das **Pordoijoch**, den höchsten Pass der Dolomitenroute, der in beeindruckender Weise zwischen zwei riesigen Felsblöcken mit senkrechten Wänden und abgeschnittenen Gipfeln verläuft. Für die schöneren Aussichten empfehlen wir Ihnen den Abzweig nach rechts, Richtung Corvara in Badia über den Campolongo-Pass. Auch diese Straßen sind bei Motorradfahrern aus aller Welt sehr beliebt, und ein Schild am Ortseingang von **Corvara** erinnert daran: „Corvara loves bikers, bikers respect Corvara" (Corvara hat ein Herz für Biker. Biker, nehmt Rücksicht auf Corvara). Fahren Sie in der Ortsmitte nach links und genießen Sie in aller Ruhe die Auffahrt zum **Grödner Joch**. Auf dem Pass gibt es ein Café, wo man sich erfrischen oder aufwärmen kann, je nachdem (meistens ist letzteres vonnöten, selbst im Hochsommer). Die schönsten Blicke auf das Corvaratal bieten sich kurz vor dem Pass in einer Rechtskurve.

Auf der anderen Seite geht es nach der Abfahrt wieder aufwärts zum **Sellapass**, der das Fassatal mit dem Grödnertal verbindet und einen fantastischen Rundumblick bietet, so weit reichend und charakteristisch für die Dolomiten wie kaum ein anderer, mit dem Sellamassiv, dem Langkofel und dem Marmolata-Massiv, dem höchsten dieses Gebirges (im Süden, gegenüber). Wenn Sie den Sellapass hinter sich gelassen haben, kommen Sie nach Canazei (Kanzenei), das in der Mitte zwischen dem Rosengarten (Catinaccio), den Türmen des Vaiolet, dem Sellastock und der Marmolata liegt.

Wenn es Sie auf der Suche nach außergewöhnlichen Aussichten sind, nehmen Sie von Canazei die S 641, die sehr schöne Ausblicke auf die Marmolata und ihre Gletscher bietet. Am Ausgang eines langen Tunnels erscheint der Fedaiasee, überragt von der mächtigen **Marmolada**. Kurz danach führt von Malga Ciapela aus eine Seilbahn bis auf 3.265 m Höhe, von wo man einen der schönsten Panoramablicke auf die Berge von Cortina, die Zuckerhüte des Langkofel, die gewaltige Masse der Sella und ganz im Hintergrund die Gipfel der österreichischen Alpen hat.

Weiter geht es von Canazei in das Fassatal. Zwischen Pozza di Fassa und Vigo di Fassa biegen Sie rechts auf die S 241 nach Bozen ab. Sie ist erfreulicherweise für Wohnwagen und Wohnmobile gesperrt. Sie können also unbeschwert auf den Karerpass (Passo di Costalunga, oder auch Passo di Carezza) hinauffahren: von oben blicken Sie auf einer Seite zum Rosengarten, auf der anderen zum Latemar. Unten erwartet Sie **Welschnofen** (**Nova Levante**) mit seinem Zwiebelkirchturm, überragt vom Rosengarten. In den Augenblicken zwischen Tag und Nacht, wo die Zeit stillzustehen scheint, beginnt der Rosengarten zusammen mit allen anderen Felsen der Dolomiten zu leuchten.

Durch einen Tunnel gelangen Sie in das Eggental (Val d'Ega), eine enge Schlucht aus rosa Sandstein, die von der Burg Karneid bewacht wird. Ein weiterer Tunnel mündet in den Bozener Talkessel, dessen Hänge mit Weinbergen und Obstgärten bewachsen sind. Die städtische Architektur von **Bozen** lässt noch den Einfluss erkennen, der seit dem 16. Jh. bis 1918 von Tirol und Österreich ausging

> Eine sowohl bautechnisch als auch landschaftlich bewundernswerte Straße

ÜBERNACHTEN

ARABBA
Olympia - In der erste Kurve der Straße nach Corvara führt ein kleiner Weg zu diesem großen Hotel, dessen Inhaber Digo Grones sicherlich als einziger in den Dolomiten eine Molotov M-72 besitzt (außerdem eine Suzuki V-Strom). Zimmer ab 39 €. Garage mit Werkstatt, Waschküche und Druckreiniger. Via Colesel-Arabba 57, ✆ (00 39) 436 79135, www.hotel-olympia.com

CORVARA
Posta Zirm - Ein großes Hotel im Zentrum von Corvara, mit 67 Zimmern und 11 Appartements, zwei Bars und zwei Restaurants, einem Spa mit Schwimmbecken, Sauna und Fitnessraum. Umfassender Service für die Motorräder. Einzelzimmer: 91 bis 137 €, Doppelzimmer: 81 bis 127 €/Pers. Col Alt 95, ✆ (00 39) 471 836175, www.postazirm.com

CAMPITELLO DI FASSA
Gran Paradis - Am Ortsausgang von Campitello, ein großes 3-Sterne-Hotel mit 4-Sterne-Komfort. Geräumige Garage mit Waschbereich, kleiner Werkstatt und Waschküche. Übernachtung ab 56 €/Pers. mit Halbpension. Dolomitenstr. 2, ✆ (00 39) 462 750135, www.granparadis.com

WELSCHNOFEN/NOVA LEVANTE
Nigglhof - Im Zentrum von Nova Levante. Bettina und Roland Erschbaumer sind Motorradfahrer. Übernachtung ab 40 €/Pers., 47 € mit Halbpension. Pretzenberger Weg 10, ✆ (00 39) 471 613117, www.nigglhof.it

SAN FLORIANO/OBEREGGEN
Obereggen - Rund 25 km von Bozen bietet das luxuriöse Hotel Obereggen im gleichnamigen Ort (italienisch San Floriano) wahlweise Zimmer, Suiten oder Appartements, dazu 3 Saunas und einen Außenpool. In der Motorradgarage gibt es eine Hebebühne und eine Garderobe mit Trockner. Übernachtung ab 53 €/Pers. mit Halbpension. ✆ (00 39) 471 615722, www.bikerspoint.it

ATTRAKTIONEN

MARMOLADA-GIPFEL
Mit der Seilbahn: nur die Gondelbahnstation auf Höhe des Stausees ist für Nicht-Skifahrer zugänglich - 8.30-16.30 Uhr - 8 €. Einkehrmöglichkeit und spartanische Unterkunft an der Skiliftstation.

MUSEO ARCHEOLOGICO DELL'ALTO ADIGE (BOZEN)
Via Museo 43 - ☏ (00 39) 471 320100. Geöffnet Di - So (Juli, Aug. und Dez. tägl.) 10.00-18.00 Uhr - 9 €. Das Südtiroler Archäologie Museum dokumentiert die Geschichte Südtirols von der letzten Eiszeit (15.000 Jahre v. Chr.) bis zur Karolingerzeit. Der Star der ersten Etage ist „der Mann aus dem Eis", der berühmte „Ötzi", der 1991 in der Nähe des Niederjochferners gefunden wurde. Die 5.300 Jahre alte Mumie ist in einer Kühlkammer bei einer Temperatur von unter 6 °C und konstanter Luftfeuchtigkeit konserviert.

ESSEN

Eggen/Ega - Gasserhof. Das Hotel-Restaurant im Eggental, wenige Kilometer oberhalb von Obereggen/S. Floriano, bietet italienische und einheimische Spezialitäten in motorradfreundlichem Ambiente. ☏ (00 39) 471 615882, www.gasserhof.it

San Vito di Cadore - Rifugio Larin. Sie können mit dem Motorrad bis zur Hütte fahren, aber dann lassen Sie sich eine sehr schöne und obendrein erfrischende Wanderung entgehen. Das klassische Hüttenrestaurant bietet eine typische Küche und eine ebensolche Einrichtung, beides ausgesprochen gepflegt. Sehr schöner Panoramablick. Loc. Alpe di Senes, 9 km südlich von Cortina d'Ampezzo an der S 51. ☏ (00 39) 349 67 39 481 (Mobil).

07 DOLOMITEN

Von Tolmezzo nach Bozen

km Par / Total	Image	Description	km Par / Total	Image	Description	km Par / Total	Image	Description
0,00 / 0,00	DEBUT SS52	Tolmezzo SS52	8,97 / 149,96	Passo Pordoi	Passo Pordoi SS48 - Strada del Pordoi	3,60 / 54,97	FIN Bozen/Bolzano	Bozen Rittner-Strasse
0,82 / 0,82	SS52	Caneva di Tolmezzo SS52	6,33 / 156,29	SS48 WP24	Passo Pordoi SS48 - Strada del Pordoi			
5,87 / 6,69	SS52	Villa Santina SS52 - Via Guglielmo Marconi	35,63 / 191,92	WP19 Corvara	Arabba SP244 - Via Arabba			
34,47 / 41,16	SS52	Forni di Sopra SS52 - Via Nazionale	9,99 / 201,91	SS243	Corvara SS243 - Strada Col Alt			
20,94 / 62,10	SS52	Pelos di Cadore SS52	9,20 / 211,11	SS243	Pso di Gardena SS243 Grödner Joch			
4,42 / 66,52	SR48	Fienili Tarlisse SR48 - Via Cima Cogna	5,70 / 216,81	SS242	Plan de' Gralba SS242 - Streda Plan de Gralba			
3,59 / 70,11	SR48	Auronzo di Cadore SR48 - Via Vecellio	4,11 / 220,92		Fossel SS242 - Ortschaft Sella Joch Passo di Sella			
22,15 / 92,26	SR48	SR48	6,66 / 227,58	SS48	Passo Pordoi SS48 - Strada del Pordoi RAZ			
11,89 / 104,15		Cortina d'Ampezzo SS51 - Via Guglielmo Marconi	8,35 / 8,35		Campitello di Fassa SS48 - Via Dolomiti			
0,07 / 104,22	SS51	Cortina d'Ampezzo SS51 - Corso Italia	7,97 / 16,32	SS241	Vigo di Fassa SS241 - Via Milano			
0,21 / 104,43	SS48	Cortina d'Ampezzo SS48 - Via Cesare Battisti	3,93 / 20,25	SS241	Vallonga SS241			
0,21 / 104,64		Cortina d'Ampezzo Località Val di Sotto	6,39 / 26,64	SS241	Costalunga SS241 - Karerseestrasse			
15,65 / 120,29		Pian Falzarego SR48 Passo di Falzarego	8,02 / 34,66	SS241	Welschnofen SS241 - Dolomitenstrasse Nova Levante			
9,38 / 129,67	SR48	Cernadoi SR48 - Località Costa d'Andraz	4,95 / 39,61	SS241	Birchabruck SS241 - Unterbirchabruck			
11,32 / 140,99	WP19 Corvara	Arabba SR48 - Via Arabba	11,76 / 51,37	3	Kameid Brennerstrasse			

Roadbook zum Herunterladen und Ausdrucken
im A4-Format (140 %) bei ViaMichelin

NOTIZEN

Südtirol
(von Bozen nach Tirano)

08

279 km

Nach den „Bleichen Bergen" geht es weiter in Richtung Westen, wo Südtirol eine wundervolle Serie von Pässen und engen Kurven für Sie bereithält. Die Strecke verläuft inmitten von Weinbergen, Burgen und Schlössern, Tälern und Dörfern an der Strecke von Bozen nach Tirano.

08 SÜDTIROL

Von Bozen nach Tirano

BOZEN > MERAN

Südtirol (ital. Alto Adige) ist der östlichste Teil der italienischen Alpen. 1919 wurde es im Vertrag von Saint-Germain Italien zugesprochen. Doch historisch gesehen hat diese Grenzregion immer schon den Übergang zwischen der römischen und der germanischen Welt dargestellt, und von ihrem kulturellen Reichtum zeugt heute die Anwesenheit einer deutschsprachigen Bevölkerung, der Südtiroler, sowie mehrerer Bevölkerungsgruppen mit romanischen Sprachen.

Wenn Sie **Bozen/Bolzano**, die Hauptstadt Südtirols, verlassen, fahren Sie nach Norden in Richtung Sarntal, eines der deutschsprachigen Täler Südtirols.

Hinter Bozen fahren Sie zunächst an Weinbergen und schönen Villen in Hanglage vorüber. Sehr bald verengt sich das Tal jedoch zu einer regelrechten Schlucht, während die Straße an Steilwänden entlang und durch zahlreiche Tunnel verläuft. In der Mitte der Klamm sehen Sie zur Rechten Schloss Runkelstein (Castel Roncolo): im 19. Jh. entdeckten Künstler und Intellektuelle diese „großartigen Ruinen" wieder, bevor Kaiser Franz Joseph ihre Restaurierung veranlasste. Bei jüngeren Bauarbeiten wurden weitere Malereien entdeckt, z.B. der Freskenzyklus aus dem 14. Jh. über Tristan und Isolde. Am Ausgang der Schlucht des Torrente weitet sich das Tal und Sie erreichen den Ort **Sarnthein (Sarentino)**,

wo Sie sich erfrischen oder zu Mittag essen können. Danach steigt die Straße allmählich zum Penser Joch (Passo di Pennes) an. Der Pass ist von Juni bis November geöffnet und besonders schön morgens oder abends zu befahren, wenn die langen Schatten die Atmosphäre des Tals verwandeln. Die Straße ist hervorragend, griffig und mit abwechslungsreichen Kurven ohne böse Überraschungen. In einem Rasthaus auf dem Pass kann man sich aufwärmen und eine Kleinigkeit essen, um die wunderschöne Aussicht noch besser zu genießen; nach Süden zum Plateau des Ritten und nach Norden über das Eisacktal mit den Gipfeln des österreichischen Tirol im Hintergrund. Auch wenn es nicht so scheint - Sie befinden sich hier in über 2.200 m Höhe. Auf der anderen Seite gelangen Sie auf einer sehr schönen und schnellen Abfahrt in das obere Eisacktal und die Stadt Sterzing (italienisch Vipiteno). Hier führt die Autobahn zum Brennerpass vorbei, dem historischen Verbindungsweg zwischen Italien und Österreich. An der Kreuzung nahe der Autobahn nehmen Sie die Straße zum **Jaufenpass (passo Giovo)** zwischen Nadelbäumen, die mit dem Motorrad besonders angenehm zu befahren ist. Vom Pass eröffnet sich ein großartiger Blick nach Süden auf das Passeiertal (Val Passiria) und während der Abfahrt auf die hohen schneebedeckten Gipfel des benachbarten Österreich.

Die Straße folgt dem Passeiertal bis nach St. Leonhard (San Leonardo), einem liebenswürdigen tirolerischen Dorf mit seiner Kirche in der Mitte. Nach rechts zweigt die Straße zum Timmelsjoch (passo del Rombo) ab, schroff und zum Teil in den Fels gehauen, mit beeindruckenden Ausblicken auf die Grenzkämme. Dort entlang kommt die Querverbindung von unserer zweiten Runde. In jedem Fall folgen Sie nun dem Passeiertal und seinen Weinbergen bis nach Meran.

MERAN > TIRANO

Meran ist aufgrund seines milden Klimas und seines Thermalwassers ein bedeutendes Touristenzentrum. Ein Höhepunkt auf der hiesigen Pferderennbahn ist außerdem der Große Preis von Meran, das berühmteste Hindernisrennen Italiens, das jedes Jahr im September stattfindet.

Wenn Sie im Frühjahr hier vorbeikommen, sollten Sie unbedingt das Motorrad abstellen und die Winter- und die Sommerpromenade erkunden, die zu beiden Seiten der Passer verlaufen und den besonderen Reiz von Meran ausmachen. Die belebtere von beiden ist die sonnenbeschienene Winterpromenade mit ihren schattenspendenden Alleen und ihrer Blütenpracht, flankiert von Läden und Terrassen, fortgesetzt von der Gilfpromenade, welche an einem mächtigen Wasserfall endet. Auf der anderen Seite führt die Sommerpromenade in einen schönen schattigen Park mit Kiefern und Palmen. Ein anderer herrlicher Rundgang, der 4 km lange Tappeinerweg, schlängelt sich 150 m oberhalb von Meran am Zenoberg entlang und bietet vorzügliche Aussichtspunkte mit Blick bis nach Tirolo. Der Sissi-Weg schließlich, der vom Stadtzentrum zu den Gärten von Schloss Trauttmansdorff führt, ist im Frühjahr besonders angenehm, wenn die Grünflächen der Wohnviertel in Blüte stehen. Die österreichische Kaiserin liebte es, dort spazieren zu gehen, vorbei an Parks und vornehmen Villen aus der Zeit, als die Stadt zu den beliebtesten Ferienzielen Europas gehörte.

Nach Meran fahren Sie hoch zum **Gampenjoch oder Passo delle Palade**, der das Etschtal mit dem ebenfalls deutschsprachigen Nonstal (Val di Non) verbindet. Diese wunderschöne Passstraße enthält mehrere unbeleuchtete Tunnel; seien Sie dort vorsichtig, halten Sie sich rechts und verlangsamen Sie an der Ein- und Ausfahrt, damit sich die Augen an den Helligkeitsunterschied gewöhnen können. Wo das Nonstal in die Senke des Santa-Giustina-Stausees mündet, schlagen Sie die Richtung Tonalepass ein. Die Straße verläuft durch ein langes Tal und steigt dann allmählich zum **Tonalepass** hin an, an dem ein farbloser Wintersportort liegt. Während die Auffahrt nur auf den letzten Kilometern interessant ist, verdient die wunderbaren Serpentinen auf der gesamten Abfahrt nach **Ponte di Legno** Ihr Interesse. Ein paar Kilometer weiter biegen Sie ab zum **Mortirolopass**, auch **Passo della Foppa** genannt. Da seine Steigungen zu den härtesten der Alpen gehören, insbesondere eine mehr als elfprozentige Steigung über eine Strecke von 6 km Länge, führte der Giro d'Italia schon mehrmals über diesen Pass. Den steilsten Hang fahren Sie auf der Nordseite hinunter, mit unzähligen Spitzkehren auf einer sehr schmalen Fahrbahn. Lance Armstrong erklärte übrigens, nachdem er 2004 hier hoch gefahren war, es sei der schwierigste Anstieg, den er je bewältigt hätte. Schonen Sie Ihre Bremsen! Sobald Sie ins Tal kommen, erreichen Sie auch schon **Tirano**, einen Verkehrsknotenpunkt, der Italien und die Schweiz über den Berninapass verbindet. Mitten im Straßenverkehr können Ihnen durchaus die Züge des Bernina-Express und der Rhätischen Bahn (RhB) begegnen, die zunächst quer durch die Stadt und dann neben der Berninapassstraße her fahren. Passen Sie auf, dass Sie nicht mit den Rädern in die Schienen geraten, die schräg über die Fahrbahn verlaufen...

> Diese Grenzregion hat schon immer den Übergang zwischen der römischen und der germanischen Welt dargestellt

ÜBERNACHTEN

UNSERE LIEBE FRAU IM WALDE/SENALE
Gasthof zum Hirschen – Herberge (italienischer Name Albergo al Cervo) mit 25 Zimmern im deutschsprachigen Nonstal, in dem kleinen Dorf Unsere liebe Frau im Walde (ital. Senale). Das Haus wird von einer Familie geführt, alle sprechen deutsch, italienisch und englisch. Gebührenfreier, überdachter, aber nicht asphaltierter Parkplatz für Motorräder, kleine Werkstatt, Waschküche, Hochdruckreiniger, Broschüren und touristische Informationen für Motorradfahrer, Routen mit Roadbooks. Kostenloses W-LAN im ganzen Hotel. Kleiner Lebensmittelladen gleich neben dem Hotel-Restaurant. Abendessen und Frühstücksbuffet sind gewaltig. Übernachtung: 32 bis 48 €/Pers., 46 bis 62 € mit Halbpension. Malgasottstr. 2. ☎ (00 39) 463 886105, www.zumhirschen.com

SARNTHEIN/SARENTINO
Feldrand - In einem kleinen Ort im mittleren Sarntal bietet Norbert Rungger, der eine Ducati 999 fährt, 38 luxuriöse Zimmer. Garage, Waschküche, Wartung, Reinigung, Routen und geführte Spaziergänge. Doppelzimmer: 44 bis 52 €/Pers. mit Halbpension. Weissenbach 55, ☎ (00 39) 471 627101, www.feldrand.com

STERZING/VIPITENO
Thuinerwaldele - Nahe der österreichischen Grenze, unterhalb des Jaufenpasses, Hotel mit 20 Zimmern (alle mit Balkon) und einem Spa, das keine Wünsche offen lässt. Garage, Waschküche, Wartung, Reinigung, Routen und geführte Spaziergänge. Übernachtung: 35 bis 39 €/Pers., mit Halbpension: 45 bis 52 €. Thuins 68, ☎ (00 39) 472 765760, www.thuinerwaldele.it

Villa Pattis - Die Pension von Luisa und Hannes Pattis in einem Dorf in der Nähe von Sterzing gleicht mehr einem Luxus-Gästehaus als einem Hotel. Hier pflegt man eine Vorliebe für Harleys (der Inhaber fährt eine alte Shovelhead), aber es sind alle Motorradfahrer willkommen. Es gibt ein Spa und einen Fitnessraum (Eintritt extra). Kostenlose Tiefgarage, Waschküche, Reinigungs- und Wartungsbereich mit Kompressor, Routenempfehlungen und geführte Spaziergänge auf Anfrage. Einzelzimmer ab 52 €, Doppelzimmer von 35 bis 49 €/Pers. (+10 % für Kurzaufenthalt, + 14 € für Halbpension). Thuins 100, ☎ (00 39) 472 765757 www.pattis.it

ATTRAKTIONEN

SCHLOSS RUNKELSTEIN
Im Norden von Bozen, Richtung Sarntal - www.comune.bolzano.it/roncolo/ie (deutsch, italienisch) - Di-So 10.00-18.00 Uhr - 8 €.

GÄRTEN VON SCHLOSS TRAUTTMANSDORFF
In Meran. www.trauttmansdorff.it - 22. März-15. Nov. tägl. 9.00-18.00 Uhr (15. Mai-15. Sept. bis 21.00 Uhr) - 9,80 € Kombiticket mit Touriseum. Restaurant: (00 39) 473 232350. Die Anlage auf einer Fläche von 12 Hektar wurde 2005 zum „schönsten Garten Italiens" gewählt und 2006 zu einem der schönsten Europas. Künstler haben hier elf Pavillons nach ihrer Sicht auf die Pflanzenwelt gestaltet.

LANDESFÜRSTLICHE BURG IN MERAN
http://www.gemeinde.meran.bz.it/burg/burg_d.htm - März-Dez. Di-Sa 10.00-17.00 Uhr, So und feiertags 10.00-13.00 Uhr - im Jan. u. Feb. geschlossen - 2 €, in Kombination mit dem Städtischen Museum 3 €. Die Burg mit Zinnen und rundem Turm wurde im 14. Jh. errichtet und im 15. Jh. erweitert, sie diente den Grafen von Tirol als Stadtwohnung. Die Gemächer sind spätmittelalterlich eingerichtet.

ESSEN

Bozen/Bolzano - Forsterbrau. Via Goethe 6 - (00 39) 471 977243. Sonntags geschlossen außer im Dez. Etwa 28 bis 38 €. Ein Restaurant mit zwei Gesichtern: mittags Bistro und abends vornehme Gedecke. In beiden Fällen sind die traditionellen einheimischen Gerichte solide und sehr geglückt.

Sarnthein/Sarentino - Braunwirt. Das seit 1973 mitten im Sarntal ansässige Gourmet-Restaurant wurde 2006 von Petra und Gottfried Messner übernommen, mit typischer Südtiroler Küche auf hohem Niveau. Etwa 40 bis 50 € für ein 4-Gänge-Menü. (00 39) 471 620165, www.braunwirt.it

08 SÜDTIROL

Von Bozen nach Tirano

km Par / Total	Image	Description	km Par / Total	Image	Description	km Par / Total	Image	Description
0,00 / 0,00	DEBUT	Bozen Drususallee	0,33 / 121,38	2	Meran Piavestrasse	4,70 / 180,50	SS42	Cis SS42
0,22 / 0,22		Bozen Venediger-Strasse	0,58 / 121,96	17	Meran Pfarrgasse	25,42 / 205,92	SS42	Fucine SS42 - Via 3 Novembre
0,62 / 0,84		Bozen Armando-Diaz-Strasse	2,13 / 124,09	SP117 1	Sinigo SP117 - Reichstrasse	39,94 / 245,86	SP81	Al Solivo SP81 - Via Roma
0,18 / 1,02		Bozen Luigi-Cadorna-Strasse	1,91 / 126,00		Zona Industriale Artigianale	15,55 / 261,41		
0,86 / 1,88	SS508	Bozen SS508 - Sarntal-Strasse	0,29 / 126,29	SP101	Zona Industriale Artigianale SP101 - Max-Valier-Strasse	7,95 / 269,36		Mazzo di Valtellina Via Valle
17,36 / 19,24	SS508	Sarentino / Sarnthein SS508	2,46 / 128,75	SS238 2	Lana SS238 - Meranerstrasse	0,08 / 269,44		Mazzo di Valtellina Via Pedenali
3,40 / 22,64	SS508	Astfeld SS508 - Frazione Campodironco	1,12 / 129,87	SS238	Lana SS238 - Gampenstrasse	0,13 / 269,57		Mazzo di Valtellina Via Fontane
25,87 / 48,51	Pso di Pennes Penserjoch	Pso di Pennes / Penserjoch SS508	5,63 / 135,50		Narano Fraktion Naraun	0,32 / 269,89	SP78	Mazzo di Valtellina SP78 - Via Roma
16,11 / 64,62	SS44 Sterzing	Flora SS44 - Jaufenstrasse Vipiteno / Sterzing	14,93 / 150,43		Senale SS238 - Lokalität Obere Innere	0,46 / 270,35	SP78	Mazzo di Valtellina SP78 - Via Roma
1,74 / 66,36		Casateia SS44 - Via Giovo	9,74 / 160,17	SS238	Fondo SS238 - Via Merano	0,25 / 270,60		Mazzo di Valtellina
15,05 / 81,41	Pso di Mte Giovo/ Jaufenpass SS44	Pso di Mte Giovo/Jaufenpass SS44	1,17 / 161,34		Fondo	0,19 / 270,79	SS38	Piazzo di Valtellina SS38
19,72 / 101,13	SS44	Sankt Leonhard in Passeier 3941	2,37 / 163,71	SP43	Dovena SP43	8,28 / 270,07	FIN	Tirano SS38 - Via della Repubblica
17,28 / 118,41	SS44	Tirol SS44 - Via Passo Giovo	8,77 / 172,48	SS42	Romallo SS42 - Via 4 Novembre			
2,26 / 120,67		Meran / Merano Winterpromenade	1,18 / 173,66	SS42	Revò SS42			
0,38 / 121,05		Meran Piavestrasse	2,14 / 175,80	SS42	Cagnò SS42			

www.tripy.fr

Roadbook zum Herunterladen und Ausdrucken im A4-Format (140 %) bei ViaMichelin

NOTIZEN

Engadin
(von Tirano nach Disentis)

09

370 km

Diese Tour durch das Engadin ist für Motorradfahrer ein Paradies: ein Pass folgt auf den anderen mit Kurven, Serpentinen, Abfahrten, Anstiegen und Panoramablicken, die zum Anhalten verleiten. Dazu Sehenswürdigkeiten, Stimmungen, unglaubliche Geschichten - am Ende werden Sie Lust haben, die Strecke noch einmal zurück zu fahren!

09 ENGADIN

Von Tirano nach Disentis

TIRANO > CHIAVENNA

Tirano war ein verschlafenes Städtchen an der Adda, als es am Michaelistag 1504 eine Marienerscheinung hatte, worauf die Maurer schnell zur Kelle griffen und eine Wallfahrtskirche errichteten. Der weiße Bau birgt eine barocke Fülle an Marmor, Vergoldungen, Fresken und eine mit Schnitzereien verzierte Orgel. Des Weiteren gibt es Palazzi in großer Zahl, Teile der Stadtbefestigung haben die Jahrhunderte überstanden und die Burg Dosso ist auf ihrem Hügel zu einer würdevollen Ruine verfallen. Achtung: auf dem Platz vor der Wallfahrtskirche hat die Bahn Vorfahrt, nämlich der spielzeugrote Bernina-Express, der bis Sankt Moritz fährt und dabei Steigungen von 7 % ohne Zahnstange überwindet. Die Bahnstrecke und ihre landschaftliche Umgebung gehören zum UNESCO-Welterbe.

Die Berninapassstraße steigt abrupt an. Wenn Sie die Grenze zur Schweiz passiert haben, halten Sie in **Brusio** noch einmal wegen der Bahn: sie beschreibt hier eine 360°-Schleife über einen Viadukt, um die starke Steigung zu überwinden. Aber zurück zum Motorrad: innerhalb von 30 km klettern Sie von 441 m auf 2.328 m Höhe, die Windungen nehmen kein Ende und die Landschaft ist gewaltig. Ganz oben erwartet Sie der **Berninapass** mit seinen beiden Seen. Es folgt eine beachtliche Serie Biegungen und Haarnadelkurven am Fluss entlang, dann durchqueren Sie **Pontresina**. Fahren Sie in Richtung Zernez und biegen Sie in La Punt scharf links zum **Albulapass** ab: ein schöner Anstieg, und oben eine wild zerklüftete Berglandschaft, ein schneebemütztes Felsenchaos. Die Abfahrt ist eher akrobatisch, mit heftigen Kurven, Tunneln, Aussichten und Engpässen, bis Sie schließlich **Tiefencastel** erreichen. Eine hiesige Spezialität: Bio-Brot.

Weiter geht es nach Savognin, auf einer schönen Strecke entlang der Gelglia, mit Lärchen an den Hängen; überall lebendiges Grün und frisches Steingrau. Halten Sie in **Savognin**, um die Kirche zu besichtigen; in der mit Fresken ausgemalten Kuppel wimmelt es von Engeln, Propheten und Heiligen. Und wieder geht es in Korkenziehermanier hinauf, nach **Marmorera**, das 1954 wegen eines Staumauerbaus nach weiter oben umziehen musste. Dafür ist der See eine Augenweide! Die Straße steigt steil an bis nach Bivio, wo früher die Pferde gewechselt wurden und wo es noch steiler und kurviger wird. Dann kommt der **Julierpass**, ganz verloren zwischen den endlosen Bergen. Anschließend geht es abwärts bis nach Silvaplana. Vorbei an einer Reihe blauer Seen, an dunklen Wäldern und grauen Gipfeln erreichen Sie Maloja.

Hinter dem Pass erwartet Sie eine verrückte Talfahrt: reihenweise Haarnadelkurven zwischen mächtigen Bäumen und grünen Wiesen, Schwindel ist hier fehl am Platz. Werfen Sie in **Stampa** einen Blick auf die kleine Kapelle auf dem Hügel: ihre Fenster mit den roten Streifen darüber sehen aus wie Comic-Augen mit Wimpern aus dicken Pinselstrichen. Als nächstes kommen Sie durch La Porta, eine Verengung des Tals, die bereits in der Römerzeit befestigt wurde. Die Burg Castelmur auf einem Felsriegel ist zu großen Teilen eingestürzt,

nur der Burgfried hält sich noch. Etwas weiter windet sich eine winzige Straße am Berg hinauf bis **Soglio**. Hinter den Häusern versperrt eine felsige Kette schwindelerregender Gipfel den Horizont, vorn liegen das Tal mit seinen Wäldern und ein Berg hinter dem anderen in berückender Schönheit. Nach Castasegna sind Sie wieder in Italien. Die Steigung wird sanfter, und Chiavenna heißt Sie willkommen.

CHIAVENNA > DISENTIS

Die Mera, die durch **Chiavenna** fließt, sieht aus, als hätte darin ein Riese mit Murmeln gespielt: ihr Bett ist mit großen runden Felsbrocken übersät. Unbedingt ansehen sollten Sie sich den Schatz der Stiftskirche San Lorenzo und den botanischen Garten, vor allem aber den Parco delle Marmitte am Stadtrand. Der Riese mit den Murmeln oder vielmehr ein Gletscher hat hier das Gestein ausgehöhlt, indem er Felsbrocken hindurchspülte, so dass an manchen Stellen nur dünne Schalen übrig geblieben sind. Machen Sie sich dann wieder auf zu einem wahren Fahrgenuss durch das San-Giacomo-Tal. Der Liro begleitet Sie zwischen Felsen und unablässig schlängelnden Kurven, ein einziger Walzer von Campesino bis zum **Splügenpass**. Dieser gewährt Ihnen auf einem schmalen Weg Einlass in die Schweiz. Legen Sie sich wieder in die Kurven, bis nach Splügen im Hinterrheintal. Zurück nach Süden gibt es eine große Straße, die E 43, und die kleine A 13, welche sehr viel abwechslungsreicher und schöner ist. Während die Eiligen nach Hinterrhein schnurgerade durch einen Tunnel fahren, beginnt für Ihr Motorrad wieder ein unablässiger Walzer hinauf zum **San Bernardino**. Ganz oben zeichnen Seen, Moore und rundliche Felsen eine beinahe nordische Landschaft. Die Abfahrt ist genauso kurvenreich wie der Anstieg. In **Soazza** weichen die Tannen Kastanienbäumen und schließlich Weinstöcken. Sanft schlängelt sich die Straße an der Moesa entlang bis nach Arbedo Castione. Dort geht es ganz rechts ab nach Biasca: rechts Berge, links Gipfel, auf der anderen Seite des Flusses die Autobahn.

Auf dem letzten Abschnitt dieser Strecke können Sie sich wieder an ruhigen Straßen erfreuen. Unten zeichnen Terrassenfelder Streifen auf die Hänge. Hinter Dongio wird die Landschaft von Wäldern bestimmt, die in das Tal zu fließen scheinen. In **Lottigna**, das wie eine Katze auf ihrem Balkon über dem Fluss ausgestreckt liegt, ist die ehemalige Residenz der Landvögte in ein Museum verwandelt worden. Alltagsgegenstände, Trachten und Werkzeuge erzählen dort vom Leben im Bleniotal. Hinter Olivone legt sich der Weg in wilde Schlingen, der Motor heult und kämpft mit der Steigung. Die Wälder weichen einer Wiesenlandschaft mit Sümpfen und Torfmooren, in denen einige seltene Pflanzen wachsen. In Acquacalda wurde in einem ehemaligen Hospiz das Centro Ecologico Uomonatura eingerichtet, wo man die Natur beobachtet und Pflanzenarten zählt. Auf Wanderungen mit oder ohne Führung beginnt das Gebirge zu sprechen und man bekommt Einblick in seine Geheimnisse. Dann kommt der **Lukmanierpass**, breit und grün. Mit 1.972 m ist er der niedrigste der Region und schont den Tank. Und erneut willkommen in der Schweiz! Der Stausee Sontga Maria zur Linken entstand 1968; im Geröll zur Rechten blühen im Frühjahr die Rhododendren. Hier beginnt das Val Medel. Auf der Abfahrt weichen die Campaniles den Zwiebeltürmen und die weißen Häuser hölzernen Chalets. Die Felswände rücken zusammen, und in das Echo des Motorengeräuschs mischt sich das Donnern eines Wasserfalls: das ist die Medelserschlucht. **Disentis** ist nur noch einen Katzensprung entfernt, und wieder einmal treffen Sie auf den Rhein.

> Einer Reihe blauer Seen, dunkle Wälder und graue Gipfel begleiten Sie bis Maloja

ÜBERNACHTEN

BERGÜN
Weisses Kreuz - Der alte Engadiner Bauernhof aus dem 16. Jh. wurde 1889 zum Hotel umgebaut und 2003 vollständig renoviert. Restaurant mit schönem Gastraum. Zimmer ab 85 CHF. Dorfplatz, ☎ (00 41) 81 407 11 61.

FILISUR
Hotel Schöntal - Das familiäre Hotel Schöntal ist in Filisur zentral gelegen, an der Albula-Bahnlinie. Die Zimmer sind schlicht und angenehm eingerichtet. Kostenloses W-LAN in den Gemeinschaftsbereichen des Hotels. Zimmer ab 72,50 CHF. Bahnhofstr. 160, ☎ (00 41) 81 404 21 72.

SAVOGNIN
Cresta - Das Hotel befindet sich in zentraler Ortslage und bietet seinen Gästen einen Wellness-Bereich, Sportplätze und ein Schwimmbad. Parkplatz kostenlos. Zimmer ab 80 CHF. Stradung 5, ☎ (00 41) 81 684 17 55.

DISENTIS
Disentiserhof - Der Disentiserhof bietet ein Wellness-Zentrum u.a. mit Schwimmbad, Fitnessraum, finnischer Sauna und Dampfbad. Restaurant mit Karte, Cocktailbar und Café. Zimmer ab 150 CHF. Via Disentiserhof 1, ☎ (00 41) 81 929 57 00.

ATTRAKTIONEN

BLENIO-MUSEUM IN LOTTIGNA
www.museodiblenio.
vallediblenio.ch - Di-So
(an Feiertagen auch Mo)
14.00-17.30 Uhr - vom
2. Nov.-1 Woche vor
Ostern geschlossen - 5 CHF.
Die ehemalige Residenz der
Landvögte (15. Jh.) beherbergt
ethnographische Sammlungen
und Sakralkunst.

BOTANISCHER GARTEN PARADISO IN CHIAVENNA
Von Ende März bis Okt. Di-So
10.00-12.00 Uhr u. 14.00-18.00
Uhr, im übrigen Jahr Di-So 14.00-
17.00 Uhr, So 10.00-12.00 Uhr u.
14.00-17.00 Uhr - 2 €. Der Paradiso-
Felsen oberhalb des Palazzo
Balbini (15. Jh.), auf dem früher
eine Festung stand, wurde zum
botanischen und archäologischen
Garten ausgestaltet.

COLLEGIATA DI SAN LORENZO IN CHIAVENNA
Von Ende März bis Okt. Di-So
15.00-18.00 Uhr, Sa 10.00-12.00
Uhr u. 15.00-18.00 Uhr; im übrigen
Jahr Di-So 14.00-16.00 Uhr, Sa
10.00-12.00 Uhr u. 14.00-16.00
Uhr - 3,10 €. Die Stiftskirche
San Lorenzo romanischen
Ursprungs wurde im 16. Jh.
nach einem Brand neu errichtet.
In der Taufkapelle gibt es ein
romanisches Taufbecken (1156)
mit interessanten Flachreliefs.
Zum Kirchenschatz gehört ein
kostbarer Evangelieneinband aus
dem 12. Jh.

ESSEN

Bergün - Weisses Kreuz. Dorfplatz - ☎ (00 41) 81 407 11 61 - Apr. bis Mai und Mitte Okt. bis Mitte Nov. geschlossen. Essen à la carte: 32/83 CHF. Traditionelle Küche in einem einfachen Gastraum, mit Terrasse und einer angenehmen, hübsch getäfelten Stüvetta.

Disentis - Cuntera. 2 km von Disentis, bei der Gemeinde Mutschnengia - ☎ (0041) 81 947 63 43 - im November und dienstags geschlossen – Menü: 39 CHF. Einfaches Restaurant mit häuslicher Küche und neorustikaler Einrichtung. Terrasse mit Panoramablick.

Soazza - Al Cacciatore. Piazzetta - ☎ (00 41) 91 831 18 20 – Menü: 98 CHF. Idealer Ort für eine Pause; das Restaurant wartet mit anständiger mediterraner Küche auf.

09 ENGADIN

Von Tirano nach Disentis

km Par / Total	Image	Description	km Par / Total	Image	Description	km Par / Total	Image	Description
0,00 / 0,00	DEBUT SS38 1.	Tirano SS38 - Largo Risorgimento	0,08 / 83,99	16.	Bergün/Bravuogn	17,51 / 203,04	SS36 31.	Pianazzo SS36
1,23 / 1,23	SS38dir 2.	Tirano SS38dir - Via Elvezia	6,68 / 90,67	17.	Filisur	0,25 / 203,29	SS36 32.	Pianazzo SS36
1,71 / 2,94	29 CH IT 3.	Campocologno 29 - Via Principale	9,72 / 100,39	18.	Tiefencastel 3	12,12 / 215,41	CH IT 33.	Splügenpass / Pso dello Spluga
3,68 / 6,62	29 Brusio 4.	Brusio 29 - Borgo	8,97 / 109,36	3 19.	Savognin 3 - Stradung	8,87 / 224,28	13 34.	Splügen 13 - Hauptstrasse
9,79 / 16,41	5.	Poschiavo 29 - Strada San Bartolomeo	33,20 / 142,56	3 20.	Silvaplana 3 - Via da Güglia	2,37 / 226,65	35.	Medels im Rheinwald
0,10 / 16,51	6.	Poschiavo 29 - Via da Spultri	0,13 / 142,69	3 21.	Silvaplana 3 - Via dal Farrer	4,18 / 230,83	36.	Nufenen
0,57 / 17,08	7.	Poschiavo 29	0,22 / 142,91	3 1 22.	Silvaplana 3 - Stradun Chantunel	0,15 / 230,98	13 37.	Nufenen 13
1,85 / 18,93	29 8.	Martin 29	3,55 / 146,46	3 2 23.	Sils im Engadin/Segl 3	3,50 / 234,48	38.	Hinterrhein 13
12,20 / 31,13	29 9.	Le Mason 29	7,75 / 154,21	3 24.	Maloja 3	1,46 / 235,94	13 39.	Hinterrhein 13
21,09 / 52,22	27 1 10.	Punt Muragl 27	15,05 / 109,20	3 25.	Stampa 3 - Strada Principale	14,90 / 250,84	13 40.	San Bernardino 13 - San Bernardino
2,09 / 54,31	27 1 11.	Samedan 27 - Umfahrungsstrasse	3,16 / 172,42	Soglio 26.	Bondo	0,12 / 250,96	13 41.	San Bernardino 13 - San Bernardino
7,02 / 61,33	12.	La Punt-Chamues-ch	3,04 / 175,46	2 27.	Dogana 3	0,20 / 251,16	13 42.	San Bernardino 13 - San Bernardino
9,00 / 70,33	Albulapass 13.	Albulapass	0,15 / 175,61	IT CH 28.	Dogana SS37 - Frazione Dogana	14,73 / 265,89	13 43.	Deira 13
8,19 / 78,52	14.	Naz (Bergün/Bravuogn)	0,31 / 175,92	SS37 2 29.	Dogana SS37 - Frazione Dogana	0,14 / 266,03	13 44.	Deira 13
5,39 / 83,91	15.	Bergün/Bravuogn Hauptstrasse	9,61 / 185,53	SS36 1 30.	Chiavenna SS36 - Via Giosuè Carducci	1,32 / 267,35	13 45.	Soazza 13

TRIPY — GPS+ DIGITAL ROAD BOOK — www.tripy.fr

Roadbook zum Herunterladen und Ausdrucken im A4-Format (140 %) bei ViaMichelin

km Par / Total	Image	Description	km Par / Total	Image	Description	km Par / Total	Image	Description
5,52 / 272,87	46.	Cabbiolo 13 - Mondan	6,53 / 331,16	61.	Olivone Zona Chiesa			.
14,33 / 287,20	47.	San Vittore 13	1,46 / 332,62	62.	Sommascona			.
4,93 / 292,13	48.	Castione Via Cantonale	37,26 / 369,88	63.	Disentis/Mustér Via Lucmagn			.
0,21 / 292,34	49.	Castione Via Cantonale						.
0,14 / 292,48	50.	Castione Via Corogna						.
0,20 / 292,68	51.	Castione 2 - Via San Gottardo						.
3,95 / 296,63	52.	Claro 2 - Strada Cantonale						.
11,74 / 308,37	53.	Biasca 2 - Via General Guisan						.
0,23 / 308,60	54.	Biasca 2 - Via General Guisan						.
0,63 / 309,23	55.	Biasca Via Parallela						.
1,23 / 310,46	56.	Biasca						.
8,97 / 319,43	57.	Dongio Via Cantonale						.
2,54 / 321,97	58.	Comprovasco Zona Comprovasco						.
1,78 / 323,75	59.	Lottigna Via Cantonale						.
0,88 / 324,63	60.	Grumo (Blenio) Al Roncaccio						.

TRIPY GPS+ DIGITAL ROAD BOOK www.tripy.fr

Oberwallis
(von Disentis zum Simplonpass)

270 km

Diese Tour führt Sie von einem Pass zum nächsten, vorbei an mehr oder weniger bedrohten Gletschern. Rhone und Rhein springen noch als Gebirgsbäche über die Steine, James Bonds Aston Martin jagt dem Mustang der blonden Schönen am Furkapass nach, während das Motorrad einen schön geschwungenen Straßenverlauf genießt.

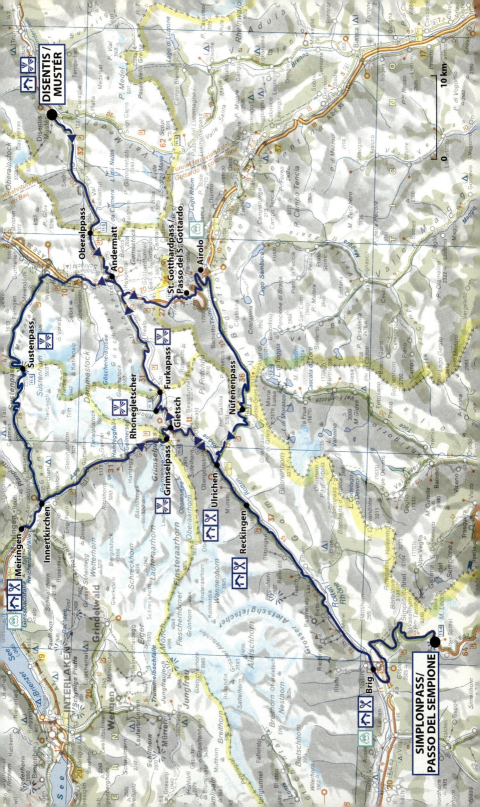

10 OBERWALLIS

Von Disentis zum Simplonpass

DISENTIS > ANDERMATT

Wenn man nach **Disentis** kommt, fallen einem zwei weiße Türme mit dunklen Zwiebelhelmen neben einem langen, kompakten Bau ins Auge: die Glockentürme des Benediktinerklosters. Gegründet wurde es um 700, danach kam die Stadt und mit ihr noch dreizehn weitere Kirchen und Kapellen. Neben geistlichen Schätzen gibt es außerdem das Rheingold: der noch kleine Fluss führt hier Blättchen und Nuggets mit sich, die Sie von Mai bis Oktober mit der Goldpfanne suchen dürfen. Folgen Sie seinem Lauf durch das üppig grünende Val Tavetsch, wo sich die Dörfer entlang felsiger Terrassen erstrecken. Hier wird schon immer ein grüngraues weiches Gestein abgebaut, das leicht zu bearbeiten ist und unter anderem für Öfen verwendet wurde: Speckstein. Die Kurven beginnen sich zu runden und es geht hinauf zum einsamen **Oberalppass**. Nicht weit von hier entspringt der Rhein, im Tomasee, der eingezwängt zwischen steinigen Hängen am Fuße des Piz Badus liegt; im Sommer ein zauberhafter Ort für einen Spaziergang zwischen Rhododendren und Türkenbund.

Die Abfahrt nach **Andermatt** sieht ganz anders aus: auf der Strecke mit tollen Serpentinen breitet sich unermesslich der Blick auf die Stadt und das Urserental aus. Ein ägyptischer Geschäftsmann, Samih Sawiris, hat die Zukunft von Andermatt als Tourismuskomplex mit 800 Betten, Sport- und Freizeitzentrum usw. geplant. Als die Bagger sich an den künftigen Golfplatz machten, förderten sie im August 2010 erstaunliche Funde zutage: 8.000 Jahre alte bearbeitete Bergkristalle, ein Glöckchen und eine Fibel aus der Römerzeit…

Die **Gotthardpassstraße** wird immer breiter und moderner, die Landschaft ist schlicht prachtvoll. In 2.109 m Höhe liegt ein See zwischen flachen Kuppen, daneben ein Museum, und Sie haben die Wahl: entweder fahren Sie die neue Straße mit ihren drei Haarnadelkurven und ihren Aussichtspunkten hinunter oder Sie nehmen die alte, gepflasterte (glatt bei Regen!) mit unzähligen Windungen. Tief unter Ihren Rädern schreitet derweil die Arbeit am längsten Bahntunnel der Welt voran. Der 57 km lange Gotthard-Basistunnel soll ab 2015 den Ort Bodio auf der Südseite mit Erstfeld auf der Nordseite verbinden und bekommt einen unterirdischen Bahnhof mit Liftanlage in 1 km Tiefe unter Sedrun. Die Abfahrt endet an einem buckligen Riesenbunker aus Granit mit Burggraben und Fahne: Das **Forte di Airolo** wurde 1889 gebaut, um den jetzigen Gotthardtunnel zu verteidigen, 1947 gab man es auf und machte ein Museum daraus.

Weiter geht es durch das Valle Bedretto, mit steilen, dunklen Berghängen auf der rechten und lieblicheren Ansichten auf der linken Seite, während nebenher der Tessin plätschert. Dann müht sich die Straße in langen Schlingen den Berg hinauf. Der **Nufenenpass** eröffnet einen Panoramablick auf die Berner Alpen. Allerdings ist er nur von Juni bis Oktober offen, selbst im Juli gab es hier schon Schnee. Unten biegen Sie in **Ulrichen**, einem hübschen Dorf mit alten Chalets, rechts ab und fahren nach Gletsch. Von dort geht es an die Eroberung des **Furkapasses**.

Die Kurven stemmen sich in den dunklen Berg, in der Ferne glitzern Gletscher. Die kleine blaue *Dampfbahn Furka-Bergstrecke* tuckert qualmend vorüber auf dem Weg von **Gletsch** nach Realp. Einige ihrer Lokomotiven von 1913 wurden aus Vietnam zurückgeholt. Wenn Ihnen die Landschaft bekannt vorkommt, ist das nicht verwunderlich: die Szene in *Goldfinger, wo* James Bond Tilly Masterson daran hindert, den Bösen umzubringen, wurde hier gedreht. Es geht noch weiter hinauf, wo der **Rhonegletscher** gleich hinter dem Hotel *Belvédère liegt*; der Souvenirladen führt in eine blau schimmernde Eishöhle. Die Abfahrt ist unkompliziert, außer bei Realp. Schließlich kommen Sie wieder in **Andermatt** an.

ANDERMATT > GLETSCH

Von Andermatt bis Wassen sind es zehn Kilometer, und vor der zweiten Etappe dieser Tour liegt der Pfaffensprung, der eine 165 m lange Höhle voller Bergkristalle birgt. Der grollende Lärm stammt vom Überlauf der nahe gelegenen Staumauer. Das schmucke Wassen mit seinen geraniengeschmückten Chalets führt Sie ins Meiental, eine verlorene Gegend, die nach einem bewaldeten Stück bald nur noch aus Almen und Felsen besteht. Die Steigung wird heftig, Kurven und Tunnel folgen aufeinander, und da ist der **Sustenpass** in 2.224 m Höhe. Dahinter zwingen Spitzkehren, aber auch die Landschaft zum Langsamfahren: in der Himmelrankurve nach dem Parkplatz öffnet sich der Blick auf eine ganze Reihe von Gletschern; weiter unten sind von der Gletscherrank die zerklüfteten Flanken der Wendenstöcke zu sehen. Die kurvenreiche Fahrt setzt sich fort bis nach **Innertkirchen**. Machen Sie einen Abstecher nach Meiringen, zur Aareschlucht, die man zu Fuß auf Brücken und Pfaden zwischen 200 m hohen Felsen besichtigen kann. Dorten haust der Tatzelwurm, ein großmäuliges, kurzbeiniges Ungeheuer mit „fürchterlich dreinblickenden Augen". Bei **Meiringen** wurde Sherlock Holmes von seinem Erzfeind in die Reichenbachfälle gestürzt. Den Meisterdetektiv konnte das nicht umbringen, und seine Statue raucht vor dem ihm gewidmeten Museum ein Pfeifchen. Rückkehr nach Innertkirchen, und ab nach Süden! Ein einziger steiniger Abhang mit mehreren kurzen Tunneln. Von Guttanen fährt die steilste Standseilbahn der Welt (106 %) zum Gelmersee hinauf. Und unablässig geht es bergauf, bis zum **Grimselpass**, einer chaotischen Steinwüste gegenüber vom Rhonegletscher. Nach weiteren wilden Kurven wird die Straße hinter **Gletsch** bald ruhiger.

GLETSCH > SIMPLONPASS

Die Rhone, hier noch ganz jung und zierlich, ergießt sich immerfort in Wasserfällen. Dann kommt Oberwald, das Tal wird breiter, Baum- und Grasgrün erobert die Landschaft zurück, und Sie befinden sich im Goms, einer rauen, landwirtschaftlich genutzten Gegend. Wenn Sie im September durch Obergestein kommen, können Sie dem Almabtrieb beiwohnen, wo die braunen Kühe mit Glocken und Blumen geschmückt von ihren Sommerweiden hinab in das feiernde Dorf kommen.

Fahren Sie gemütlich von **Ulrichen** mit seinen Lärchenholz-Chalets bis Münster, wo sie den Hochaltar der Pfarrkirche bewundern können. Aus dieser Gegend, dem Goms, stammt übrigens César Ritz. Der Ziegenhirt aus Niederwald arbeitete in Brig als Tellerwäscher und zog dann in die weite Welt, um sein Glück zu machen - und gründete das Hotel Ritz. Die Spazierfahrt geht weiter bis **Brig**. Die drei Türme des Stockalperschlosses mit ihren goldenen Kugeln erinnern an ein Kegelspiel, doch der Hof mit seinen mehrstöckigen Arkaden ist durchaus reizvoll. Dann bekommt das Motorrad wieder etwas zu tun, auch wenn die Serpentinen rar sind: die **Simplonpassstraße** windet sich zwischen Gipfeln und Tal, Wäldern und Viehweiden durch Tunnel mit Ausblicken in den Abgrund; da die Fahrt nicht allzu anspruchsvoll ist, können Sie sich an der weiten Landschaft und den Gletschern in der Ferne erfreuen und haben Ihr Ziel bald erreicht.

> Neben den geistlichen Schätzen gibt es das Rheingold: der noch kleine Fluss führt hier Plättchen und Nuggets mit sich

ÜBERNACHTEN

DISENTIS
Disentiserhof - Der Disentiserhof hat einen Wellness-Bereich u.a. mit Schwimmbad, Fitnessraum, finnischer Sauna und Dampfbad. Restaurant mit Karte, Cocktailbar und Café. Zimmer ab 150 CHF. Via Disentiserhof 1, ☎ (00 41) 81 929 57 00.

MEIRINGEN
Hotel Victoria Meiringen - Das Hotel verfügt über eine große Gartenterrasse und bietet freien Eintritt zum Fitness- und Wellness-Center. Einige Zimmer haben einen herrlichen Blick auf die Engelhörner und den Rosenlauigletscher. Zimmer ab 130 CHF. Bahnhofplatz 9, ☎ (00 41) 33 972 10 40, www.victoria-meiringen.ch

ULRICHEN
Hotel Hubertus - In Obergestelln, 2 km von Ulrichen entfernt. Zimmer mit rustikaler Einrichtung. Frühstücksbüffet inklusive. Zum Hotel gehören ein Schwimmbad, ein Whirlpool und eine finnische Sauna. Zimmer ab 115 CHF. Schlüsselacker 35, ☎ (00 41) 27 973 28 28.

RECKINGEN
Hotel Walliser Sonne - Ruhig gelegenes Hotel. Zimmer mit kostenlosem W-LAN und Fernseher. Restaurant mit Kamin. Zimmer ab 56 CHF. Spitz 10, ☎ (00 41) 27 973 41 00.

BRIG
Schlosshotel Art Furrer - Klassische Zimmer verschiedenster Größe, viele mit Balkon. Verlangen Sie eins mit Blick auf das Schloss. Parkplatz. Zimmer: 140/220 CHF. Schlosspark in der Nähe. ☎ (00 41) 27 922 95 95 - www.schlosshotel.ch

Hôtel Belvédère – Drei Schritte vom Rhonegletscher entfernt. Wenn Sie in der Nähe übernachten müssen, dann lassen Sie sich vom etwas angestaubten, aber wunderbaren Charme des 1900 gebauten Hotels oberhalb der Straße überzeugen. Die günstigsten Zimmer sind auf der 3. Etage, mit Dusche auf dem Gang. Unschlagbare Aussicht auf Gletsch und auf die Berge. Mitte Okt. bis Ende Mai geschlossen. Zimmer: 115/190 CHF. ☎ (0041) 27 973 11 96, www.gletscher.ch

ATTRAKTIONEN

STOCKALPERSCHLOSS IN BRIG
🕿 (00 41) 27 921 60 30 - www.brig.ch. Führung (45 Min.) Mai-Okt. Di-So 9.30-16.30 Uhr (Mai und Okt. bis 15.30 Uhr) - 8 CHF. Der erste Gebäudeblock stadtauswärts von Brig ist die Residenz des Großkaufmanns Stockalper (Anfang 16. Jh.), flankiert von drei hohen Türmen. Das gewaltige Wohnhaus zählt acht Etagen mit Kellergeschossen.

SHERLOCK-HOLMES-MUSEUM IN MEIRINGEN
Bahnhofstr. 26 - 🕿 (00 41) 33 971 42 21 - www.sherlockholmes.ch - Mai-Sept. Di-So 13.30-18.00 Uhr, Okt.-Apr. Mi-So 16.30-18.00 Uhr - am 1. Jan., 24. und 25. Dez. geschlossen - 4 CHF, Kombiticket mit den Reichenbachfällen 10 CHF. In der Nachbildung des Wohnzimmers der Londoner Baker Street 221b sind Erinnerungen an den genialen Detektiv und seinen treuen Freund Dr. Watson versammelt. Holmes verschwand 1891 in den Reichenbachfällen bei einem Kampf mit Professor Moriarty. Zum Glück ließ Arthur Conan Doyle seinen Helden unter dem Druck seiner Leser einige Jahre später wieder auferstehen.

ESSEN

Meiringen - Hotel Victoria. Bahnhofplatz 9 - 🕿 (00 41) 33 972 10 40 - www.victoria-meiringen.ch - Menü: 75/95 CHF. Das Restaurant in schnörkellosem Stil bietet ein Degustationsmenü, eine Auswahl internationaler Spezialitäten à la carte und ein Bistro-Menü zu erschwinglichem Preis.

Ulrichen - Hubertus. Schlüsselacker 35, in Obergesteln, 2 km von Ulrichen entfernt. 🕿 (00 41) 27 973 28 28. Geschlossen im April und Mitte Okt.-Nov. - Menü: 65/76 CHF. Traditionelle Küche im gleichnamigen Hotel, helle Veranda.

Reckingen - Joopi. Bahnhofstr. - 🕿 (00 41) 27 974 15 50. Mitte Juni bis Mitte Okt. und Mitte Dez. bis Mitte April geschlossen. Essen à la carte: 37/65 CHF. Restaurant mit traditioneller Küche und einer hübschen Terrasse.

Brig - Commerce. Sebastianplatz 2 - 🕿 (00 41) 27 924 52 41 - www.commerce-brig.ch - Montags geschlossen. - 45 CHF. Günstig im Stadtzentrum gelegen. Pizza und Fischgerichte bilden eine gute Alternative zu den Restaurants mit Walliser Spezialitäten.

10 OBERWALLIS
Von Disentis zum Simplonpass

km Par / Total	Image	Description	km Par / Total	Image	Description	km Par / Total	Image	Description
0,00 / 0,00	DEBUT	Disentis/Mustér 9 RAZ	10,89 / 10,89		Gletsch 19	5,97 / 98,22	Furkapass & St Gothard WP 17 / WP32	Gletsch 19 RAZ
31,27 / 31,27	19	Andermatt 19 - Gotthardstrasse	7,57 / 18,46		Belvedere (Furka) 19 Rhonegletscher	10,89 / 10,89		Ulrichen 19 - Furkastrasse RAZ
1,08 / 32,35	WP 4 St Gothard & Nufenen pass / Sustenpas WP21	Andermatt 19 RAZ	2,75 / 21,21		Furkapass 19 - Furkastrasse	6,94 / 6,94		Reckingen-Gluringen 19 - Furkastrasse
2,16 / 2,16	2 / 2 St Gothard & Nufenenpass WP5	Hospental 2	17,61 / 38,82	Sustenpass WP 20 / WP5	Hospental 19 RAZ	11,81 / 18,75	19	Fiesch 19
5,79 / 7,95		San Gottardo (Ospizio)	2,24 / 2,24		Andermatt 2 - Umfahrungsstrasse RAZ	0,80 / 19,55		Wiler 19 - Furkastrasse
2,88 / 10,83		San Gottardo (Ospizio)	5,14 / 5,14		Göschenen 2	13,68 / 33,23	19	Naters 19
0,94 / 11,77		San Gottardo (Ospizio)	1,13 / 6,27		Göschenen 2 - Gotthardstrasse	2,30 / 35,53		Brig-Glis
7,18 / 18,95	2	Motto (Bartola) 2	4,05 / 10,32	11	Wassen 11 - Sustenstrasse	0,13 / 35,66	2	Brig-Glis
3,13 / 22,08	2	Motto (Bartola) 2	17,70 / 28,02		Sustenpass 11 - Sustenstrasse	0,35 / 36,01		Brig-Glis Überlandstrasse
0,76 / 22,04	2	Motto (Bartola) 2 - Via San Gottardo	27,48 / 55,50	11	Innertkirchen 11 - Hof	0,36 / 36,37	2	Brig-Glis Glismattenstrasse
1,27 / 24,11		Airolo Zona San Carlo	5,13 / 60,63	4	Schattenhalb 4 - Alpbachstrasse	0,32 / 36,69	2	Brig-Glis Gliserallee
0,41 / 24,52		Airolo	0,23 / 60,86		Meiringen 4 - Alpbachstrasse	1,58 / 38,27		Lingwurm Neue Simplonstrasse
0,85 / 25,37		Airolo All'Acqua di Dentro	0,21 / 61,07	11 / 2	Schattenhalb 11 - Grimselstrasse	0,64 / 38,91		Brig-Glis Neue Simplonstrasse
0,17 / 25,54		Airolo	5,16 / 66,23		Innertkirchen 6 - Grimselstrasse	0,15 / 39,06		Lingwurm Alemannenweg
35,73 / 61,27	WP 30 Simplon pass 58 km	Ulrichen 19 - Furkastrasse RAZ	26,02 / 92,25	6	Grimsel Passhöhe 6 Grimselpass	19,03 / 58,09	FIN Simplon pass	Simplonpass 9

TRIPY GPS+ DIGITAL ROAD BOOK www.tripy.fr

**Roadbook zum Herunterladen und Ausdrucken
im A4-Format (140 %) bei ViaMichelin**

NOTIZEN

Die italienischen Seen
(vom Simplonpass nach Biella)

11

450 km

Rauschen Sie die Abfahrt vom Simplonpass hinunter und bummeln Sie um die italienischen Seen. Diese Tour verbindet das Berg-Fahrvergnügen mit dem beschaulichen Rollen zwischen grünen Hügeln und Wiesen. Ganz zu schweigen von den kulinarischen Traditionen, die das Piemont zu einem der größten Feinschmeckerparadiese Italiens und der Welt machen.

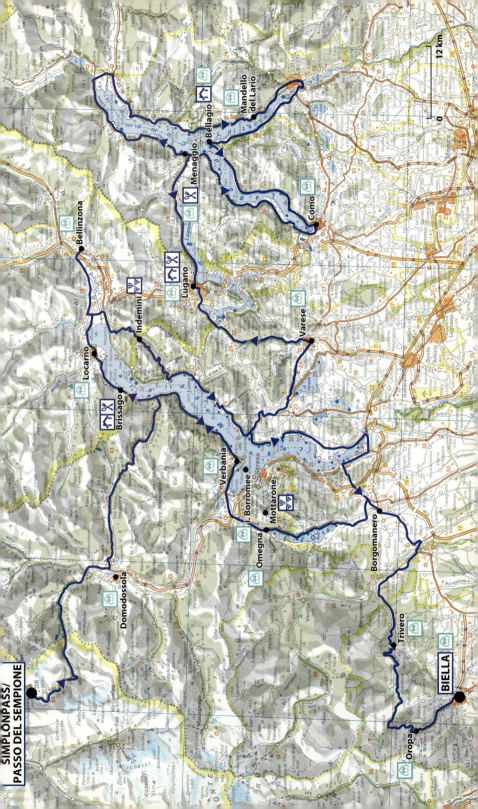

11 DIE ITALIENISCHEN SEEN

Vom Simplonpass nach Biella

SIMPLONPASS > VERBANIA

Zu Beginn dieser Tour heißt es erst einmal anhalten - nämlich am Aussichtspunkt des **Simplonpasses** in 2.005 m Höhe. Vor Ihnen erstrecken sich die Gipfel der Berner Alpen, und wenn es klar ist, können Sie ein Stück vom Aletschgletscher sehen. Der große, unbeirrt nach Süden spähende Steinadler auf der rechten Seite wurde 1944 zu Ehren der wachsamen Schweizer Grenzbrigade 11 errichtet. Bei schönem Wetter ist die Abfahrt vom Pass ein Genuss: nicht zu viele Haarnadeln, dafür schöne Kurven, die zum Tanzen einladen.

Hinter Simplon mit seinen weißen Fassaden zwängt sich die Diveria durch die Gondoschlucht. Der Fluss tost zwischen großen Felsbrocken, die 1901 auf sein Bett fielen, als Teile des Rossbodengletschers abbrachen und mit einer unvorstellbaren Lawine diese großartige, aufgewühlte Landschaft formten. Kurz darauf endet die Schweiz und Italien beginnt. Die Straße schlängelt sich zwischen Steilhängen, das Gefälle ist enorm: wenn Sie **Domodossola** erreichen, befinden Sie sich nur noch auf 300 m Höhe. Versäumen Sie nicht, die zum Museum umfunktionierte Kirche San Francesco zu besichtigen, wo das erste Flugzeug, das 1910 die Alpen überquerte, für immer gelandet ist. Halten Sie dann auf der Piazza del Mercato, einem wunderbar graziösen Ensemble verschiedener Arkaden. Kulissenwechsel zum motorbootfreien Lago di Mergozzo. In der Stille der Berge haben Sie eine ungestörte Sicht auf die Gipfel und den Lago Maggiore. Nach wenigen Kilometern erreichen Sie **Verbania**. Von dort können Sie direkt nach Biella fahren oder aber die italienischen Seen erkunden.

VERBANIA > COMO > VERBANIA

Wenn ein englischer Lord den heimatlichen Nebeln entrinnen wollte, ließ er sich eine möglichst prunkvolle Villa in Verbania bauen. Ebenso taten es die reichen Lombarden, und da alle Residenzen mit Bäumen und Blumen umgeben wurden, wird die Stadt auch „Garten am See" genannt. Versuchen Sie, an einem Freitagabend anzukommen, wenn der Antiquitäten- und Kunstmarkt abgehalten wird. Besuchen Sie die Villa San Remigio, die über ihren terrassenförmig angeordneten Gärten thront, oder die Villa Tarant, deren botanischer Park 20.000 Blumen- und Baumarten aus nahezu der ganzen Welt beherbergt; im Mai und Juni gleicht er einem Paradies. Lassen Sie das Motorrad stehen und nehmen Sie ein Boot über den Lago Maggiore zur **Isola Bella,** wo die Familie Borromée einen unglaublichen Palast errichten ließ: barock und besetzt mit Türmchen aller Art; zu den unzähligen Prunksalons gesellen sich noch sechs grottenförmige Räume am Wasser, die mit Muscheln und Steinen ausgeschmückt sind.

Zurück zum Motorrad. Die Straße folgt dem Seeufer, führt zwischendurch einmal durch die Schweiz und schließlich nach **Locarno**. Auch hier gab es 1480 eine Marienerscheinung, woraufhin die Wallfahrtskirche Madonna del Sasso entstand, mit Arkaden, Kuppeln und roten Ziegeln, und der Welt zu ihren Füßen - einer der schönsten

Aussichtspunkte auf dieser Reise. Im August können Kinofans auf großen Leinwänden auf der Piazza Grande elf Tage lang das Filmfestival verfolgen; Motorradfahrer meiden es. Ein kleiner Abstecher führt zum 18 km entfernten **Bellinzona**, einem Schatzkistchen der Architektur, Fresken- und Bildhauerkunst, über das noch heute drei Burgen wachen. Die nun folgenden Panoramablicke und Kurven ab Vira machen richtig Spaß. bei **Indemini** sind Sie wieder in Italien, und in der Ferne glitzert der See. Dann müssen Sie allerdings alle Konzentration zusammennehmen, denn die Straße ist nicht einfach.

Weiter geht es wieder am Wasser entlang bis Laveno-Mombello. Dort biegen Sie nach **Varese** mit seinem See ab, das vorbildliche Umweltkonzepte umsetzt: solar beheizte Gebäude, auf der Anhöhe stehen Windräder und Bio-Bauernhöfe versorgen fast die ganze Einwohnerschaft. Auf dem Sacro Monte nördlich der Stadt geleiten vierzehn Kapellen mit Fresken und Statuen als Verkörperung der Rosenkranzmysterien zu einer Wallfahrtskirche, wie sie barocker nicht sein könnte. Eine schöne breite Straße führt Sie zurück in die Schweiz nach **Lugano** am gleichnamigen See. Man sieht alte Kirchen und arkadengesäumte Straßen, und im Juli gibt es auf der Piazza della Riforma ein Jazzfestival. Bald nach Lugano wird es wieder italienisch und Sie erreichen **Menaggio,** das mit seinen am Hang gelegenen Villen und der großen, mediterran wirkenden Promenadenterrasse direkt auf den Comer See blickt.

Das Örtchen Laglio weiter südlich geriet im April 2010 in helle Aufregung: direkt vor der Villa Oleandra am Seeufer, die George Clooney vor neun Jahren erworben hat, wurde eine Bombe aus dem Zweiten Weltkrieg gefunden. Sie konnte aber sicher entschärft werden, und Mr. Clooney war nicht da.

In **Como** sollten Sie sich den Dom mit seinen Gobelins ansehen, die alten Gassen und schließlich die Seidenweberei - seit dem 16. Jh. stellt diese Stadt so schöne Seidenstoffe her, dass sie der chinesischen Konkurrenz die Stirn bieten kann. Folgen Sie dem Seeufer bis nach **Bellagio**, mit den Gärten der Villen Serbelloni und Melzi, und nach **Mandello del Lario**, wo die Motorräder V-Motoren haben: hier werden nämlich Moto Guzzis hergestellt. Schließen Sie die Runde um die Seen und genießen Sie dabei das blaue Wasser, die Berge und die historischen Gemäuer, bis Sie wieder in **Verbania** angelangt sind.

VERBANIA > BIELLA

Zum Lago Maggiore strömen die Massen, der Lago d'Orta ist dagegen relativ ruhig. Er gehört zu den kleinsten der Alpenseen und versammelt so auf engem Raum alles, was den Reiz dieser Region ausmacht. **Omegna** wartet auf mit alten Häusern, einer schönen Kirche und in den Vororten mit erstaunlichen Bauten zeitgenössischer Architekten. Wenn Sie sich für Musik interessieren, machen Sie einen Abstecher in die Berge nach Quarna Sotto, wo Blasinstrumente gebaut werden. Auf dem kurzen, aber ordentlich steilen Weg können Sie Ihr Motorrad wieder einmal richtig in die Kurven legen.

Lassen Sie der Maschine freien Lauf durch die Berglandschaft bis nach **Borgomanero**. Den Freitagsmarkt auf dem Corso Roma gibt es dort seit 500 Jahren, er hat nichts von seiner farbigen Fröhlichkeit eingebüßt. Ein Dutzend Kilometer weiter sind die Hänge zu beiden Seiten des Sesia mit Weinbergen bedeckt. Das bedeutet, dass Sie im Frühjahr und bis in den Spätsommer jederzeit hinter einer Kurve auf langsam vor sich hin tuckernde Landmaschinen stoßen können. Zum Ausgleich bietet Ihnen Gattinara einen der besten Rotweine der Region.

Hügel um Hügel zieht vorbei, dazwischen stille Dörfer, die Straße ist weder krumm noch gerade, sondern einfach angenehm. Nehmen Sie bei Gattinara die Nebenstraßen. So erreichen Sie auf einer Strecke voller Kurven und Steigungen über Trivero und den Sacro Monte d'Oropa Ihr Quartier: **Biella**.

> Die Hügel ziehen vorbei, dazwischen stille Dörfer, die Straße ist weder krumm noch gerade, sondern einfach angenehm

ÜBERNACHTEN

BRISSAGO
Mirto al Lago - Alle Zimmer dieses Hotels gehen auf den See und haben Terrasse oder Balkon. Außerdem gibt es einen Swimmingpool und eine Garage. Im Restaurant werden einheimische Spezialitäten und insbesondere Fischgerichte angeboten. Ab 150 CHF. Viale Lungolago 2, ✆ (00 41) 91 793 13 28, www.hotel-mirto.ch

LUGANO
Hotel International au Lac - Dieses Hotel kann sich einer einzigartigen Lage rühmen: der See liegt ihm praktisch zu Füßen und gleich an der nächsten Ecke beginnt die Altstadt von Lugano. Klimatisierte Zimmer mit eleganter Einrichtung und Pool im üppigen Garten. Geöffnet Apr.-Okt. Zimmer: 195/380 CHF. Via Nassa 68, ✆ (00 41) 91 922 75 41, www.hotel-international.ch

Colibri - Eine wunderbare Lage am Monte Brè mit herrlicher Aussicht auf den See, die Stadt und die Alpenkette, besonders von der Terrasse aus, wo sich auch der Pool befindet. Parkplatz vorhanden. Im Jan. und Feb. geschlossen. Zimmer: 150/250 CHF. Via Aldesago 91, in Aldesago, östlich vom Stadtzentrum. ✆ (00 41) 91 971 42 42, www.hotelcolibri.ch

VERBANIA
Hotel Aquadolce - Sehr gut gelegenes Hotel am Ufer des Lago Maggiore im historischen Stadtzentrum und nahe der Anlegestelle, von der die Boote zu den Borromäischen Inseln fahren. Es besitzt 13 Zimmer, davon die meisten mit schönem Seeblick. Reichhaltiges Frühstücksbüffet bis 11 Uhr. Motorradfahrer können die Garage beim Hotel nutzen. Zimmer: 55/110 €.

Via Cietti 1, in Verbania Pallanza, ✆ (00 39) 323 50 54 18, http://www.hotelaquadolce.it

BELLAGIO
Albergo Silvio - Einfache, ruhige Zimmer (besonders hübsch die Mansardenzimmer), nicht weit vom Zentrum, und vor allem eine wunderbare Küche mit Fischgerichten (vom Eigentümer aus dem See geangelt). Schöner Gastraum mit Panoramablick aufs Wasser und einer großen überdachten Terrasse. Parkplatz. Vom 20. Nov.-20. Dez. und 10. Jan.-10. März geschlossen. Via Carcano 12, 2 km südwestlich von Bellagio, ✆ (00 39) 31 95 03 22, www.bellagiosilvio.com

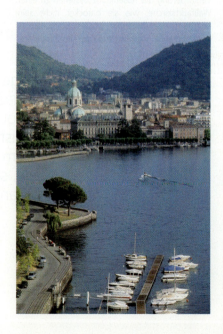

ATTRAKTIONEN

MADONNA DEL SASSO IN ORSELINA, LOCARNO

Hinauf geht es am besten mit der Standseilbahn, Abfahrt Via della Stazione - 7.00-20.00 Uhr (0.00 Uhr an manchen Sommertagen) - Mit dem Fahrzeug über die Via ai Monti della Trinità. Die bei Touristen und Pilgern sehr beliebte Wallfahrtskirche thront 355 m hoch auf einem bewaldeten Hügel.

VILLA SERBELLONI IN BELLAGIO

www.bellagiolakecomo.com - Führung durch die Gärten Di-So 11.00 Uhr und 15.30 Uhr - Beginn am mittelalterlichen Turm auf dem Platz der Kirche San Giacomo - Nov.-März geschlossen - 8,50 €. Die erste Villa entstand im 15. Jh. und wurde im 16. Jh. neu gebaut, die Familie Serbelloni vergrößerte im 18. Jh. den Park. Die Besichtigung der Gärten führt bis auf den Gipfel des Felsens, von wo sich wunderbare Aussichten auf die drei Arme des Sees eröffnen.

VILLA MELZI IN BELLAGIO

www.giardinidivillamelzi.it - von Ende März-Okt. ganztägig - 6 € (Kinder unter 6 Jahren frei). Der wunderschön am Seeufer gelegene Park (1811-1815) ist das Musterbeispiel eines englischen Gartens am Comer See. Besonders schön: der orientalische Garten mit Seerosenteich und die Platanenallee.

ESSEN

Brissago - Osteria Grotto Borei. In Piodina, 3 km südwestlich von Brissago - (00 41) 91 793 01 95 - www.osteriaborei.ch - von Mitte März-Ende Okt. tägl. außer Do; von Anfang Nov.-Mitte Dez. nur am Wochenende geöffnet - von Mitte Dez.-Mitte März geschlossen - 39 CHF. Familienbetrieb mit typischer Tessiner Küche. Gut gelegen in den Bergen, mit schönen Aussichten auf den See.

Lugano - Antica Osteria del Porto. Via Foce 9 - (00 41) 91 971 42 00 - www.osteriadelporto.ch - dienstags geschlossen - 40 CHF. Am Hafen, in lockerer Atmosphäre, leckere Fischfilets und köstliche Risottos.

Menaggio - Osteria il Pozzo. Piazza Garibaldi - (00 39) 344 32 333 - mittwochs geschlossen - 25/30 €. Angenehme Trattoria, die gute und reichliche Gerichte serviert. Gutes Preis-Leistungs-Verhältnis.

11 DIE ITALIENISCHEN SEEN

Vom Simplonpass nach Biella

km Par / Total	Image	Description	km Par / Total	Image	Description	km Par / Total	Image	Description
0,00 / 0,00	DEBUT Simplon pass 1.	Simplonpass 9	8,56 / 15,84	16.	Solduno 13	0,35 / 50,04	31.	Cadepezzo
19,97 / 19,97	IT CH 2.	Paglino SS33	0,68 / 16,52	17.	Locarno 13 - Via Giovanni Antonio Orelli	2,57 / 52,61	32.	Magadino Via Cantonale
5,54 / 25,51	3.	Trasquera	0,76 / 17,28	18.	Locarno 13 - Via San Gottardo	1,19 / 53,80	33.	Vira (Gambarogno) Vira Paese
4,21 / 29,72	4.	Riceno SS33	1,18 / 18,46	19.	Muralto 13 - Via San Gottardo	1,32 / 55,12	34.	
9,69 / 39,41	SS337 5.	Creggio SS33 Domodossola	2,65 / 21,11	20.	Mondacce 13	16,39 / 71,51	IT CH 35.	Cangili di Biegno SP5 Indemini
16,87 / 56,28	SP75 6.	Malesco SP75 - Via Mellerio	3,92 / 25,03	21.	Riazzino (Piano) Stradonino	4,62 / 76,13	SP5 36.	Veddasca SP5
0,42 / 56,70	SP75 7.	Malesco SP75 - Via Moneta	0,71 / 25,74	22.	Montedato Stradonino	6,32 / 82,45	37.	Garabiolo SP5
12,77 / 69,47	SP75 8.	Orasso SP75	0,26 / 26,00	23.	Montedato 13 - Via Cantonale	1,01 / 83,46	SP5 38.	Campagnano SP5
0,15 / 69,62	SP75 9.	Ponte Spoccia SP75 - Via Provinciale (Ponte Spoccia)	10,64 / 36,64	24.	Bellinzona 13 - Via Pierino Tatti	3,59 / 87,05	SS394 39.	Maccagno Via delle Reseghe
2,29 / 71,91	SP75 10.	Ponte Falmenta SP75	0,80 / 37,44	25.	Monte Carasso 13 - El Stradún	2,50 / 89,55	SS394 40.	Gaggio SS394 - Via della Vittoria
8,53 / 80,44	SP75 11.	Cannobio SP75 - Strada Valle Cannobina	4,26 / 41,70	26.	Gudo 13	2,33 / 91,88	SS394 41.	Luino SS394 - Via della Vittoria
0,68 / 81,12	SS34 Long WP13 / SS34 Court WP 185 12.	Cannobio SS34 - Via D. Uccelli RAZ	5,59 / 47,29	27.	Montedato Stradonino	0,37 / 92,25	SS394 42.	Luino SS394 - Viale Dante Alighieri
2,32 / 2,32	SS34 13.	Nizzolino SS34 - Strada Nazionale (Sant'Agata)	0,22 / 47,51	28.	Montedato Stradonino	0,51 / 92,76	SS394 43.	Luino SS394 - Viale Dante Alighieri
2,88 / 5,20	CH IT 14.	Piaggio di Valmara 13 - Via Valmara	0,61 / 48,12	29.	Riazzino (Piano)	0,50 / 93,26	SP69 44.	Luino SP69 - Viale Flavio Fornara
2,08 / 7,28	15.	Brissago 13 - Via Ruggiero Leoncavallo	1,57 / 49,69	30.	Quartino Via Campscioni	0,39 / 93,65	SP69 45.	Germignaga SP69 - Via Goffredo Mameli

Roadbook zum Herunterladen und Ausdrucken im A4-Format (140 %) bei ViaMichelin

km Par / Total	Image	Description	km Par / Total	Image	Description	km Par / Total	Image	Description
15,30 / 108,95	SS394dir / 150 / FIN (46.)	Laveno-Mombello SS394dir - Lungolago Volta RAZ	1,11 / 23,48	(61.)	Varese Viale dell'Ippodromo	0,74 / 55,27	(76.)	Lugano Corso Pestalozzi
4,93 / 4,93	1 (47.)	Fracce	0,91 / 24,39	SS233 (62.)	Varese SS233 - Viale Valganna	2,24 / 57,51	(77.)	Lugano Strada di Gandria
0,76 / 5,69	(48.)	Fornazze	2,06 / 26,45	(63.)	Frascarolo SP55 - Via Olona	4,23 / 61,74	IT / CH (78.)	Oria SS340 - Via Statale
2,62 / 8,31	SP1var 2 (49.)	Medù SP1var	10,34 / 36,79	SS233 (64.)	Ghirla SS233 - Via Statale	3,56 / 65,30	SS340 (79.)	Sasso Rosso SS340 - Via Statale
1,89 / 10,20	SP1var 2 (50.)	Trevisago SP1var	6,93 / 43,72	(65.)	Lavena Ponte Tresa Via Luino	4,88 / 70,18	SS340 2 (80.)	Porlezza SS340 - Via Ceresio
1,45 / 11,65	SS394 2 (51.)	Cocquio-Trevisago SS394 - Via Milano	0,13 / 43,85	(66.)	Lavena Ponte Tresa	11,12 / 81,30	SS340 1 (81.)	Menaggio SS340 - Via Luigi Cadorna
1,71 / 13,36	(52.)	Gavirate Via 4 Novembre	0,18 / 44,03	CH / IT (67.)	Lavena Ponte Tresa Via Lungolago	0,91 / 82,21	(82.)	Menaggio Via Annetta e Celestino Lusardi
0,17 / 13,53	SS394 (53.)	Gavirate SS394 - Via Aldo Mazza	2,29 / 46,32	2 (68.)	Caslano Via Cantonale	0,11 / 82,32	(83.)	Menaggio Via Annetta e Celestino Lusardi
2,38 / 15,91	SS394 3 (54.)	Comerio SS394 - Via Piave	0,41 / 46,73	2 (69.)	Magliaso Via Cantonale	26,13 / 108,45	(84.)	Palate Via Locofontana
3,15 / 19,06	(55.)	Casciago SS394 - Via Matteotti	2,17 / 48,90	(70.)	Agno Piazza Vitale Vicari	2,37 / 110,82	SS36 (85.)	Pontaccio SS36
0,80 / 19,86	(56.)	Casciago Via Giovanni Borghi	0,54 / 49,44	1 (71.)	Agno Via Lugano	1,15 / 111,97	(86.)	Trivio Fuentes SP72 - Via Nazionale Nord
0,46 / 20,32	2 (57.)	Casciago Via Giovanni Borghi	1,75 / 51,19	2 (72.)	Cappella-Agnuzzo Via Ponte Tresa	3,99 / 115,96	SP72 2 (87.)	Colico SP72 - Via Nazionale Sud
0,38 / 20,70	3 (58.)	Varese Via Giuseppe Bolchini	2,71 / 53,90	(73.)	Lugano Via Romeo Manzoni	13,44 / 129,40	SP72 (88.)	Bellano SP72 - Strada Provinciale 72
1,04 / 21,74	1 (59.)	Varese Via Daniele Manin	0,19 / 54,09	(74.)	Lugano Via San Gottardo	2,59 / 131,99	SP72 (89.)	Gittana SP72
0,63 / 22,37	2 (60.)	Varese Viale Padre Gian Battista Aguggiari	0,44 / 54,53	(75.)	Lugano Via Cantonale	1,29 / 133,28	SP72 (90.)	Perledo SP72 - Viale dei Giardini

11 DIE ITALIENISCHEN SEEN

Vom Simplonpass nach Biella

km Par / Total	Description	km Par / Total	Description	km Par / Total	Description
13,05 / 146,33	Mandello del Lario SP72 - Via Statale	4,12 / 229,84	Argegno SS340 - Via Spluga	1,02 / 275,87	Agnuzzo Via Piodella
3,24 / 149,57	Abbadia Lariana SS36	9,04 / 238,88	Tremezzo SS340 - Via Provinciale Regina	0,74 / 276,61	Agno Via Lugano
8,73 / 158,30	Pescate	4,90 / 243,78	Menaggio Via Como	0,55 / 277,16	Agno Contrada San Marco
0,66 / 158,96	Pescate SS583 - Via Roma	0,90 / 244,68	Menaggio SS340 - Via Luigi Cadorna	2,14 / 279,30	Magliaso Via Cantonale
1,85 / 160,81	Malgrate SS583	11,12 / 255,80	Porlezza SS340 - Piazza Giacomo Matteotti	0,41 / 279,71	Caslano Via Cantonale
0,07 / 160,88	Malgrate SS583 - Viale Italia	8,45 / 264,25	Oria Via Cantonale	2,33 / 282,04	Lavena Ponte Tresa
18,85 / 179,73	Bellagio SP41 - Via Valassina	4,23 / 268,48	Lugano Strada di Gandria	0,10 / 282,14	Lavena Ponte Tresa Via Zanoni
0,73 / 180,46	Regatola SS583 - Viale D. Vitali	1,75 / 270,23	Lugano Via Pietro Capelli	0,27 / 282,41	Lavena Ponte Tresa
0,66 / 181,12	Bellagio SS583 - Via P. Carcano	0,21 / 270,44	Lugano Via Serafino Balestra	0,18 / 282,59	Lavena Ponte Tresa Via Varese
28,68 / 209,80	Como Lungo Lario Trieste	0,63 / 271,07	Lugano Via Ginevra	0,11 / 282,70	Lavena Ponte Tresa SS233 - Via Luigi Colombo
1,13 / 210,93	Como Via Borgo Vico	0,36 / 271,43	Lugano Via Zurigo	6,69 / 289,39	Ghirla SS233 - Via Statale
0,90 / 211,83	Como Via per Cernobbio	0,46 / 271,89	Lugano Via San Gottardo	10,14 / 200,53	Frascarolo SS233 - Via Valganna
2,03 / 213,86	Tavernola Via Silvio Pellico	0,07 / 271,96	Lugano Via Romeo Manzoni	2,12 / 301,65	Varese Viale dell'Ippodromo
0,33 / 214,19	Tavernola SS340 - Via Ponte Nuovo	0,21 / 272,17	Lugano Via Sorengo	0,90 / 302,55	Varese Viale Padre Gian Battista Aguggiari
11,53 / 225,72	Brienno SS340	2,68 / 274,85	Gentilino Strada Cantonale	1,07 / 303,62	Varese Viale Padre Gian Battista Aguggiari

TRIPY GPS+ DIGITAL ROAD BOOK www.tripy.fr

Roadbook zum Herunterladen und Ausdrucken im A4-Format (140 %) bei ViaMichelin

km Par / Total	Description	km Par / Total	Description	km Par / Total	Description
0,23 / 303,85	Varese Viale Padre Gian Battista Aguggiari	SP69 0,48 / 0,67	Laveno-Mombello SP69 - Via Fortino	1,54 / 1,54	Falcina
0,40 / 304,25	Varese Via Daniele Manin	SP69 9,24 / 9,91	Monvalle SP69 - Via Roma	1,53 / 3,07	SS229 Bicocca SS229 - Via Borgomanero
1,04 / 305,29	Varese Piazzale Alcide De Gasperi	SP69 3,76 / 13,67	Ispra SP69 - Via Enrico Fermi	3,57 / 6,64	SS229 Gozzano SS229
0,38 / 305,67	Casciago Via Giovanni Borghi	SP69 4,64 / 18,31	Upponne SP69 - Via Varesina	14,09 / 20,73	SS229 Omegna Prà della Marta SS229 - Via Novara
0,41 / 306,08	Casciago SS394 - Via Ammiraglio Francesco Caracciolo	SS33 8,74 / 27,05	Sesto Calende SS33 - Corso Giacomo Matteotti	4,04 / 24,77	Crusinallo Via Pramore
SS394 3,96 / 310,04	Comerio SS394 - Via Guido Borghi	SS33 1,34 / 28,39	Castelletto sopra Ticino SS33 - Via Sempione	SS229 1,50 / 26,27	Sant'Anna SS229
2,41 / 312,45	Gavirate Via 4 Novembre	SS33 3 0,36 / 28,75	Castelletto sopra Ticino SS33 - Via Sempione	0,27 / 26,54	SS229 Pramore SS229 - Via Novara
SS394 0,23 / 312,68	Gavirate SS394 - Viale Verbano	SS33 0,67 / 29,42	Beati SS33 - Via Sempione	SS229 1,09 / 27,63	Gabbio-Cereda-Ramate SS229 - Via Novara
SP1var 1,45 / 314,13	Cocquio-Trevisago SP1var	SS33 0,99 / 30,41	Villaggi SS33 - Via Sempione	SS34 1,47 / 29,10	Gravellona Toce SS34 - Corso Guglielmo Marconi
SP1var 1,45 / 315,58	Trevisago SP1var	SS33 0,39 / 30,80	Glisente SS33 - Via Sempione	SS34 0,47 / 29,57	Gravellona Toce SS34 - Corso Guglielmo Marconi
SP1var 1,87 / 317,45	Medù SP1var	SS33 3,44 / 34,24	Arona SS33 - Via Milano	SS34 0,54 / 30,11	Gravellona Toce SS34
2,68 / 320,13	Fornazze	2,01 / 36,25	Arona Via Angelo Cantoni	SS34 3,92 / 34,03	Fondotoce SS34 - Via Quarantadue Martiri
SS394dir 0,74 / 320,87	Fracce SS394dir - Via Provinciale	0,72 / 36,97	SS142 Arona SS142 - Via Vittorio Veneto	3,64 / 37,59	Località Tre Ponti Via Miralago
SP69 5,00 / 325,87	Laveno-Mombello SP69 - Viale Porro RAZ	SP142 0,98 / 37,95	Valle Vevera SS142	SS34 1,63 / 39,10	Verbania SS34 - Corso Nazioni Unite
SP69 0,19 / 0,19	Laveno-Mombello SP69 - Cavalcavia Boesio	Biella WP 7,27 / 204 45,22 Omegna	Maggiate Superiore RAZ	SS34 0,43 / 39,53	Verbania SS34 - Corso Europa

11 DIE ITALIENISCHEN SEEN

115

11 DIE ITALIENISCHEN SEEN

Vom Simplonpass nach Biella

km Par / Total	Image	Description	km Par / Total	Image	Description	km Par / Total	Image	Description
0,22 / 39,75	SS34 1	Verbania SS34 - Corso Europa	1,46 / 33,75	SS229	Gabbio-Cereda-Ramate SS229 - Via Novara	2,49 / 14,76		Romagnano Sesia Via Dottor Giuseppe Balconi
0,31 / 40,06	SS34 1	Verbania SS34 - Corso Europa	1,12 / 34,87	SS229 Omegna 2	Ramate SS229 Omegna	0,68 / 15,44		Romagnano Sesia Via 25 Luglio
0,45 / 40,51	SS34	Sant'Anna SS34 - Corso Europa	0,22 / 35,09		Sant'Anna SS229	1,37 / 16,81	SS142 2	Prato Sesia SS142 - Corso Torino
1,00 / 41,51	SS34 3	Intra SS34 - Corso Goffredo Mameli	5,68 / 40,77	SS229	Omegna SS229 - Via Novara	0,27 / 17,08		Prato Sesia
19,89 / 61,40		Cannobio SS34 - Via D. Uccelli RAZ	13,97 / 54,74	SS229 2	Gozzano SS229 - Via 25 Aprile	5,93 / 23,01		Martellone SS299 - Località Naula
19,85 / 19,85	SS34 3	Intra SS34 - Via Vittorio Veneto	3,58 / 58,32	3	Bicocca	1,30 / 24,31		Serravalle Sesia Via delle Rondini
1,46 / 21,31	SS34 2	Verbania SS34 - Corso Europa	1,52 / 59,84	2	Falcina	3,08 / 27,39	SP71	Serravalle Sesia SP71 - Via Crevacuore
0,32 / 21,63	SS34 2	Verbania SS34 - Corso Europa	1,58 / 61,42	SS142	Maggiate Superiore SS142 - Via Santa Cristinetta RAZ	3,74 / 31,13	SP235 1	Azoglio SP235 - Via Valsessera
0,22 / 21,85	SS34 2	Verbania SS34 - Corso Nazioni Unite	0,92 / 0,92	SS142 2	Borgomanero SS142 - Via Santa Cristinetta	2,51 / 33,64	SP118	Pianceri Alto SP118 - Via Biella
0,42 / 22,27	SS34 2	Verbania SS34 - Corso Nazioni Unite	0,13 / 1,05	SS142 2	Borgomanero SS142 - Via Fratelli Maioni	0,52 / 34,16	SP117	Mucengo SP117 - Via Biella
5,05 / 27,32	EC31 1	Fondotoce SS34 - Via Quarantadue Martiri	1,14 / 2,19	SS142 2	Borgomanero SS142 - Viale Vittorio Veneto	1,47 / 35,63	SP116	Ronco SP116 - Via Molino
3,94 / 31,26	SS34	Gravellona Toce SS34	0,51 / 2,70	SS142	Borgomanero SS142 - Via Giacomo Matteotti	1,40 / 37,03		Flecchia Via Solesio
0,27 / 31,53	SS34	Gravellona Toce SS34	0,06 / 2,76	SS142 2	Borgomanero SS142 - Via Giacomo Matteotti	0,13 / 37,16		Flecchia Via Solesio
0,28 / 31,81	SS34 2	Gravellona Toce SS34 - Corso Guglielmo Marconi	0,13 / 2,89	SS142	Borgomanero SS142 - Via Giacomo Matteotti	0,35 / 37,51		Scoldo Via Collo
0,48 / 32,29	SS229 2	Gravellona Toce SS229 - Corso Roma	9,38 / 12,27	SP107	Romagnano Sesia SP107 - Via delle Rogazioni	0,17 / 37,68		Scoldo Via Scoldo

Roadbook zum Herunterladen und Ausdrucken im A4-Format (140 %) bei ViaMichelin

km Par / Total	Image	Description	km Par / Total	Image	Description	km Par / Total	Image	Description
0,29 / 37,97	226.	Scoldo Frazione Scoldo	0,67 / 69,24	SP513 241.	Gliondini SP513 - Frazione Gliondini	2,12 / 90,60	256.	Biella Via Santuario d'Oropa
0,17 / 38,14	227.	Scoldo Frazione Pratrivero	1,72 / 70,96	242.	Ospizio San Giovanni SP513 - Frazione San Giovanni	0,35 / 90,95	257.	Biella Via San Giuseppe
0,23 / 38,37	228.	Trivero Frazione Pratrivero	0,38 / 71,34	SP513 243.	Ospizio San Giovanni SP513	0,42 / 91,37	258.	Riva Via San Giuseppe
0,17 / 38,54	SP112 229.	Trivero SP112 - Frazione Pratrivero	1,17 / 72,51	SP513 244.	Ospizio San Giovanni SP513	0,97 / 92,34	259.	Biella Via Galileo Galilei
0,73 / 39,27	230.	Trivero Frazione Barbero	1,02 / 73,53	245.	Mortigliengo	0,18 / 92,52	260.	Biella Via della Repubblica
0,41 / 39,68	SP112 231.	Trivero SP112 - Frazione Barbero	0,63 / 74,16	SP513 246.	Mortigliengo SP513	0,69 / 93,21	2 261.	Biella Via della Repubblica
0,41 / 40,09	SP112 232.	Zoccolo SP112 - Frazione Sella	5,60 / 79,76	SP513 247.	Oropa SP513 - Strada alla Galleria Rosazza	0,15 / 93,36	262.	Biella Via Bertodano
1,04 / 41,13	SP112 233.	Ronco SP112 - Frazione Ronco	0,44 / 80,20	248.	Oropa	0,18 / 93,54	FIN 263.	Biella Via Lamarmora
0,13 / 41,26	SP112 234.	Ronco SP112 - Frazione Ronco	0,24 / 80,44	249.	Oropa			
0,98 / 42,24	SP112 235.	Ronco SP112 - Frazione Gioia	0,11 / 80,55	250.	Oropa Piazza Santo Stefano			
0,35 / 42,59	SS232 236.	Ronco SS232 - Via Marconi	0,11 / 80,66	SP513 251.	Oropa SP513			
0,22 / 42,81	SS232 3 237.	Ronco SS232 - Frazione Centro Zegna	0,19 / 80,85	SP513 252.	Oropa SP513			
20,68 / 63,49	SP115 238.	Oriomosso SP115	4,30 / 85,15	SS144 253.	Favaro A SS144 - Via Pietro Arduzzi			
4,93 / 68,42	SP100 239.	Valmosca SP100	1,65 / 86,80	SS144 254.	Favaro B SS144 - Via Pietro Arduzzi			
0,15 / 68,57	SP513 240.	Valmosca SP513	1,68 / 88,48	SS144 255.	Favaro B SS144 - Via Santuario d'Oropa			

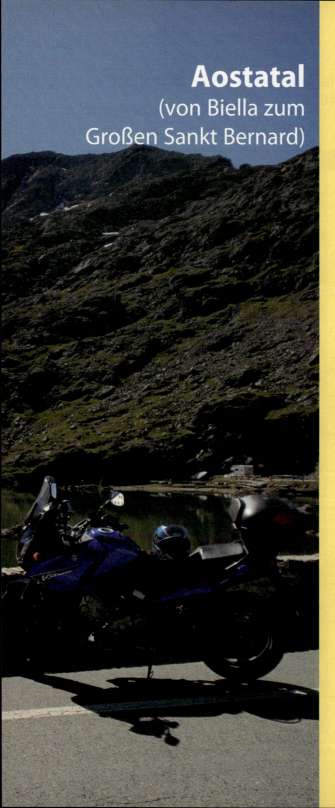

Aostatal
(von Biella zum Großen Sankt Bernard)

12

209 km

Von Biella aus ist die Orientierung einfach, da die Straße fast überall den Flussläufen folgt. Das Interesse gilt hier vor allem den endlos scheinenden Bergen und den Burgen, welche die bewegte Geschichte dieser von Familienfehden zerrissenen Region erzählen.

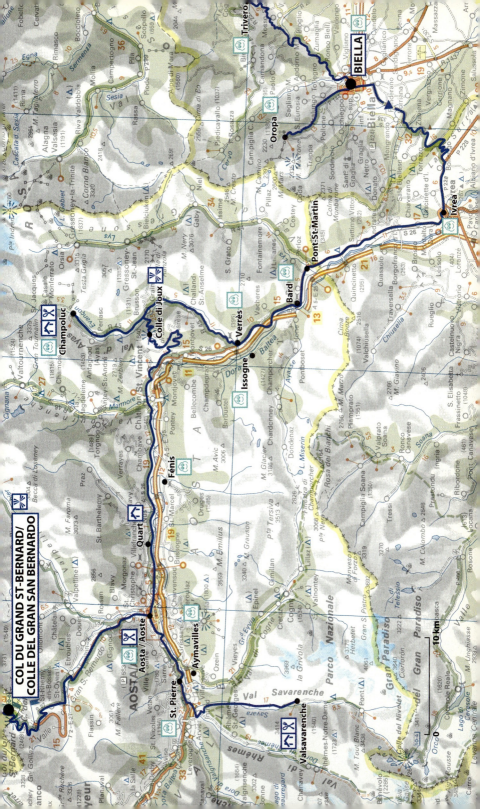

12 AOSTATAL

Von Biella zum Großen Sankt Bernard

BIELLA > PONT-SAINT-MARTIN

Biella liegt inmitten von grünen Hügeln am Fuße der Bielleser Alpen und besteht heute aus zwei Teilen: Biella-Piano und Biella-Piazzo. Stellen Sie das Motorrad im unteren Stadtteil ab, besuchen Sie den Kreuzgang der Kirche San Sebastiano und machen Sie sich dann auf in den oberen Teil, entweder durch die steil ansteigenden Gassen oder mit der Seilbahn. Oben liegt die mittelalterliche Stadt mit ihren Arkaden und alten Fassaden, der Piazza della Cisterna und dieser Eigenheit alter Städte, sich auf ihrem Felsen einzurollen und wie Katzen vor sich hin zu dösen. Bevor Sie nach Aosta weiterfahren, sollten Sie sich die Zeit nehmen, den Sacro Monte di **Oropa** zu besichtigen. Der 14 km lange Weg steigt von 420 m auf 1.100 m, eine echte kleine Bergstrecke. Ganz oben steht eine Kirche mit einer gewaltigen blauen Kuppel. Ihr erster Stein wurde im 17. Jh. gelegt, der letzte 1960. In der ursprünglichen Basilika tut eine schwarze Madonna Wunder. Es ist auch ein wunderbarer Ort, mit den umgebenden Bergen, den Bäumen und den hellen Felsen, die den natürlichen Gegensatz zur strengen Ordnung der heiligen Bauten bilden. Fahren Sie nun weiter bis Rosazza und nehmen Sie die winzige und verwinkelte R 232 nach **Trivero**. Diese herrliche Straße wurde von dem Unternehmer Zegna in den 1930er Jahren gebaut und bepflanzt und ist mit der Zeit zu einem 30 km langen üppigen Garten aus Hortensien, Rhododendren und Pinien geworden: die Oasi Zegna. Von Biella bis **Ivrea** sind es 32 km. Eine kurze Strecke für eine eindrucksvolle geologische Lektion: plötzlich geht es nämlich in steilen Windungen aufwärts. Sie klettern über die Serra d'Ivrea, den größten Moränenrücken Europas, eine Barriere aus Schutt von Gletschern der letzten Eiszeit. Noch sechs Kilometer und Sie sind in Ivrea. Wenn Sie während der drei Tage vor Fastnacht eintreffen, kommen Sie überall ins Schlittern, denn der Karneval ist ein peinlich genau befolgtes Ritual, das mit einer Apfelsinenschlacht endet. Ivrea ist die Stadt der Olivetti-Schreibmaschine, deren Industrie ein erstaunliches Architekturabenteuer mit sich gebracht hat. 2001 entstand hier ein Freilichtmuseum, das MAM (Museo de Architettura Moderna). Wieder einmal müssen Sie das Motorrad stehen lassen, um es zu besichtigen und auf drei Rundgängen Büro-, Wohn- und Fabrikgebäude aus den 1930er Jahren zu entdecken.

Die S 26 führt nach Norden, entlang der Dora Baltea, und während die Autobahn auf der anderen Seite des Flusses dahinrast, rollen Sie von Dorf zu Dorf, vorbei an bewaldeten Bergen und Bauern auf ihren Feldern. Hier kommt Settimo Vittone mit Schloss Montestrutto, das auf seinem Felsenhügel, mit seinem Bergfried und dem Wehrgang bedrohlich zu wirken versucht, doch dazu hat es zu hübsche Fenster. Noch sechs Kilometer zwischen Fluss, Feldern und Wald, und Sie erreichen **Pont-Saint-Martin**.

PONT-SAINT-MARTIN > AOSTA

Vor mehr als zwanzig Jahrhunderten geschah es, dass der Heilige Martin auf dem Heimweg nach Tours war und der Lys, der in die Dora Baltea

fließt, die Brücke fortgerissen hatte. Der Teufel bot ihm an, eine neue zu bauen, und verlangte dafür die Seele, die sie als erste überqueren würde. Der Heilige legte ein Stück Brot ans Ufer, und statt eines Menschen kam ein Pferd über die Brücke gelaufen und fraß das Brot. Der Teufel verschwand wutentbrannt in den Fluten. Die Brücke aus der Römerzeit steht immer noch. Pont-Saint-Martin ist gewachsen, Vernunft regiert die Seelen, doch jedes Jahr zum Karneval heißt es den Teufel verbrennen, nachdem Kostümumzug und Wagenrennen vorbei sind.

Zwischen grünen Bergen rechts und links folgt die Straße ohne allzu viele Kurven dem Fluss. Die Festung **Bard** ist so hoch gelegen und das Tal so eng, dass sie lange Zeit uneinnehmbar war und selbst Napoleon sich daran zunächst die Zähne ausbiss. Später wurde sie in Form mehrerer am Hang gestaffelter Komplexe neu errichtet und schließlich in das Alpen-Museum umgewandelt.

Es folgt **Issogne**, ganz aus Arkaden, mit einem Schloss, dessen Liebenswürdigkeit der eiserne Grenadier auf dem Brunnen im Hof keinen Abbruch tut. Des Nachts geht im zweiten Stock eine Dame um. Es ist die untreue Bianca Maria Gaspardone, die der Herzog von Mantua 1526 hinrichten ließ, als sie den letzten ihrer unzähligen Liebhaber umbrachte, und die seitdem mit ihrem Kopf unterm Arm hier herumspukt.

Gleich hinter der Burg **Verrès**, einer würfelförmigen Festung auf der rechten Seite, beginnt die Straße sich in wilde Schlingen zu legen. Die R 45 führt Sie durch das Valle d'Ayas in einer bunten Folge von Steigungen, Kurven und Dörfern bis nach Champoluc am Ende des Tals, das im Winter Skifahrer und im Sommer Wanderlustige anzieht. Biegen Sie auf dem Rückweg gleich nach Vollon auf die Haarnadelserie zum **Colle di Joux** ab, wo Sie eines der schönsten Panoramen dieser Tour erleben können.

Zurück auf die S 26. Das Tal ist lang und der Fluss schlängelt sich zwischen Weiden und Pappeln dahin. Im Aostatal werden Wein und Obst auf Terrassen an den Hängen angebaut. Das Schloss **Fenis** gleicht einer Kinderzeichnung mit seinen wild in die Höhe ragenden Türmen und den großen Zinnen aus beinahe rosafarbenem Stein. Nicht mehr lange, und Sie kommen nach **Aosta** hinein und es ist Zeit, sich unter einem Laubendach niederzulassen.

AOSTA > GROSSER SANKT BERNARD

Die Forellen von Aosta sind so köstlich, heißt es, weil sie die Goldkörnchen schlucken, die in den 500 Wasserläufen der Umgebung funkeln. Die Römer haben sich daran gütlich getan und ein leicht beschädigtes Amphitheater hinterlassen. Das Kloster San Orso besitzt einen Kreuzgang von erlesener Grazie.

Vor der Weiterfahrt ein kleiner Ausflug: nehmen Sie die R 47 nach **Aymavilles**. Dort gibt es eine schmucke weiße Burg, Weinberge, eine römische Brücke, und an der Straße nach Cogne die Kirche Saint-Léger, mit einer Illusionsmalerei auf der Fassade und einer Krypta aus dem 7. Jh. Auf der anderen Seite der Autobahn erhebt sich mit vier klassischen Türmchen das Schloss **Saint-Pierre**, das heute ein Naturkundemuseum ist und statt Gespenstern ausgestopfte Tiere beherbergt.

Nun wird es Zeit, die Passstraße in Angriff zu nehmen. Sie ist breit und kurvenreich. Da kommt Gignod, mit seinem Glockenturm und seiner zehntausendbändigen Bibliothek. Die Hänge werden steiler, die Luft immer frischer. Danach Étroubles mit seinem Katzenkopfpflaster, umgeben von einem halben Dutzend Gipfeln über 3.000 m.

Und nun müssen Sie sich entscheiden: entweder folgen Sie der bequemen Landstraße oder Sie biegen nach rechts ab in Richtung St-Rhémy-en-Bosses. Dort erwartet Sie ein Feuerwerk von Kurven, Spitzkehren und großartigen Landschaften. Sie unterqueren die Landstraße, auf der die Eiligen im Tunnel verschwinden, und nähern sich genussvoll dem **Großen Sankt Bernard**.

> Zwischen grünen Bergen rechts und links folgt die Straße ohne allzu viele Kurven dem Fluss

ÜBERNACHTEN

CHAMPOLUC
Breithorn Hotels - Komfortable Zimmer im Zentrum von Champoluc und nicht allzu weit von den Skipisten des Monte Rosa entfernt. Jedes Zimmer mit kostenlosem W-LAN-Zugang und Einrichtung im Alpenhaus-Stil. Das Hotel besitzt einen Entspannungsbereich mit Whirlpool, Sauna und Dampfbad. Achtung, im Winter werden Reservierungen nur wochenweise angenommen. Ab 105 €. Route Ramey, 27. ☏ (00 39) 125 30 87 34.

QUART
Hôtel Village - In besonders günstiger Lage, nur 1 km vom östlichen Ortsausgang von Aosta und wenige Minuten vom historischen Zentrum entfernt, empfängt Sie dieses Hotel in einer behaglichen und herzlichen Atmosphäre. Es vermietet auch möblierte Chalets. Ab 60 €. Torrent de Maillod 1. ☏ (00 39) 165 77 49 11.

VALSAVARENCHE
Agriturismo Lo Mayen - Ein angenehmer Gast-Bauernhof mit hübschen Mansardenzimmern, ruhig, einfach und sehr sauber. Die Inhaber betreiben eine Käserei und erzählen Ihnen mit Begeisterung etwas über die Käseherstellung. Località Bien 1 (4 km von Valsavarenche). ☏ (00 39) 165 90 57 35.

ATTRAKTIONEN

**FESTUNG BARD
ALPEN-MUSEUM**
www.fortedibard.it - Di-So
10.00-18.00 Uhr (Sa/
So -19.00 Uhr), im August
tägl. 10.00-19.30 Uhr - von
Mitte Nov. bis Anfang Dez.
geschlossen - 8 €. Dieses
riesige Museum sollte man
unbedingt besuchen, um die
Geschichte und die Traditionen
der Gegend besser zu verstehen.
Die umfassende und sehr
lebendige Ausstellung stützt
sich auf Zeugnisse aus dem
Alltag von früher und heute
sowie auf originelle interaktive
Installationen, die alle Aspekte des
Lebens im Aostatal - Geschichte,
Geographie, Natur, Kultur, Sport,
Bildung - detailliert beleuchten.

SCHLOSS FENIS
Führung - März-Sept. 9.00-
18.30 Uhr (Juli/August:19.30 Uhr),
Okt.-Feb. tägl. außer Di 10.00-
12.00 Uhr und 13.30-16.30 Uhr
(So u. feiertags:17.30 Uhr) - 5 €.
Die imposante Festung Castello di
Fenis beherbergt u.a. geschnitzte
Holzmöbel, wie sie für das
Aostatal typisch sind. Der Hof ist
mit beeindruckenden Fresken zur
Legenda aurea geschmückt.

ESSEN

Aosta - Vecchia Aosta. Via Porta
Pretoriana, 4 - ✆ (00 39) 165 36
11 86 - www.vecchiaosta.it - Di u. Mi
mittags geschlossen - Reservierung
empfohlen - 45/75 €. Sehr gute Adresse
in der Stadt, mit mehreren Räumen in
einem alten Gebäude. Schinken- und
Wurstspezialitäten und Teigwaren mit
Fontina-Käse. Angenehme Terrasse
in der Fußgängerzone, charmante
Bedienung.
**Valsavarenche - Hostellerie du
Paradis**. 2 km von Eau Rousse -
✆ (00 39) 165 90 59 72 - www.
hostellerieduparadis.it - Im Jan.
und Nov. geschlossen - 32/40 €.
Regionale Küche in einem gemütlichen
Restaurant, das zu einem Hotel gehört.
Champoluc - Villa Anna Maria. Via
Croues 5 l. - ✆ (00 39) 125 30 71 28 -
www.hotelvillaannamaria.com -
26/33 €. Klassische Küche in einem
schönen holzgetäfelten Gastraum.
Hotelzimmer 50/95 €.

12 AOSTATAL

Von Biella zum Großen Sankt Bernard

km Par / Total	Image	Description	km Par / Total	Image	Description	km Par / Total	Image	Description
0,00 / 0,00	DEBUT	Biella Via Carso	0,26 / 23,66	SP112	Zoccolo SP112 - Frazione Sella	0,36 / 47,64		Biella Piazza Annibale Battiani
0,81 / 0,81		Biella Via Milano	0,40 / 24,06	SP112	Trivero SP112 - Frazione Barbero	0,28 / 47,92		Biella Via Camillo Benso Conte di Cavour
0,12 / 0,93		Chiavazza Via Luigi Cadorna	0,27 / 24,33		Trivero SP112 - Frazione Barbero	3,22 / 51,14	SS144	Biella SS144 - Via Santuario d'Oropa
1,80 / 2,73		Pavignano Via Pettinengo	0,27 / 24,60	SP112	Trivero SP112 - Frazione Barbero	0,83 / 51,97	SS144	Favaro B SS144 - Via Pietro Arduzzi
1,78 / 4,51	SP200	Masserano SP200 - Via Provinciale Biella-Pettinengo	0,41 / 25,01		Zoccolo SP112 - Frazione Sella	1,68 / 53,65	SS144	Favaro B SS144 - Via Pietro Arduzzi
8,38 / 12,89	SP200	Pianezze SP200 - Via 24 Maggio	0,25 / 25,26	SP112	Ronco SP112 - Frazione Sella	5,57 / 59,22	Oropa	Oropa SS144 - Via Santuario d'Oropa
2,16 / 15,05	SP200	Picco SP200 - Frazione Picco	0,99 / 26,25		Ronco Frazione Ronco	4,49 / 63,71	SS144	Favaro A SS144 - Via Pietro Arduzzi
2,27 / 17,32		Canova SP200	0,54 / 26,79		Vico Frazione Vico	3,33 / 67,04	SS144	Favaro B SS144 - Via Santuario d'Oropa
1,07 / 18,39	SP105	Mosso SP105 - Via Strada per Pistolesa	0,18 / 26,97	SP109	Vico SP109 - Frazione Rondò	2,12 / 69,16	SS144	Biella SS144 - Via Filippo Juvarra
0,09 / 18,48	SS232	Mosso SS232	2,99 / 29,96	SS232	Mosso SS232	1,02 / 70,18	SS144	Biella SS144 - Strada della Nera
0,27 / 18,75	SS232	Mosso SS232 - Borgata Oretto	0,37 / 30,33	SP200	Mosso SP200 - Via Roma	0,11 / 70,29		Biella Via di Amedeo Avogadro di Quaregna
3,00 / 21,75		Vico Frazione Vico	1,06 / 31,39	SP200	Canova SP200	0,62 / 70,91		Biella Corso del Piazzo
0,16 / 21,91		Vico Frazione Vico	14,60 / 45,99		Pavignano Via Alfonso Ogliaro	1,18 / 72,09	SS338	Biella SS338 - Via Ivrea
0,65 / 22,56	SP112	Ronco SP112 - Frazione Piana	1,10 / 47,09		Riva Via Alfonso Ogliaro	1,28 / 73,37	SS338	Oremo SS338 - Via Ivrea
0,84 / 23,40	SP112	Ronco SP112 - Frazione Sella	0,19 / 47,28		Biella Via Italia	6,61 / 79,98	SS338	Trucchi SS338 - Casale Filippi

www.tripy.fr

Roadbook zum Herunterladen und Ausdrucken im A4-Format (140 %) bei ViaMichelin

km Par / Total	Image	Description	km Par / Total	Image	Description	km Par / Total	Image	Description
3,21 / 83,19	SS338	Zubiena SS338 - Via per Ivrea	11,56 / 158,79		Champoluc SR45 - Rue J.B. Dondeynaz	2,26 / 14,08	SR23	Introd SR23 - Località Villes Dessus
12,00 / 95,19	SS228	Bose SS228 - Strada Statale 228 del Lago di Viverone	10,31 / 169,10	SR33	Brusson SR33 - Rue Col de Joux	0,60 / 14,68	SR23	Introd SR23 - Località Norat (Crè)
4,45 / 99,64	2	Ivrea Corso Vercelli	1,49 / 170,59	SR33	Vollon SR33	1,30 / 15,98	SR23	Buillet SR23 - Località Delliod
1,08 / 100,72		Ivrea Piazza Aldo Balla	9,49 / 180,08	Colle di Joux	Amay SR33 Colle di Joux	13,38 / 29,36		Valsavarenche SR23
0,95 / 101,67		Ivrea Piazza G. Pistoni	9,84 / 189,92	SR33	Saint-Vincent SR33 - Viale 4 Novembre	14,69 / 44,05	SR23	Introd SR23 - Località Norat
9,78 / 111,45		Settimo Vittone SS26 - Via Nazionale	0,30 / 190,22	SR33	Saint-Vincent SR33 - Via Conti di Challand	0,59 / 44,64	SR23	Introd SR23 - Località Villes Dessus
6,46 / 117,91	SS26	Pont-Saint-Martin SS26 - Via della Resistenza	0,15 / 190,37	SR33	Saint-Vincent SR33 - Via Guglielmo Marconi	2,24 / 46,88		Villes Dessous Località Champagne
1,17 / 119,08	SS26 2	Pont-Saint-Martin SS26 - Via Nazionale per Donnas	0,97 / 191,34		Panorama	3,05 / 49,93		Saint-Pierre SS26 - Rue du Petit Saint Bernard
4,45 / 123,53	SS26	Bard SS26 - Via Umberto I	0,18 / 191,52	SS26	Panorama SS26 - Via Circonvallazione	5,77 / 55,70		Champlan Frazione La Remise
7,90 / 131,43	SS26 2	Verres SS26 - Via Circonvallazione	17,13 / 208,65	SS26	Quart SS26	2,76 / 58,46	E27 3	Aoste E27 - Avenue Grand-Saint-Bernard RAZ
0,50 / 131,93	SS26	Verres Via Caduti per la Libertà	2,51 / 211,16	SS26	Teppe-Lillaz SS26	3,58 / 3,58	E27	Laravoire E27 - Viale Gran San Bernardo
3,62 / 135,55	SR45	Targnod SR45	6,02 / 217,18	SS26 3 WP86 Grand St Bernard	Aoste SS26 - Rue Parigi RAZ	16,21 / 19,79	SS27	Cerisey SS27
4,93 / 140,48	SR45	Tilly SR45 - Frazione Tilly	7,64 / 7,64		Saint Pierre SS26 - Rue C. Gex	0,13 / 19,92	SS27	Cerisey SS27
0,85 / 141,33	SR45	Challand-Saint-Anselme SR45 - Frazione Quinçod	3,77 / 11,41		Champagne Località Champagne	13,74 / 33,66	CH IT	Grand-Saint-Bernard SS27
5,90 / 147,23	SR45	Brusson SR45 - Rue Trois Villages	0,41 / 11,82		Villes Dessous Località Champagne	0,42 / 34,08	FIN Grand-Saint-Bernard	Grand-Saint-Bernard

Savoie
(vom Großen Sankt Bernard nach Annecy)

213 km

Entdecken Sie eine teils sanfte, teils schwierige, aber immer wunderbare Strecke. Besuchen Sie die Berühmtheiten der Savoie: Chamonix, Megève, St-Gervais, wo Sie sich an alten Kirchen, grünen Bergen und glitzernden Gletschern erfreuen und auf blumengeschmückten Terrassen Sonne und Ruhe tanken können, bevor Sie sich wieder auf Ihr Motorrad schwingen.

13 SAVOIE

Vom Großen Sankt Bernard nach Annecy

GROSSEN ST. BERNARD > CHAMONIX

Der Karthager Hannibal soll die Alpen mit seinen Elefanten angeblich am **Großen Sankt Bernard** überquert haben. Dieses Abenteuer versuchte der amerikanische Autor Richard Halliburton 1935 mit der Elefantenkuh Dally nachzustellen. Alles was er beweisen konnte, war, dass die Dickhäuter die Höhe nicht vertragen. Dabei ist gerade dies der Pass der großen Tiere - nämlich der Bernhardiner, die in dem dortigen Hospiz als Lawinenhunde gezüchtet wurden. Allein der 1814 verstorbene Barry soll 40 Reisende gerettet haben. Heute ist er im Naturhistorischen Museum in Bern ausgestellt. Übrigens: das mit dem Schnapsfässchen am Hals ist eine Legende! Die Abfahrt beginnt mit engen Kurven durch die lawinengefährdete Combe des Morts. Dann kommt links der Lac des Toules. Dieser Stausee sollte in den 1960er Jahren die Straße überfluten. Da sich der Bau der neuen Straße jedoch verzögerte, ließ man zunächst noch ein Loch in der Staumauer, um die alte weiter benutzen zu können. Die Abfahrt nach Martigny wartet mit allen Genüssen einer schönen Bergstrecke auf: ein Engpass, Tunnel, ein Gebirgsbach weiter unten, herrliche Kurven. In Orsières können Sie in Richtung Martigny weiterfahren oder links nach **Champex** abbiegen, wo Sie eine herrliche Strecke entlang der Durnandschlucht erwartet.

Als die Hundezucht den wenigen Mönchen vom Großen St. Bernard über den Kopf wuchs, behielten sie nur ein paar Tiere zur Imagepflege auf dem Pass und verkauften die Zucht an die Fondation Barry, die der ehemalige Schweizer Bankier Bernard de Watteville 2006 in **Martigny** gegründet hat. Außer dem Zwinger gibt es dort ein Museum zur Geschichte der berühmten Hunde. Gleich daneben lädt die Fondation Pierre-Gianadda in ihr Automobilmuseum ein, wo der Delaunay-Belleville von Zar Nikolaus II., ein kleiner weiß-schwarzer Bugatti Royale und 50 weitere Raritäten in fahrtüchtigem Zustand stehen. Weiter geht es zum **Col de la Forclaz**, auf einer freundlichen Straße mit einigen Spitzkehren, die zunächst durch Weinberge, dann durch Wald führt. Bei Le Châtelard beginnt Frankreich. Wenn Sie gern wandern, planen Sie einen guten halben Tag für folgenden Ausflug ein: fahren Sie hinunter zum Lac d'Emosson durch die Schlucht von Tête-Noire, parken Sie am Ende der Straße und steigen Sie am linken Seeufer hinauf zum Col de la Terrasse. Dort oben haben Geologen an die tausend Fußabdrücke von Dinosauriern entdeckt. Dann Rückkehr durch die Veulade-Schlucht, und wieder aufs Motorrad zu neuen Abenteuern. In **Vallorcine** trotzt eine kleine Kirche seit Jahrhunderten den Lawinen, geschützt von einer bugförmigen Mauer, die sie von Weitem wie ein steinernes Dampfschiff aussehen lässt. Die Straße steigt wieder an und erklimmt den **Col des Montets,** wo der Rhododendron blüht. Von Tréléchamp aus haben Sie eine weite Sicht auf die Gletscher und das Mont-Blanc-Massiv. Das fesche, blumengeschmückte **Chamonix** lädt ein zu einer Reise in die Lüfte: eine Seilbahn bringt Sie auf die Aiguille du Midi hinauf, und die Welt liegt zu Ihren Füßen. Dann führt eine Kleinkabinenbahn über den Glacier du Géant bis zur Pointe

Helbronner in Italien. Zur Stabilisierung des fast 5 km langen Seils über der großen Eisfläche wurden hängende Seilstützen konstruiert, die mit Stahlseilen abgespannt sind.

CHAMONIX > ANNECY

Nach einem kleinen Schaufensterbummel in Chamonix gibt es eine wunderbare Serpentinenserie am Rand des Glacier des Bossons, und danach geht es hinunter nach **Les Houches**, wo eine 25 m hohe Christusstatue auf einem Felsen zwischen Bäumen aufragt. Man wird Ihnen erzählen, es sei die gleiche wie in Rio de Janeiro, das stimmt aber nicht. Weiter geht es nach St-Gervais mit seiner hautpflegenden Thermalquelle. Hinter Notre-Dame-des-Alpes erklimmt die schmale, gewundene D 43 das **Plateau d'Assy**. Riesige Skulpturen säumen den Aufstieg. Oben steht die Kirche Notre-Dame-de-Toute-Grâce, ein Kleinod moderner Kunst, gestaltet u.a. von Léger, Lurçat und Rouault mit so leuchtenden Farben und lebensfrohen Bildern, dass man Lust bekommt, zu singen und zu tanzen. Nicht weit von St-Gervais hat **Combloux** eine weiße Kirche aus dem 18. Jh. zu bieten, deren Altarbild ein wahres Prachtstück ist. Besuchen Sie unbedingt den Schwimmteich, den ersten öffentlichen seiner Art in Frankreich: hier kommt das Wasser ohne Chlor aus, weil es von Wasserpflanzen gereinigt und über einen Wasserfall erneuert wird. Vor allem aber hat man, während man sich auf den Rücken treiben lässt, den Mont Blanc in seinem Schneemantel vor Augen. Eine schöne große Straße führt dann nach **Megève**, einer Operettenkulisse, so schick, dass man leicht die Schönheit seiner Kirche und der Kapellen ringsumher vergisst. Jetzt durchfahren Sie das breite, grünende Val d'Arly, das sich später zu einer dunklen Schlucht verengt. Hinter Flumet biegen Sie nach rechts ab und ein winziges Sträßchen bringt Sie nach Hauteville und steigt bis zum **Mont Charvin** an, während sich die ganze Zeit eine atemberaubende Aussicht darbietet. Im Walzertakt geht es wieder hinunter über den grünen Col de l'Arpettaz, im Hintergrund gewaltige Felswände. Nach einer ganzen Kurvenserie erreichen Sie **Ugine**. Am Eingang der Arly-Schlucht steht eine kleine hölzerne Kirche. Geweiht wurde der ehemalige Hangar 1926 von zweitausend russischen Flüchtlingen, die in den Stahlwerken der Stadt arbeiteten. Es fehlte nur die Ikonostase, an deren Stelle weiße Laken hingen. Eines schönen Tages jedoch war eine echte da. Sie war unter mysteriösen Umständen aus der Kapelle des sowjetischen Kriegsschiffes Kronstadt gekommen. Schnell und bequem geht es weiter bis Vesonne. Und dort wartet die letzte Attraktion dieser Runde: es geht immer steiler hinauf bis nach Montmin. Nehmen Sie die kleine Straße nach Plan-Montmin; dort sind gleich sieben Quellen nebeneinander aufgereiht. Ihr Wasser heilt Ekzeme, und die mittlere Nische ist mit verschiedensten Kreuzen geschmückt. Die benachbarte Kapelle beherbergt eine schwarze Madonna aus Holz, die während der Revolution vergraben und später zufällig wiedergefunden wurde. Ein großartiger, magischer Ort.

> Eine liebenswürdige Straße mit einigen Spitzkehren, die zunächst durch Weinberge, dann durch Wald führt

Es folgt der **Col de la Forclaz**, anders als sein Schweizer Namensvetter nur 1.150 m hoch. Unten liegt wie ein länglicher Smaragd der Lac d'Annecy zwischen Hügeln, mit dem Juragebirge im Hintergrund. Dies ist eine vorzügliche Gegend für Drachen- und Gleitschirmflieger. Es geht abwärts und **Menthon-St-Bernard** taucht auf, überragt von seinem hübschen vieltürmigen Schloss, an dessen Stelle früher eine richtige Festung stand. Hier wurde der spätere Heilige Bernard geboren, der dem Pass am Beginn dieser Tour seinen Namen gab. Nach neun Kilometern haben Sie **Annecy** erreicht.

ÜBERNACHTEN

CHAMPEX
Alpina - Das typische alte Chalet in Berg-Ambiente wird von einer Familie geführt. Panoramazimmer mit heller Holzeinrichtung. Restaurant mit zeitgenössischer Küche in alpinem Dekor. Schöne Aussicht auf das Tal und die Gipfel durch große Fenster. Geschlossen vom 1.-9. Dez. Zimmer: 150/180 CHF. Menü: 60 CHF. Route du Signal, ✆ (00 41) 27 783 18 92, www.alpinachampex.ch

ARGENTIÈRE
Montana - Eine begehrte Adresse wegen ihrer familiären, ausgesprochen gemütlichen und freundlichen Atmosphäre. Schlicht eingerichtete Zimmer mit Balkon und Blick auf die Aiguille des Grands Montets. Restaurant mit alpinem Dekor und einfachen traditionellen Gerichten. Geschlossen Okt.-Nov. und im Mai/Juni. Zimmer: 105/198 €. Menü für 28 € (nur für Gäste). 24 clos du Montana, ✆ (00 33) 450 54 14 99.

CHAMONIX
Camping La Mer de Glace - Der angenehmste Campingplatz des Tals. In die natürliche Umgebung fügen sich diverse Bauten wie Chalets gut ein. Einfach und sauber. Geöffnet von Mitte Apr. bis Anfang Okt. 150 Plätze, 24,80 €. 200 Chemin de la Bagna, ✆ (00 33) 450 53 44 03.

MEGÈVE
La Chaumine – Schön restaurierter Bauernhof im Alpenhausstil aus dem 19. Jh., 300 m vom Dorf und von der Gondelbahn Chamois entfernt. Behagliche Zimmer und Snack-Service am Abend (einheimische Gerichte). Geöffnet 26. Juni-5. Sept. und 18. Dez.-31. März. Zimmer: 90/115 €. 36 chemin des Bouleaux, über den Chemin du Maz, ✆ (00 33) 450 21 37 05.

ANNECY
Hôtel du Nord - Ein kleines, anspruchsloses Hotel in idealer Lage mitten im Stadtzentrum, sehr bequem für einen Kurzaufenthalt. Zweckmäßige Einrichtung und familiärer Empfang. Zimmer: 55/69 €. 24 rue Sommeiller, ✆ (00 33) 450 45 08 78.

ATTRAKTIONEN

KIRCHE NOTRE-DAME-DE-TOUTE-GRÂCE
9.00-12.00 Uhr und 14.00-18.00 Uhr - Führung möglich - 5 €. Unter den Kirchenbauten des 20. Jh. stellt sie, vor allem durch ihre Ausgestaltung, eine Art Manifest dar, das keinen Besucher gleichgültig lässt.

SCHLOSS MENTHON-ST-BERNARD
www.chateau-de-menthon.com - Führung (1 h) Juli-Aug. 12.00-18.00 Uhr, Mai/Juni und Sept. Fr-So und feiertags 14.00-18.00 Uhr - 7,50 €. Die im 11. bzw. 15. Jh. errichtete und später mehrfach umgebaute Burg gehört immer noch der Familie von Menthon.

FONDATION PIERRE-GIANADDA IN MARTIGNY
59 rue du Foru - 9.00-19.00 Uhr (Nov.-Juni -18.00 Uhr) - 20 CHF. Die Stiftung beherbergt einen Skulpturenpark, ein Automobilmuseum, ein galloromanisches Museum und die Sammlung Louis & Evelyn Frank.

BERNHARDINER-MUSEUM IN MARTIGNY
34 route du Levant - 10-18 Uhr - 10 CHF. Im Erdgeschoss wohnen die Bernhardiner. In der 1. Etage wird in sympathischer und unterhaltsamer Weise die Geschichte des Hospizes und des Großen St. Bernard erzählt.

ESSEN

Martigny - Les Trois Couronnes. 8 place du Bourg - ☎ (00 41) 27 723 21 14 - 2 Wochen Anfang Februar, 1 Woche im August sowie So und Mo geschlossen - 21/62 CHF. An einem angenehmen kleinen Platz. Vorzügliche traditionelle Küche mit sehr gutem Preis-Leistungs-Verhältnis.

Chamonix - Le Dru. 25 rue Ravenel-le-Rouge - ☎ (00 33) 450 53 33 06 - 16/30 €. Gemütliche Inneneinrichtung mit viel Holz und alten bäuerlichen Gerätschaften. Probieren Sie das savoyische Fondue oder das sättigende „Trio du Dru" (Tischgrillplatte, Raclette klassisch und mit Reblochon).

Megève - Les Marronniers chez Maria. 18 impasse le Chamas - ☎ (00 33) 450 21 22 01 - Von Mai bis Mitte Juni, 3 Wochen im Okt. und dienstags außerhalb der Saison geschlossen - 9/22 €. Crêperie in einem rustikalen Chalet mitten im Ortszentrum.

Annecy - Le Bilboquet. 14 faubourg Ste-Claire - ☎ (00 33) 450 45 21 68 - 15. Feb.-10. März, So außer abends im Juli/August sowie montags geschlossen - 19/47 €. Traditionelle Gerichte je nach Marktangebot.

13 SAVOIE

Vom Großen Sankt Bernard nach Annecy

km Par / Total	Description	km Par / Total	Description	km Par / Total	Description
0,00 / 0,00	DEBUT Grand Saint Bernard 1.	8,98 / 71,64	Grand-Saint-Bernard 16. FR/CH	0,31 / 110,01	Le Châtelard N506 31.
6,42 / 6,42	Bourg Saint-Bernard 21 2.	2,30 / 73,94	N506 Vallorcine N506 17.	0,63 / 110,64	D902 Le Fayet D902 - Route de Saint-Gervais 32.
17,41 / 23,83	Orsières 3.	4,10 / 78,04	Col des Montets 18.	3,98 / 114,62	D902 Saint-Gervais-les-Bains D902 - Avenue du Mont d'Arbois 33.
0,28 / 24,11	Orsières 4.	2,72 / 80,76	Montroc-le-Planet N506 Col des Montets 19.	0,23 / 114,85	D909 Saint-Gervais-les-Bains D909 - Avenue du Mont d'Arbois 34.
1,06 / 25,17	Orsières Route de la Gare 5.	6,53 / 87,29	Argentière N506 - Route des Montets 20.	7,04 / 121,89	N212 La Demi-Lune N212 1 35.
1,95 / 27,12	Som-la-Proz Somlaproz 6.	2,40 / 89,69	N506 Chamonix-Mont-Blanc N506 - Route du Bouchet 21.	1,48 / 123,37	Combloux Route sur Basseville 36.
2,19 / 29,31	Prassurny 7.	0,67 / 90,36	N506 Chamonix-Mont-Blanc N506 - Avenue Cachat le Géant 22.	1,46 / 124,83	N212 La Demi-Lune N212 - Route de Sallanches 37.
1,30 / 30,61	Chez les Reuses Chez les Reuses 8.	0,71 / 91,07	N506 Chamonix-Mont-Blanc N506 - Route Blanche 23.	1,62 / 126,45	N212 Demi-Quartier N212 - Route de Sallanches 38.
4,00 / 34,61	Champex Route du Lac La Cassière 9.	1,21 / 92,28	N205 Chamonix-Mont-Blanc N506 - Route Blanche 24.	1,56 / 128,01	N212 Megève N212 - Route Nationale 39.
11,89 / 46,50	Les Valettes Rue Principale 10.	3,07 / 95,35	D213 Les Pèlerins N205 - Route Blanche 25.	0,35 / 128,36	N212 Megève N212 - Route Nationale 40.
0,46 / 46,96	Les Valettes 21 - Route du Grand Saint-Bernard 11.	0,04 / 95,39	D213 Les Houches D213 - Avenue des Alpages 26.	0,52 / 128,88	N212 Megève N212 - Route Nationale 41.
3,13 / 50,09	Martigny-Croix 12.	1,36 / 96,75	D213 Les Houches D213 - Avenue des Alpages 27.	3,61 / 132,49	N212 Praz-sur-Arly N212 - Route de Megève 42.
0,09 / 50,18	Martigny-Croix 13.	1,63 / 98,38	D213 Les Houches D213 - Route des Trabets 28.	4,30 / 136,79	N212 Flumet N212 43.
6,28 / 56,46	Le Fays 14.	0,44 / 98,82	Les Houches 29.	1,28 / 138,07	N212 Flumet N212 44.
6,20 / 62,66	La Forclaz 15.	10,88 / 109,70	Le Fayet Route de Chamonix 30.	0,43 / 138,50	N212 Flumet N212 45.

TRIPY GPS+ DIGITAL ROAD BOOK www.tripy.fr

Roadbook zum Herunterladen und Ausdrucken im A4-Format (140 %) bei ViaMichelin

km Par / Total	Description	km Par / Total	Description	km Par / Total	Description
0,87 / 139,37	Saint-Nicolas-la-Chapelle N212	0,56 / 169,30	Mont Dessous Route des Montagnes	0,68 / 195,15	Montmin D42
2,82 / 142,19	Passieux D109 - Bois des Essariaux	0,12 / 169,42	Mont Dessous Route des Montagnes	1,85 / 197,00	Glières D42 Col de la Forclaz
4,55 / 146,74	Héry	1,45 / 170,87	Dessus Chemin de la Montagnette	2,83 / 199,83	Rovagny D42
0,24 / 146,98	Héry	0,69 / 171,56	Ugine Chemin de Plagne	2,14 / 201,97	Vérel D42
1,23 / 148,21	Hauteville	0,26 / 171,82	Ugine	0,81 / 202,78	Ermitage Saint-Germain D42
2,60 / 150,81	Hauteville	0,42 / 172,24	Ugine D109 - Rue Léon Ecoffet	2,49 / 205,27	Talloires D909a
0,62 / 151,43	Hauteville	0,65 / 172,89	Ugine D109 - Avenue André Pringolliet	2,16 / 207,43	Menthon-Saint-Bernard D909a - Rue Saint-Bernard
0,78 / 152,21	La Lierre	1,28 / 174,17	Ugine N508 - Route d'Annecy	2,67 / 210,10	Veyrier-du-Lac D909 - Rue de la Tournette
1,14 / 153,35	La Lierre	9,23 / 183,40	Le Noyeray Route d'Albertville	0,62 / 210,72	Veyrier-du-Lac D909 - Route d'Annecy
1,79 / 155,14	La Lierre	1,70 / 185,10	Faverges Place Carnot	0,33 / 211,05	Veyrier-du-Lac D909 - Route d'Annecy
3,10 / 158,24	Les Montagnes Mont Charvin	0,40 / 185,50	Faverges Rue de l'Annonciation	2,22 / 213,27	Annecy D909 - Avenue du Petit Port
1,97 / 160,21		0,76 / 186,26	Faverges D282 - Rue des Epinettes		
2,39 / 162,60	Dessus Le Sautet	2,40 / 188,66	Vesonne		
0,23 / 162,83	Dessus	5,23 / 193,89	Montmin D42		
5,91 / 168,74	Mont Dessous Route des Montagnes	0,58 / 194,47	Montmin D42		

SAVOIE

TRIPY GPS+ DIGITAL ROAD BOOK www.tripy.fr

Die Seen der Savoie
(Umgebung von Annecy)

14

400 km

Mit ihren großartigen Landschaften und den unzähligen Kurven im Hochgebirge ist die Savoie eine ideale Gegend für den Motorradtourismus in Frankreich. Diese Route führt Sie auf eine Entdeckungsreise um die drei großen Seen der Region: den Lac d'Annecy, den Lac du Bourget und natürlich den Genfer See, ein regelrechtes Binnenmeer.

DIE SEEN DER SAVOIE

Umgebung von Annecy

ANNECY > ANNEMASSE

Annecy, das „Venedig der Alpen", muss man besichtigen, sowohl wegen seiner Altstadt als auch wegen seiner Umgebung, und natürlich wegen des gleichnamigen Sees. Stellen Sie das Motorrad ab und spazieren Sie durch die Straßen des alten Annecy, am Seeufer entlang, durch die Jardins de l'Europe (eingerichtet als Arboretum mit Mammutbäumen) und über die Pont des Amours. Falls Sie nur auf der Durchfahrt sind, nehmen Sie sich eine halbe Stunde für das historische Zentrum rund um die Flüsse Thiou und Vassé und um das Palais de l'Île.

Verlassen Sie in Richtung St-Julien-en-Genevois und Genf, aber nicht über die Autobahn A 41, sondern über die ehemalige Nationalstraße, die jetzt D 1201 heißt.

Am Ortsausgang von Cruseilles geht die Straße zum Kamm des Mont Salève nach rechts ab. Achten Sie in der Steigung auf Erdspuren, die Forstfahrzeuge dort hinterlassen haben könnten. Oben auf dem Salève können Sie rechts parken, um zur Panoramatafel von **Les Treize Arbres** zu laufen (15 Min. hin und zurück): sie vermittelt eine überwältigende Aussicht auf die Alpen, den Mont Blanc, den Lac d'Annecy usw. Ein Stück weiter, an der Sternwarte des Salève, bietet sich ein Panoramablick zur anderen Seite.

Nach einer schönen Serpentinenabfahrt umfahren Sie auf der D 1206 das wenig reizvolle Annemasse und folgen der Richtung Thonon.

ANNEMASSE > AIX-LES-BAINS

Fahren Sie am Autobahnkreuz von Annemasse in Richtung Boëge über die D 907 und dann die D 20, um auf die Straße zum Col de Cou zu gelangen.

Wenn Sie das Seeufer erreicht haben, nehmen Sie sich Zeit für eine kleine Runde durch die Straßen der beiden Kurbäder **Thonon-les-Bains** und Évian-les-Bains, die weltweit für ihr Mineralwasser bekannt sind. In Thonon gibt es in den Gärten des Chablais-Museums und des Schlosses Sonnaz mehrere Aussichtsterrassen mit Blick auf das Schweizer Ufer des Genfer Sees, von Nyon (gegenüber der Landspitze von Yvoire, links) bis nach Lausanne. Wenn Sie das Motorrad stehen lassen, können Sie mit der Seilbahn zum Hafen Port de Rives fahren.

Am Ortsausgang in Richtung Évian befinden sich das Schloss Ripaille mit seinem Arboretum, die einen Besuch lohnen. Fünf Fahrtminuten weiter liegt **Évian-les-Bains**, die „Perle des Genfer Sees", wie ein Amphitheater am Hang gelegen, mit steilen Straßen und architektonischen Überraschungen.

Gönnen Sie sich zumindest einen Spaziergang auf der Promenade am See, die am Casino, dem Palais und der Villa Lumière vorbei führt.

Verlassen Sie Évian auf der D 21 nach Neuvecelle und Vinzier, in Richtung der Voralpen des Chablais. Auf der D 32 und der D 22 gelangen Sie in das Tal von Abondance, das Sie über Bonnevaux und den Col du Corbier verlassen. Danach kommen Sie ins Tal von Morzine, in dem Sie bis zu dem Ort hinauffahren und dort die Richtung Avoriaz einschlagen. Dann führt Sie eine kleine

Bergstraße zum Col de Joux Plane und hinunter nach Samoëns. Im Winter wird die D 354 unbefahrbar, bleiben Sie deshalb auf der D 902 nach Les Gets und Taninges. Hinter Taninges durchqueren Sie das Tal in Richtung Cluses und fahren dann auf der Route des Grandes Alpes zu den Almen, Richtung Col de la Colombière. Die Straße führt über Le Grand Bornand und La Clusaz hinunter nach Annecy. Wenn Sie **Thônes** erreicht haben (die Heimat des Reblochon), geht es durch das Tal von Chamfroid wieder in die Berge, nach Serraval und Faverges. Zwischen diesen beiden Orten hält die Chaise-Schlucht ein paar schöne Kurven zwischen steilen Felswänden bereit. Hinter St-Ferréol nehmen Sie die D 1508 in Richtung Annecy und biegen an der ersten Ausfahrt nach Vesonne und Montmin zum Col de la Forclaz ab, zu dem eine kleine, nicht immer einwandfreie Straße mit Steigungen von 13 % führt. Die Abfahrt zum See und zur Einsiedelei Saint-Germain auf der D 42 gestaltet sich ebenso gefährlich, bis Sie in Talloires das Seeufer erreicht haben, dem Sie dann nach links folgen.
Anschließend umrunden Sie den See ein gutes Stück, um die Schlösser von Dhéré (links) und von **Duingt** (rechts) zu bewundern. Letzteres (Besuchern nicht zugänglich) erhebt sich auf der Spitze einer bewaldeten Halbinsel, wo man sehr schön den alten Ortskern besichtigen kann. Er ist in seiner ganzen savoyischen Rustikalität erhalten, besonders die kleinen Häuser mit Außentreppen und Weinspalieren.
Von hier aus können Sie nach Annecy zurückkehren, wenn Sie den langen Tag beenden und das weitere Programm für den nächsten Tag aufheben möchten.
Für die Fortsetzung müssen Sie jedenfalls in Sevrier links abbiegen und fahren am Berg Semnoz entlang. Da auf der Uferstraße im Sommer sehr viel Verkehr herrscht, empfehlen wir Ihnen, von Duingt aus schon in St-Jorioz nach links abzukürzen und über Monnetier auf die D 912 zum Col de Leschaux zu fahren, der Sie in das Bauges-Massiv führt. Wenn Sie Kurven und Panoramablicke lieben, biegen Sie am Ortsausgang von Leschaux rechts ab, um auf der D 110 12 km bis zum Crêt de Châtillon zu fahren. Nach diesem Abstecher geht es weiter zu den Brücken **Pont du Diable** (links von der Straße, vor La Charniaz) und **Pont de l'Abîme** über den Chéran (rechts von der Straße, vor La Tropaz).

AIX-LES-BAINS > ANNECY

Die D 911 bringt Sie durch die Schlucht von Sierroz gemächlich nach Aix-les-Bains.
Wenn Sie sich von der Fahrt erholen oder die ehemaligen Luxushotels aus der Belle Époque bewundern möchten, legen Sie eine Pause in **Aix-les-Bains** ein. In diesem Kurbad hielt sich Alphonse de Lamartine auf, er schrieb dort sein Gedicht *Le Lac*. Wandeln Sie auf seinen Spuren die Rue de Genève und die Rue du Casino entlang, bis zum Thermalbad und zum Casino. Für eine Pause im Grünen empfiehlt sich die 10 ha große Esplanade am See samt der Promenade mit Blick auf das Kloster von Hautecombe und den Dent du Chat. Wenn Sie sich für außergewöhnliche Architektur begeistern, fahren Sie weiter bis zu dem Hügel südöstlich vom Stadtzentrum, wo ein richtiges Märchenschloss steht, das Château de la Roche-du-Roi.
Wenn Sie genug Zeit haben, fahren Sie ruhig einmal ganz um den Lac du Bourget über den Col du Chat. Ansonsten setzen Sie die Fahrt nach Norden über Ruffieux in Richtung Seyssel fort. Wenn Sie die Rhône erreicht haben, biegen Sie nach rechts ins Val du Fier ab nach Rumilly. Machen Sie vor Einbruch der Dunkelheit noch einen Abstecher durch die Fier-Schlucht in Chavanod, bevor Sie wieder in **Annecy** einkehren.

Die Chaise-Schlucht hält ein paar schöne Kurven zwischen steilen Felswänden bereit

ÜBERNACHTEN

ESSERT-ROMAND
Auberge du Cloret - Der Inhaber Laurence bietet eine traditionelle Küche sowie Zimmer oder Ferienwohnungen. Motorradfahrer herzlichst willkommen. Le Plan des Buissons, ✆ (00 33) 450 75 73 26.

CHAVANOD
Au Gîte Savoisien – 6 km südwestlich von Annecy über die D 16 nach Rumilly, vier Gästezimmer und eine Ferienwohnung, 45 bis 60 € pro Nacht (absteigende Tarife nach Anzahl der Übernachtungen). Montags, mittwochs und freitags Table d'hôte (Abendessen am Gasttisch) für 18 €. 98 route de Corbier, ✆ (00 33) 450 69 02 95.

THÔNES
Les Mésanges - Große Herberge (52 Betten) zwischen Annecy und La Clusaz, mit 3 „Ähren" ausgezeichnet, in einem charaktervollen Bau aus den 1920er Jahren, mit Gruppen- oder Familienzimmern. Küchennutzung, oder Halbpension auf Wunsch. 22 bis 40 € pro Person und Nacht, einschl. Frühstück. Route de Paradis, ✆ (00 33) 450 02 01 00.

HABÈRE-LULLIN
Aux Touristes - In dem Weiler Pessey zwischen Annemasse und Thonon empfangen Sie Éric und Joël (beide Motorradfahrer) auf ein Gläschen, zum Essen (ab 12 €) oder zum Übernachten (Zimmer: 50 €). ✆ (00 33) 450 39 50 42.

ATTRAKTIONEN

TRINKHALLE VON CACHAT IN ÉVIAN

19 rue Nationale - von Mitte Juni bis Mitte Sept. 10.30-12.30 Uhr u. 15.00-19.00 Uhr, von Anf. Mai bis Mitte Juni und von Mitte bis Ende Sept. 14.30-18.30 Uhr - Eintritt frei. Der Pavillon aus Holz und Glas im Jugendstil beherbergt den Sitz der Société des eaux minérales d'Évian. Im Foyer gibt es Ausstellungen und Informationen über das Mineralwasser von Évian und die Thermalbäder.

MUSÉE FAURE IN AIX-LES-BAINS

Sammlung mit impressionistischen Gemälden und Skulpturen von Carpeaux und Rodin. Eintritt 4,70 €, 10.00-12.00 Uhr und 13.30-18.00 Uhr, dienstags geschlossen. Vom 1. November bis Ende Februar montags und dienstags geschlossen.

SCHLOSS UND ARBORETUM VON RIPAILLE

Führung durch das Schloss: 6 €, etwa 1h, letzte Führung 16.00 Uhr (im Sommer 16.45 Uhr). Von November bis Januar geschlossen. Eintritt ins Arboretum frei; montags und im Dezember geschlossen, von Mai bis September 10.00-19.00 Uhr geöffnet.

ESSEN

Ferrières - Ferme auberge. 800 route des Burnets, 7 km nordwestlich von Annecy über die D 1201 und die D 172 - (00 33) 450 22 04 00 - Mittwochs geschlossen - Rechnen Sie mit 12 bis 35 €. Schöne Aussicht von der Terrasse.

Sillingy - Le Moulin. 9 km nordwestlich von Annecy an der D 1508, 3058 route de Bellegarde - (00 33) 450 68 80 94 - Menüs: 12 bis 33 € - Sonntags und mittwochabends geschlossen. Das Lokal wird von einem Motorradfahrer geführt, originelle Küche mit Wok-Gerichten.

Thonon-les-Bains - Le Bétandi. 2 rue des Italiens - (00 33) 450 71 37 71. Savoyisches Ambiente in der Nähe des Stadtzentrums. Regionale Spezialitäten im Dekor eines alten Bauernhofs.

DIE SEEN DER SAVOIE

Umgebung von Annecy

km Par / Total	Image	Description	km Par / Total	Image	Description	km Par / Total	Image	Description
0,00 / 0,00	DEBUT	Annecy N201 - Avenue de Genève	0,39 / 49,07		Annemasse D2	1,09 / 95,69		Thonon-les-Bains D903 - Avenue des Allinges
0,13 / 0,13		Annecy N201 - Avenue de Genève	0,10 / 49,17		Annemasse N206	0,63 / 96,32		Thonon-les-Bains D903
1,37 / 1,50		Annecy	0,45 / 49,62		Annemasse N206 - Avenue de l'Europe	0,22 / 96,54		Thonon-les-Bains N5 - Boulevard du Pré-Cergues
1,06 / 2,56		Le Pont de Brogny N1201	0,94 / 50,56		Collonges N206 - Avenue de l'Europe	0,23 / 96,77		Thonon-les-Bains N5 - Boulevard du Canal
0,35 / 2,91		Le Pont de Brogny N201 - Route d'Annecy	0,66 / 51,22		Vétraz-Monthoux N206 - Avenue du Général Charles de Gaulle	2,12 / 98,89		Thonon-les-Bains N5
4,19 / 7,10		Les Diacquenods N201 - Route Impériale	0,97 / 52,19		Annemasse N206	3,62 / 102,51		Amphion-les-Bains N5 - Avenue de la Rive
9,30 / 16,40		Cruseilles D15 - Route des Dronières	0,09 / 52,28		Annemasse D907 - Route de Taninges	3,38 / 105,89		Evian-les-Bains N5 - Avenue Anna de Noailles
0,16 / 16,56		Cruseilles D41 - Route du Salève	4,86 / 57,14		La Bergue D907 - Route de Taninges	0,33 / 106,22		Evian-les-Bains N5 - Avenue du Général Dupas
1,96 / 18,52		L'Abergement D41	0,76 / 57,90		Bonne D907 - Avenue du Léman	1,14 / 107,36		Evian-les-Bains D24
14,09 / 32,61		La Croisette D41	3,21 / 61,11		Juffly D20 - Route de la Vallée Verte	1,32 / 108,68		Neuvecelle D24 - Avenue d'Abondance
5,66 / 38,27		Pas de l'Echelle D41 - Route des Trois Lacs Les Treize Arbres	7,44 / 68,55		Boëge D22 - Rue de la Menoge	0,58 / 109,26		Neuvecelle D21 - Avenue de Milly
7,05 / 45,32		Mornex D41	0,29 / 68,84		Boëge	3,12 / 112,38		Evian-les-Bains D21 - Route de la Corniche
0,34 / 45,66		Mornex D15 - Route du Salève	4,77 / 73,61		Habère-Lullin D12	3,62 / 116,00		Saint-Paul-en-Chablais D21
2,90 / 48,56		Etrembières D2 - Route de la Libération	2,71 / 76,32		Habère-Poche D12	1,64 / 117,64		Lyonnet D21
0,12 / 48,68		Etrembières D2 - Route de la Libération	18,28 / 94,80		Thonon-les-Bains D12 - Avenue de la Dame	2,24 / 119,88		Vinzier D32

Roadbook zum Herunterladen und Ausdrucken im A4-Format (140 %) bei ViaMichelin

km Par / Total	Description	km Par / Total	Description	km Par / Total	Description
2,01 / 121,89	Chez-Bochet D32	0,19 / 177,67	Samoëns D907	3,92 / 228,29	Le Villaret D12
4,08 / 125,97	Le Fion D22	0,11 / 177,78	Samoëns D907	1,02 / 229,31	Le Villaret D4
4,77 / 130,74	La Solitude D32	10,79 / 188,57	Taninges	0,89 / 230,20	Saint-Jean-de-Sixt D909
9,94 / 140,68	Le Biot D332	1,94 / 190,51	Cellières D902	7,28 / 237,48	Thônes D12
1,33 / 142,01	Seytroux D902	3,08 / 193,59	Pressy D6	1,07 / 238,55	Thônes D12 - Rue Jean-Jacques Rousseau
1,31 / 143,32	Bas-Thex D902	4,92 / 198,51	Marignier D26 - Avenue du Vieux Pont	9,66 / 248,21	Serraval D12
5,41 / 148,73	Essert-Romand D902	0,22 / 198,73	Marignier D19 - Avenue du Pont Neuf	7,33 / 255,54	Saint-Ferréol D12 - Route de Faverges
0,55 / 149,28	Montriond D902	0,53 / 199,26	Marignier D19 - Avenue de la Plaine	1,36 / 256,90	Viuz
1,36 / 150,64	Morzine D902 - Route des Grandes Alpes	6,71 / 205,97	Ayse D19	0,24 / 257,14	Viuz N508
0,80 / 151,44	Morzine D902 - Route des Grandes Alpes	0,70 / 206,67	Ayse N205 - Route de Cluses	1,92 / 259,06	La Balmette N508
0,74 / 152,18	Pied-de-la-Plagne D28 - Route de la Combe à Zore	1,36 / 208,03	Bonneville N205 - Avenue Charles de Gaulle	1,44 / 260,50	Vesonne D42 - Route de Montmin
1,13 / 153,31	Morzine D28 - Avenue de Joux Plane	0,53 / 208,56	Bonneville N203 - Avenue des Glières	0,73 / 261,23	Vesonne D42 - Route de Montmin
0,63 / 153,94	Morzine D354 - Avenue de Joux Plane	0,74 / 209,30	Saint-Pierre-en-Faucigny D12 - Avenue des Digues	5,48 / 266,71	Montmin D42
20,83 / 174,77	Chantemerle D354	2,77 / 212,07	Saint-Pierre-en-Faucigny D12 - Route des Gorges du Borne	0,68 / 267,39	Montmin D42
2,71 / 177,48	Samoëns Place du Gros Tilleul	12,30 / 224,37	Entremont D12	4,68 / 272,07	Rovagny D42

DIE SEEN DER SAVOIE

141

TRIPY GPS+ DIGITAL ROAD BOOK www.tripy.fr

14 DIE SEEN DER SAVOIE

Umgebung von Annecy

km Par / Total	Image	Description	km Par / Total	Image	Description	km Par / Total	Image	Description
2,95 / 275,02	D42 (91.)	Ermitage Saint-Germain D42	3,86 / 336,81	D911 (106.)	Grésy-sur-Aix D911 - Route des Bauges	0,24 / 384,32	D16 (121.)	Rumilly D16
2,49 / 277,51	D909a (92.)	Talloires D909a	0,42 / 337,23	D911 (107.)	Grésy-sur-Aix D911 - Route des Bauges	4,41 / 388,73	D16 (122.)	Faramaz D16 - Route de Rumilly
1,65 / 279,16	D909a (93.)	Talloires D909a	0,58 / 337,81	N201 (108.)	Grésy-sur-Aix N201	7,15 / 395,88	D16 (123.)	Corbier D16 - Route des Creuses
6,74 / 285,90	N508 (94.)	Doussard N508 - Route d'Annecy	2,20 / 340,01	D991 (109.)	Aix-les-Bains D991 - Avenue du Grand Port	2,94 / 398,82	D16 (124.)	Cran-Gevrier D16 - Route des Creuses
6,42 / 292,32	N508 (95.)	Duingt N508 - Route d'Annecy	1,34 / 341,35	D991 (110.)	Aix-les-Bains D991 - Route de Saint-Innocent	1,19 / 400,01	D16 (125.)	Cran-Gevrier D16 - Route des Creuses
4,82 / 297,14	N508 (96.)	Cessenaz N508 - Route d'Albertville	1,01 / 342,36	D991 (111.)	Aix-les-Bains D991 - Boulevard Gaston Mollex	0,53 / 400,54	FIN (126.)	Cran-Gevrier D16 - Route des Creuses
2,06 / 299,20	D912 (97.)	Sévrier D912 - Route du Col de Leschaux	13,31 / 355,67	D991 (112.)	Chaudieu D991 - Route d'Aix			
10,21 / 309,41	D912 (98.)	La Touvière D912	1,07 / 356,74	D991 (113.)	Chindrieux D991 - Route d'Aix			
2,00 / 311,41	D912 (99.)	Leschaux D912	3,65 / 360,39	D991 (114.)	Saumont D991			
5,55 / 316,96	D912 (100.)	La Charniaz D912 Pont du Diable	3,37 / 363,76	D991 (115.)	Serrières-en-Chautagne D991			
0,58 / 317,54	D911 (101.)	La Charniaz D911	1,35 / 365,11	D991 (116.)	Mathy D991			
3,05 / 320,59	D911 (102.)	Allèves D911	4,10 / 369,21	D991 (117.)	Chateaufort D991 - Chemin de la Pêche			
4,88 / 325,47	D911 (103.)	La Tropaz D911 Pont de l'abîme	1,47 / 370,68	D14 (118.)	Chateaufort D14			
1,20 / 326,67	D911 (104.)	Cusy D911	5,00 / 375,68	D31 (119.)	Saint-André D31			
6,28 / 332,95	D911 (105.)	Epersy D911	8,40 / 384,08	D910 (120.)	Rumilly D910 - Boulevard Louis Dagand			

TRIPY GPS+ DIGITAL ROAD BOOK www.tripy.fr

Roadbook zum Herunterladen und Ausdrucken im A4-Format (140 %) bei ViaMichelin

NOTIZEN

Vercors
(Umgebung von Grenoble)

15

308 km

Der Vercors oberhalb von Grenoble ist das größte Naturschutzgebiet der Alpes du Nord. In dem riesigen, festungsgleichen Gebirgsmassiv trifft man auf eine friedliche und unberührte Naturlandschaft, in die man nur durch enge Schluchten mit steilen Felswänden gelangt. Die Landschaft erinnert im Norden an die unendlichen Wälder Kanadas, im Süden ist sie steppenartig.

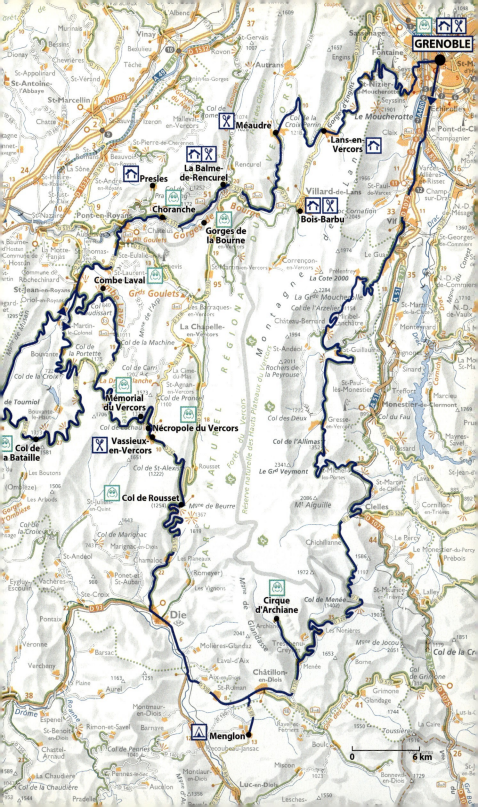

15 VERCORS

Umgebung von Grenoble

GRENOBLE > DIE

Von **Grenoble** aus geht es auf der D 1075 in Richtung Süden nach Le Pont-de-Claix und Vif. Auf der gesamten Strecke erhebt sich rechts das Gebirge rund um Villard-de-Lans. In Vif verlassen wir die Fernverkehrsstraße in Richtung Le Gua. Die D 8 und ihre Fortsetzungen führen durch abgelegene Dörfer im Schatten des Grand Veymont (2.341 m) und schließlich auf die N 75 zwischen Monestier-de-Clermont und Clelles. Dieser folgen wir etwa 8 km in Richtung Sisteron und Col de la Croix-Haute. Dann geht es wieder auf kleineren Straßen nach Chichilianne und zum Col de Menée, dem ersten Etappenziel des Tages. Achtung, der Pass ist von Dezember bis März gesperrt, außerdem besteht ganzjährig Steinschlaggefahr. Vor dem Tunnel legen wir einen kurzen Zwischenstopp ein, um die Aussicht auf die Alpen zu genießen. Ganz links ist der Mont Aiguille zu sehen, der lange Zeit als unbezwingbar galt. Nach dem Tunnel erblickt man im Süden das steil aufragende Glandasse-Gebirge (rechts).

In dem Ort Menée geht es rechts ab auf die D 224 Richtung Archiane. Am Ende der Straße erwartet uns der **Cirque d'Archiane**, ein eindrucksvoller Felskessel. In der Mitte befindet sich ein Felsvorsprung, der Jardin du Roi. Ein Besuch in Châtillon-en-Diois ist sehr zu empfehlen. Das kleine „botanische Dorf" ist von mehr als hundert Kletterpflanzen übersät und präsentiert sich vor allem im Frühjahr, Sommer und Spätherbst in blühender Pracht.

Weiter geht es auf der D 539 nach Pont-de-Quart und dann auf der D 93 nach Die. Hier sollte man noch einmal volltanken, da es entlang der Straßen des Vercors kaum Tankstellen gibt.

DIE > PONT-EN-ROYANS

Von Die geht es bergauf Richtung **Col de Rousset**, der bei Bikern sehr beliebt ist. Sie kommen von weither, um sich auf der kürzlich erneuerten 15 km langen Strecke so richtig in die Kurven zu legen. Mit dem Tunnel lässt man auch das trockene Klima des Drôme auf 500 m Höhe hinter sich. Weiter geht es in 1200 m Höhe im Dunst des Vercors mit seinen kühlen Ebenen und schattigen Wäldern. Kurz nach dem Tunnel lassen wir die Hochplateaus rechts liegen und fahren links zum Wald von Lente, der bei **Vassieux-en-Vercors** beginnt. Hier stößt man auf die Spuren der französischen Widerstandskämpfer. Besuchen Sie unbedingt das Denkmal und die Nekropole, die an den 21. Juli 1944 erinnern.

Die Wiedereröffnung der Straße der Grands Goulets war bei Erscheinen dieses Führers noch nicht endgültig beschlossen. In jedem Fall geht es weiter über den **Combe Laval**, der ebenfalls sehr reizvoll ist. An der Kreuzung Trois Routes folgen wir der D 76 nach Lente. Kurz vor dem Dorf bildet sich nach starken Niederschlägen ein schöner Wasserfall, der direkt in einer Doline verschwindet. Weiter geht es durch den Wald. Achtung, hier kann es mitunter sehr kalt und feucht sein!

Der erste Stopp erfolgt am Col de la Machine, von dem aus man die gesamte Laval-Schlucht überblicken kann. Die Straße führt ab hier in 600 m Höhe oberhalb des Vallon

de Cholet dicht an den steilen Felswänden entlang und ist an einigen Stellen direkt aus dem Kalkstein gehauen. Fahren Sie vorsichtig, denn ein Sturz könnte hier verheerende Folgen haben… Einen sicheren Halt kann man beim Aussichtspunkt Gaudissart nach dem gleichnamigen Pass einlegen, wo die Straße oberhalb von Royans einmündet.

Am Ortseingang von St-Jean-en-Royans geht es links ab in Richtung Bouvante und Col de la Croix. Die kurvenreiche Straße führt bergauf durch die Tunnel des Pionnier bis zur D 199. Biegen Sie rechts ab und schon sind Sie auf der Straße, die über den **Col de la Bataille** führt. Die folgenden 15 km lassen jedes Biker-Herz höher schlagen, sind aber leider von Mitte November bis Mitte Mai wegen des Wetters häufig für den Verkehr gesperrt. In der restlichen Zeit führt die Strecke über eine kurvenreiche, in den Fels gehauene Straße oberhalb des Cirque de Bouvante mit seinem See. Dicht hintereinander liegen drei Aussichtspunkte, an denen man das Panorama genießen kann. Der Pass führt durch einen Tunnel, nach dem die Straße Richtung Léoncel abfällt. Am Ortseingang biegen Sie rechts ab und folgen der schmalen Straße durch den Wald und über den schattigen Hang entlang eine Flusses nach St-Jean. Hier kann man schnell ins Rutschen kommen! Also genießen Sie dieses hübsche schnurrgerade Sträßchen lieber in langsamem Tempo, bevor es in Serpentinen nach St-Jean-en-Royans geht.

PONT-EN-ROYANS > GRENOBLE

Die kurze Strecke nach Pont-en-Royans führt über St-Laurent und Ste-Eulalie bis zur Einmündung der Route des Goulets. Der Ort Pont-en-Royans war lange Zeit der einzige Pass, über den die Bewohner des Vercors die Bourne-Schlucht überqueren und in die Ebenen von Royans gelangen konnten.

Der Ort bildet auch den Eingang zu den Gorges de la Bourne, einer der schönsten Routen des gesamten Gebirgsmassivs. Achtung: Im Sommer ist die Straße sehr stark befahren und es bilden sich oft Staus.

Zwischen Pont-en-Royans und Choranche führt die D 531 in eine tiefe Schlucht und steigt dann wieder aus dem Tal hinauf. Hinter **Choranche** und den Grotten steigt das Tal an, und die Strecke führt über eine beeindruckende und kurvenreiche Straße. Sie durchquert alsbald das Bassin der **Balme** bis zum Beginn des Rencurel-Tals. Von dort aus geht die Route des Écouges, eine der schwindelerregendsten Straßen des Vercors, in Richtung Norden und Rencurel. Wir nehmen lieber den Engpass der Goule Noire nach Villard. In den Wäldern des gegenüberliegenden Hangs kann man den Grand Calvaire de Valchevrière ausmachen, der an die Kämpfe im Juli 1944 erinnert. Nach der Brücke Pont de Goule Noire verengt sich die Schlucht zu einer regelrechten Spalte. Achtung vor entgegenkommenden Wohnmobilen! Nach zwei Tunneln führt die Straße hinab nach Villard-de-Lans, dem touristischen Zentrum des Vercors.

Weiter geht es nach Sassenage. Dorthin gelangen Sie entweder durch die Gorges d'Engins, deren glatte Felswände zu beiden Seiten des grünen Furon-Tals aufragen, oder Sie folgen der Route über St-Nizier-du-Moucherotte. Die Straße bietet eine gute Aussicht auf die Schlucht Gorges du Bruyant, das Denkmal von Vercors und den Turm Sans Venin. Vom Fuß der Turmruine (15 Gehminuten hin und zurück) hat man Richtung Süden einen weiten Panoramablick auf das Alpental Trièves und das Massif du Dévoluy.

Am Ende der Straße erwartet Sie der Cirque d'Archiane, ein eindrucksvoller Felskessel

ÜBERNACHTEN

GRENOBLE
Hôtel-Restaurant Gambetta - Das 1924 eröffnete Hotel bietet erholsame Nächte in ruhigen, klimatisierten Zimmern sowie traditionelle Küche. Zimmer von 52 bis 72 €. 59 boulevard Gambetta, ✆ (00 33) 476 87 22 25.
Le Petit Paris - Das Hotel liegt im Stadtzentrum und ist ganzjährig geöffnet. Große Menüauswahl: Mittagsmenü 10,90 €; Abendmenü 29 € (abends Reservierung empfohlen). 2 cours Jean-Jaurès. ✆ (00 33) 476 46 00 51.

LANS-EN-VERCORS
Hôtel du Val Fleuri - 14 Zimmer von 55 bis 59 €. Hoteleigener Parkplatz. Geöffnet vom 20. Mai bis 20. Sept: und vom 20. Dez: bis 20. März. 730 avenue Léopold-Fabre, ✆ (00 33) 476 95 41 09.
Petite Ferme des Prés Verts - Chalets im finnischen Stil für fünf Personen: 95 €. Table d'hôte (Abendessen am Gasttisch): 12 bis 25 €. Etliche Gästezimmer. Beheiztes Schwimmbad im Sommer. 351 chemin de Prenay, ✆ (00 33) 476 95 40 60.

LA BALME-DE-RENCUREL
Hôtel-Restaurant de La Bourne – Das Hotel-Restaurant in der gleichnamigen Schlucht ist eine gute Adresse für Motorradfahrer: ganzjährig geöffnet, abgeschlossene Garage für 40 Motorräder, Preisnachlässe für Biker uvm. Wer nach dem Abendessen nicht mehr fahren will, mietet am besten gleich ein Zimmer. ✆ (00 33) 476 38 96 34.

PRESLES
Les Fauries - 2 km nördlich von Presles (oberhalb von Choranche-les-Bains). 4 ruhige Zimmer für 36 bis 65 €, Table d'hôte (Abendessen am Gasttisch): 18 €. ✆ (00 33) 476 36 10 50.

MENGLON
Camping de L'Hirondelle – Südlich von Châtillon-en-Diois, geöffnet von Ende April bis Mitte September. Platz: 29,70 €, Vermietung von Mobile Homes und Chalets. ✆ (00 33) 475 21 82 08.

ATTRAKTIONEN

NÉCROPOLE NATIONALE DU VERCORS
Die Gedenkstätte befindet sich 1 km nördlich von Vassieux und ist über die D 76 zu erreichen. Hier ruhen 193 Soldaten und Zivilisten, die bei den Kämpfen im Juli 1944 ums Leben kamen.

MÉMORIAL DE LA RÉSISTANCE
Am Col de Lachau, 3 km nordwestlich von Vassieux. Eintritt: 5 €. Öffnungszeiten: Mai bis Sept. - tägl. von 10.00 bis 18.00 Uhr; Okt. und Nov. von 10.00 bis 17.00 Uhr. Vom 12. Nov. bis zu den Weihnachtsferien geschlossen. Stätte zum Gedenken an den Widerstand. Moderne Gestaltung mit Filmen Audio-Berichten.

GROTTEN VON CHORANCHE
Unter den Felswänden, die den kleinen Ort überragen, verbergen sich knapp 30 km unterirdischer Galerien, an deren Ende sich die Grotte de Coufin befindet. Die Führung dauert eine Stunde und beginnt alle 30 Minuten (Eintritt: 9 €). Da die Temperatur in den Grotten während des ganzen Jahres unter 10°C liegt. Rechts vom Ausgang beginnt ein geowissenschaftlicher Lehrpfad (1 km hin und zurück). Informationen zu den Öffnungszeiten erhalten Sie unter www.grottes-de-choranche.com.

ESSEN

Vassieux-en-Vercors - Restaurant du Perce-Neige. (00 33) 475 48 28 37 - Menüs von 20 bis 33 €. Von Ende März bis Anfang April und vom 15. November bis 10. Dezember geschlossen. Das Restaurant liegt an der Strecke von La Chapelle-en-Vercors am Ortseingang von Vassieux. Trotz des modernen Äußeren bietet das Restaurant traditionelle regionale Spezialitäten sowie eine Santons-Ausstellung.
Bois-Barbu - Auberge des Montauds. (00 33) 476 95 17 25 - Menüs von 19 bis 30 €. Von Mitte April bis 1. Mai geschlossen. Die Auberge des Montauds ist nicht zu übersehen, da sie direkt an der Straße auf den Höhen von Villard-de-Lans liegt. Traditionelle alpine Küche, die am Kamin oder auf der Sommerterrasse serviert wird.

15 VERCORS

Umgebung von Grenoble

km Par / Total	Image	Description	km Par / Total	Image	Description	km Par / Total	Image	Description
0,00 / 0,00	DEBUT N75	Grenoble N75 - Cours de la Libération et du Général de Gaulle	0,45 / 44,45	D8a	Maninaire D8a	0,21 / 130,21	D518	Die D518 - Route du Colonel de Rousset
6,27 / 6,27	N75	Le Pont-de-Claix N75 - Place du 8 Mai 1945	19,28 / 63,73	D247	Saint-Michel-les-Portes D247	20,15 / 150,36	D518	Col de Rousset D518
2,38 / 8,65	N75	Varces-Allières-et-Risset N75	1,72 / 65,45	E712	Savouraires E712	0,77 / 151,13	D76	Col de Rousset D76
1,41 / 10,06	N75	Varces-Allières-et-Risset N75 - Avenue Joliot-Curie	8,08 / 73,53	D7	La Gare D7	7,59 / 158,72	D76	Vassieux-en-Vercors D76 - Avenue du Mémorial
2,34 / 12,40	N75	Reymure N75	21,27 / 94,80	D120	Les Nonières D120	1,02 / 159,74	D76	Vassieux-en-Vercors D76 Nécropole du Vercors
2,27 / 14,67	N75	Vif N75 - Rue Champollion	6,42 / 101,22	D120	Menée D120 Cirque d'Archiane	3,24 / 162,98	D76	La Mure D76 Mémorial du Vercors Col de la Chau
0,77 / 15,44	D8	Vif D8 - Avenue du Général de Gaulle	5,70 / 106,92	D539	Châtillon-en-Diois D539 - Rue du Reclus	2,78 / 165,76	D76	Font-d'Urle D76
2,84 / 18,28	D8	Le Genevray D8	1,85 / 108,77	D69	Châtillon-en-Diois D69	7,28 / 173,04	D76	Lente D76
4,28 / 22,56	D8b	Saint-Barthélémy D8b	3,58 / 112,35	D69	Les Tonnons D69 Menglon	10,33 / 183,37	D76	Saint-Laurent-en-Royans D76 Combe Laval
11,94 / 34,50	D242	Château-Bernard D242	3,58 / 115,93	D539	Châtillon-en-Diois D539	6,71 / 190,08	Long + 56 km Court WP50 WP41	Saint-Jean-en-Royans Rue de la Paix RAZ
2,62 / 37,12	D242b	Le Combe D242b	6,69 / 122,62	D93	La Salle D93 - Pont de Quart	0,21 / 0,21	D70	Saint-Jean-en-Royans D70 - Avenue de Provence
1,14 / 38,26	D242a	Saint-Andéol D242a	5,06 / 127,68	D238	Die D238 - Avenue du Maréchal Leclerc	1,10 / 1,31	D70	Oriol-en-Royans D70
3,63 / 41,89	D8	Saint-Guillaume D8	1,44 / 129,12	D751	Die D751 - Boulevard Adolphe Ferrier	1,03 / 2,34	D70	Oriol-en-Royans D70
1,39 / 43,28		Maninaire D8	0,15 / 129,27	D93	Die D93	2,17 / 4,51	D70	Oriol-en-Royans D70
0,72 / 44,00	D8a	Maninaire D8a	0,73 / 130,00	D518	Die D518 - Route du Colonel de Rousset	1,42 / 5,93	D70	Saint-Martin-le-Colonel D70

TRIPY GPS+ DIGITAL ROAD BOOK www.tripy.fr

Roadbook zum Herunterladen und Ausdrucken im A4-Format (140 %) bei ViaMichelin

km Par / Total	Image	Description	km Par / Total	Image	Description	km Par / Total	Image	Description
11,34 / 17,27		Léoncel D199	0,48 / 91,18		Méaudre D106			
8,51 / 25,78		D199 Col de la Bataille	3,76 / 94,94		La Perrinière D106			
13,02 / 38,80		Bouvante D331	6,75 / 101,69		Lans-en-Vercors D106 - Avenue Léopold Fabre			
12,50 / 51,30		Saint-Martin-le-Colonel D131	0,72 / 102,41		Lans-en-Vercors D106 - Route de Saint-Nizier			
4,75 / 56,05		Saint-Jean-en-Royans D70 - Place de l'Eglise	18,29 / 120,34		Seyssins D106b - Route de Saint-Nizier			
0,17 / 56,22		Saint-Jean-en-Royans D54 - Avenue des Pionniers du Vercors	4,76 / 125,46		Seyssinet-Pariset D106g - Avenue du Général de Gaulle			
4,17 / 60,39		Saint-Laurent-en-Royans D54	0,36 / 125,82		Seyssinet-Pariset D106g - Avenue du Général de Gaulle			
2,59 / 62,98		Sainte-Eulalie-en-Royans D518	0,28 / 126,10		Seyssinet-Pariset D106g			
2,31 / 65,29		Pont-en-Royans D531	0,37 / 126,47		Seyssinet-Pariset N532 - Boulevard des Frères Désaire			
0,77 / 66,06		Pont-en-Royans D531	1,71 / 128,18		Grenoble Boulevard Joseph Vallier			
3,59 / 69,65		Choranche D531						
7,83 / 77,48		La Balme de Rencurel D531						
2,99 / 80,47		La Balme de Rencurel D531						
4,62 / 85,09		Les Jarrands D106 - Route de Méaudre						
5,61 / 90,70		Méaudre D106 - Avenue du Vercors						

15 VERCORS

Chartreuse
(Umgebung von Grenoble)

16

286 km

Unmittelbar nördlich von Grenoble, wo Alpen und Jura zusammentreffen, erstrecken sich die Bergketten, Anhöhen und Ebenen des Chartreuse-Massivs zwischen einem landwirtschaftlich genutzten Tal mit zwei Seen und unberührten Wäldern im Zentrum des Bergmassivs.

16 CHARTREUSE
Umgebung von Grenoble

GRENOBLE > LAC DE PALADRU

Das Gebirgsmassiv der Chartreuse ist von **Grenoble** aus gut zu erreichen. Bevor Sie Grenoble endgültig verlassen, sollten Sie das fantastische Bergpanorama genießen: die Hänge des Néron und des Saint-Eynard als Vorläufer der Chartreuse im Norden, die Steilhänge des Vercors und der Kamm des Moucherotte im Westen und schließlich die Silhouette des meist verschneiten Belledonne-Gebirges im Osten. Mehr über die Gebirge rings um die Stadt erfährt man bei einer Tour durch die Bastille. Ein Besuch der Altstadt rund um die Place Grenette und die Grande-Rue bis zum Ancien Palais du Parlement dauphinois lohnt sich ebenfalls.

Um Grenoble über den Col de Vence zu verlassen, fährt man in Richtung Saint-Pierre-de-Chartreuse. Zwischen dem kleinen Weiler Pillonières und Le Sappey-en-Chartreuse führt eine kleine Straße rechts ab zum Fort von Saint-Eynard. Von hier aus hat man eine schöne Rundumsicht auf Grenoble und auf die Ebene von Grésivaudan. Nun geht es zurück auf die D 512, die von den Kalkhängen des Chamechaude überragt wird. Am Col de Porte beginnt die Route du désert. In dem kleinen Ort La Diat direkt vor Saint-Pierre-de-Chartreuse fahren Sie nach links zu den **Gorges du Guiers Mort**, die dicht bewachsen sind und über denen große Kalkfelsen aufragen. Etwas weiter erblickt man auf der rechten Seite La Correrie, ein Nebengebäude des Klosters La Grande Chartreuse, in dem das Museum zur Geschichte des Ordens und die Brennerei untergebracht sind. Der berühmte Likör wird inzwischen in Voiron hergestellt. Das Innere des Klosters ist für Besucher nicht zugänglich, doch man kann das Anwesen auf einer kurzen Wanderung (1,5 Std. hin und zurück) erkunden.

In etwa 2 km Entfernung führt der Pont Saint-Bruno in 42 m Höhe über den Guiers Mort. Weiter unten rauscht der Fluss tosend unter einem Gesteinsblock hindurch, der eine natürliche Brücke bildet und von einem provisorisch eingerichteten Aussichtspunkt aus gut zu sehen ist. Die Straße führt weiter über Fourvoirie, wo der Engpass einst den Eingang zur Wüste und das Ende der Klosterländereien markierte.

Hinter Saint-Laurent-du-Pont führt die D 520 durch den Engpass von Grand Crossey zu Füßen der steilen Felshänge, die 1.500 m neben der Straße emporragen. Bei Sonnenuntergang ist der Anblick besonders idyllisch.

LAC DE PALADRU > ST-GENIX-SUR-GUIERS

Direkt hinter La Croix Bayard liegt die Stadt Voiron, das „Tor zur Chartreuse", wo der bekannte Kräuterlikör Chartreuse und Rossignol-Ski hergestellt werden.

Weiter geht es auf der D 520 Richtung **Charavines** und zum Lac de Paladru. Hier erreicht man die Hügel des Bas-Dauphiné, wo sich die Landschaft verändert. Der smaragdgrüne **Lac de Paladru** liegt in einer 390 ha großen Senke aus der Eiszeit. Am Seegibt es zwei bedeutende Ausgrabungsstätten, eine aus der Jungsteinzeit und eine aus dem Mittelalter. Letztere versank aufgrund eines plötzlichen Anstiegs

des Wasserpegels im Jahr 1000 im See und ist deshalb besonders gut erhalten.
Wenn Sie den See auf der D 50^D und der D 50 umrunden, können Sie seinen Anblick vor der Bergkulisse genießen und die zahlreichen Wasservögel beobachten.
Die D 17 schlängelt sich vom See weg durch die Landschaft der Dauphiné bis nach La Tour-du-Pin. Von dort geht es auf der D 16 weiter bis nach Morestel. Wenn man die Rhône überquert und Lhuis hinter sich gelassen hat, führt die Straße auf den Montagne de Tentanet. Bei der Abfahrt nach Ambléon bietet sich in der 3. Haarnadelkurve eine schöne Aussicht auf das Tal. Auf kleinen Landstraßen geht es weiter nach Belley. Von dort aus führt die D 992 die Rhône entlang, die hier in einer Schleife das Gebiet des Bas-Bugey umrundet.

ST-GENIX-SUR-GUIERS > GRENOBLE

Nachdem wir die Rhône ein weiteres Mal überquert haben, geht es weiter in Richtung Saint-Genix-sur-Guiers, einem alten Marktflecken an der Grenze zwischen dem Königreich Frankreich und der Grafschaft Savoyen und Grenzpunkt der Départements Ain, Isère und Savoie. Am Ortsausgang führt die D 916 wieder in das Chartreuse-Massiv, vorbei am Lac d'Aiguebelette.
Von Saint-Genix-sur-Guiers geht es auf der D 916 nach Novalaise. Die schöne Straße bietet viel Fahrspaß. In Novalaise-Lac biegen Sie links ab auf die D 921^D und umrunden den bis zu 71 m tiefen Lac d'Aiguebelette.
Leider ist der See kaum zugänglich, da sich ein Großteil des Ufers in Privatbesitz befindet. Zurück auf der D 921 geht es schon bald auf die D 203, auf der man nach wenigen Kilometern Saint-Béron erreicht. Von hier aus führt die D 1006 durch die Gorges de Chailles in die Stadt Les Échelles, durch der die Guiers fließt. Der Ort ist vor allem wegen seiner Grotten bekannt, die ihren Ruf der historischen ersten Verkehrsverbindungen verdanken, die hier gebaut wurden. Sie können einen Spaziergang auf der Voie Sarde machen, die 1720 als Verkehrsverbindung zwischen Chambéry und Frankreich angelegt wurde, und deren Verlauf bereits seit römischer Zeit besteht.
Hinter **Saint-Christophe-la-Grotte** und Saint-Christophe-sur-Guiers beginnen die **Gorges du Guiers Vif**. Die beste Aussicht hat man vom Aussichtspunkt am Pont Saint-Martin, der auf der Strecke zwischen den beiden Dörfern liegt. Am linken Ufer führt ein 150 m langer Weg hinauf zum Aussichtspunkt, der etwa dreißig Meter über dem Fluss thront. Ein Stück weiter, zwischen Berland und Saint-Pierre-d'Entremont sollten Sie einen Stopp beim Aussichtspunkt Pas du Frou einlegen. Die Straße schmiegt sich an eine steile, 150 m hohe Felswand.
Von Saint-Pierre-d'Entremont geht es über den Col du Cucheron und durch eine typische Alpenvorlandschaft, in deren Hintergrund der Gebirgsgrat der Lances de Malisard emporragt, nach Saint-Pierre-de-Chartreuse.
In dem kleinen Ort **Saint-Pierre-de-Chartreuse** biegen wir hier der ersten Möglichkeit links ab und folgen der kleinen Straße nach Perquelin. Dann geht es nach rechts Richtung Mollard-Bellet und Saint-Hugues-de-Chartreuse. Die von außen unscheinbar wirkende Kirche aus dem 19. Jh. verbirgt im Innern ein monumentales Werk sakraler Kunst. Der Künstler Arcabas schuf dieses Meisterwerk, das zu den wichtigsten Kunstwerken der Region zählt, zwischen 1953 und 1986. Ab hier wird die Straße noch schmaler und wartet mit einer Steigung von 16 % auf. Hinter dem Col du Coq geht es in angenehmen Serpentinen nach Saint-Ismer und in das Stadtgebiet von Grenoble. Dieser letzte Streckenabschnitt erfordert einiges Können. Vor allem im Winter, nachts und bei Regen sollte man hier sehr vorsichtig fahren.

> Weit unten rauscht der Fluss tosend vorbei

ÜBERNACHTEN

GRENOBLE
Hôtel Patinoires – Ruhige Unterkunft mit abgeriegeltem Parkplatz in der Nähe des Zentrums von Grenoble. 35 Zimmer von 49 bis 65 €. Frühstück 7 €. 12 rue Marie-Chamoux, ✆ (00 33) 476 44 43 65.

LAC DE PALADRU
Camping Le Calatrin – Besonders in der warmen Jahreszeit schöner Campingplatz am Lac de Paladru mit 60 terrassenförmig angelegten Plätzen. Preis pro Stellplatz: 18,50 €. Geöffnet von April bis September. ✆ (00 33) 476 32 37 48.

LE PIN
Les Balcons du Lac – Gästezimmer am Lac de Paladru. Das Haus verfügt über insgesamt 5 Zimmer ab 40 €. 145 chemin de Béluran, Vers-Ars, ✆ (00 33) 476 06 68 82.

SAINT-CHRISTOPHE-LA-GROTTE
La Ferme Bonne de la Grotte – Schöner, 200 Jahre alter Bauernhof mit sechs Gästezimmern von 71 bis 89 €. Table d'hôte (Abendessen am Gasttisch) mit regionalen Produkten. Am Fuße der Grottes des Échelles. ✆ (00 33) 479 36 59 05.

SAINT-PIERRE-DE-CHARTREUSE
Auberge du Cucheron – Das Gasthaus liegt hinter dem Col du Cucheron (3 km nördlich des Dorfes) und ist nicht zu verfehlen. Das Gasthaus wurde von einem jungen Paar übernommen und modernisiert. Serviert werden traditionelle Gerichte der Region. Mittagsmenü: 11 €, Abendmenüs von 18 bis 23 €. Sonntagabend und Mittwoch geschlossen. ✆ (00 33) 476 88 62 06.

Hôtel-Restaurant du Beau Site – Das Hotel-Restaurant mitten im Ortskern gegenüber der Kirche befindet sich seit vier Generationen im Besitz der Familie Sestier. Menüs von 16 bis 34 €. Zimmer von 61 bis 75 €. Im April und von Mitte Oktober bis Mitte Dezember geschlossen. ✆ (00 33) 476 88 61 34.

ATTRAKTIONEN

FORT DE LA BASTILLE IN GRENOBLE
Anfahrt mit dem Motorrad oder mit der Seilbahn (Fahrtdauer 6 min, Abfahrt alle 6 min., Ticket: 6,60 € Hin- und Rückfahrt). Im Januar geschlossen. Auf der Terrasse oberhalb des Restaurants befinden sich Orientierungstafeln für die Gegend.

MUSEUM LA GRANDE CHARTREUSE IN LA CORRERIE
Eintritt: 4 €. Geöffnet von April bis zu den Herbstferien und von Ostern bis September ohne Unterbrechung. Den Rest des Jahres geschlossen. Ansprechende und moderne Museumsgestaltung.

CAVES DE LA CHARTREUSE IN VOIRON
10 boulevard Edgar-Kofler. Gratisführungen (1h). Von Apr. bis Okt. tägl. von 9.00 bis11.30 Uhr und von 14.00 bis18.30 Uhr geöffnet. Likörverköstigung.

GROTTES DES ÉCHELLES
Führungen durch die Grotten (1,25 Stunden): 6,80 €. Fackelführungen jeden Donnerstag von Juli bis August. Geöffnet von Ostern bis Allerheiligen.

ESSEN

Grenoble - Au Coup de Torchon. 8 rue Dominique-Villars - ☎ (00 33) 476 63 20 58 - Menüs von 16 bis 22 € - Mittwochabend, Sonntag und Montag geschlossen. Sympathisches Restaurant mit marktfrischer Küche.

La Combe - Chez Michelon. 4 km nördlich von Aiguebelette am Seeufer gelegen. ☎ (00 33) 479 36 05 02. Montagabend und Dienstag geschlossen. Das Restaurant bietet eine gepflegte traditionelle Küche. Menüs von 21,50 bis 48 €.

Charavines - Les Bains. Südlich des Lac de Paladru, 345 rue Principale - ☎ (00 33) 476 06 60 20. Gemütliche, urige Einrichtung sowie traditionelle Küche und gebratene Fischspezialitäten. Menüs von 13 bis 35 €.

16 CHARTREUSE

Umgebung von Grenoble

km Par / Total	Image	Description	km Par / Total	Image	Description	km Par / Total	Image	Description
0,00 / 0,00	DEBUT 1.	Grenoble Rue Beaublache	1,95 / 52,69	D520 2 16.	Voiron D520 - Boulevard de Charavines	0,11 / 96,02	N6 31.	La Tour-du-Pin N6 - Rue Aristide Briand
0,29 / 0,29	2.	Grenoble D590 - Quai Stéphane Jay	0,72 / 53,41	D520 3 17.	Voiron D520 - Boulevard de Charavines	0,12 / 96,14	N516 32.	La Tour-du-Pin N516 - Boulevard Gambetta
0,79 / 1,08	3.	Grenoble D590 - Quai Claude Brosse	2,14 / 55,55	D520 1 18.	La Murette D520 - Route de la Gare	0,63 / 96,77	D16 33.	La Tour-du-Pin D16
0,37 / 1,45	4.	Grenoble Rue Masséna	2,82 / 58,37	D50 19.	Bonpertuis D50 - Route de Charavines	10,02 / 106,79	D16 34.	Saint-Sorlin-de-Morestel D16
0,22 / 1,67	D512 5.	Grenoble D512 - Quai Xavier Jouvin	5,75 / 64,12	D50d 20.	Charavines D50d - Avenue du Lac	1,76 / 108,55	D16 2 35.	Vézeronce-Curtin D16 - Rue des Vieux Métiers
1,04 / 2,71	D512 6.	La Tronche D512 - Route de la Chartreuse	0,53 / 64,65	D50 2 21.	Charavines D50 - Route de Bilieu	2,38 / 110,93	N75 36.	Morestel N75 - Route de Grenoble
6,59 / 9,30	D512 7.	Pillonnières D512	1,01 / 65,66	D90 22.	Colletière D90	0,11 / 111,04	D33 1 37.	Morestel D33 - Route d'Argent
5,92 / 15,22	D512 8.	Sarcenas D512	5,90 / 71,56	D50 23.	Paladru D50	0,76 / 111,80	D60a 38.	Morestel D60a
6,93 / 22,15	9.	Cherlieu D512	5,08 / 76,64	D17 1 24.	Le Pin D17 - Route des Moulins	4,86 / 116,66	39.	Brangues
3,67 / 25,82	D520b 10.	La Diat D520b - Route du Désert	1,08 / 77,72	25.	Le Pin D17 - Route de Virieu	2,86 / 119,52	D19 40.	Le Port de Groslés D19
2,55 / 28,37	D520b 11.	La Correrie D520b - Route du Désert	1,21 / 78,93	D17 26.	La Cua D17 - Route de Virieu	1,05 / 120,57	D79 41.	Tours D79
2,72 / 31,09	D520b 12.	D520b - Route de Fourvoirie Gorges du Guiers Mort	2,58 / 81,51	D17 27.	Virieu D17	3,64 / 124,21	D41 42.	Lhuis D41
4,55 / 35,64	D520 13.	Saint-Laurent-du-Pont D520 - Avenue Jean Jaurès	4,65 / 86,16	D17 28.	Panissage D17	0,59 / 124,80	D41 43.	Lhuis D41
9,66 / 45,30	D520 14.	Saint-Etienne-de-Crossey D520 - Route de Voiron	9,58 / 95,74	29.	La Tour-du-Pin Rue Pierre Durand	3,75 / 128,55	D41 44.	Lhuis D41
5,44 / 50,74	N75 15.	Voiron N75 - Avenue Raymond Tézier	0,17 / 95,91	N6 30.	La Tour-du-Pin N6 - Rue Aristide Briand	2,35 / 130,90	D41 45.	Saint-Martin-Boulogne D41

TRIPY — GPS+ DIGITAL ROAD BOOK — www.tripy.fr

Roadbook zum Herunterladen und Ausdrucken im A4-Format (140 %) bei ViaMichelin

km Par / Total	Image	Description	km Par / Total	Image	Description	km Par / Total	Image	Description
7,31 / 138,21	D24	Appregnin D24	5,14 / 192,10	D921	Novalaise D921 - Route du Lac	0,82 / 227,22	D46	Saint-Christophe-la-Grotte D46
5,80 / 144,01	D69	Conzieu D69	3,56 / 195,66	3	Novalaise-Lac D41	0,50 / 227,72	D46	Saint-Christophe-la-Grotte D46
5,44 / 149,45	D69	Arbignieu D69	0,59 / 196,25	D41 2	Novalaise-Lac D41	1,02 / 228,74	D520c	Saint-Christophe-sur-Guiers D520c
0,97 / 150,42	D69	Arbignieu D69	2,66 / 198,91	D41	La Combe D41	5,01 / 233,75	D520c	Corbel D520c Gorges du Guiers Vif
3,41 / 153,83	D992 1	Belley D992 - Avenue de Narvik	3,55 / 202,46	D921d	Aiguebelette-le-Lac D921d	4,55 / 238,30	D512	Saint-Pierre-d'Entremont D512
0,78 / 154,61	D992	Belley D992 - Avenue Hoff	2,88 / 205,34	D921d	Lépin-le-Lac D921d	10,34 / 248,64	2	Saint-Pierre-de-Chartreuse
0,34 / 154,95	D992 ?	Meuillens D992	0,98 / 206,32	D921d	Le Gué des Planches D921d - Route de Bellegarde	4,43 / 253,07		Brévardière
3,57 / 158,52	D992	Peyzieu D992	1,07 / 207,39	D921	Le Gué des Planches D921	13,86 / 266,93	D30e	Saint-Pancrasse D30e
12,11 / 170,63	D992	Gélignieux D992	0,09 / 207,48	D921e 4	Le Gué des Planches D921e	0,72 / 267,65	D30	Saint-Pancrasse D30
4,76 / 175,39	D40	Saint-Didier D40 - Route des Savoie	3,20 / 210,68	D203	La Bridoire D203	6,73 / 274,38	N90	Saint-Nazaire-les-Eymes N90 - Route de Chambéry
2,86 / 178,25	N516 2	Aoste N516 - Route de Saint-Genix	2,80 / 213,48	D203 2	Saint-Béron D203	0,31 / 274,69	N90 1	Saint-Nazaire-les-Eymes N90 - Route de Chambéry
0,26 / 178,51	N516 1	Saint-Genix-sur-Guiers N516	0,34 / 213,82	N6	Saint-Béron N6	6,89 / 281,58	4	Meylan N90 - Avenue de Verdun
0,16 / 178,67	N516	Saint-Genix-sur-Guiers N516 - Rue de la Bouverie	10,39 / 224,21	N6 3	Saint-Pierre-de-Genebroz N6	2,29 / 283,97	N90	La Tronche N90
1,11 / 179,78	D916	Truison D916	1,99 / 226,20	50m	Le Villard	2,73 / 286,60	FIN	Grenoble Rue Jean Bistési
7,18 / 186,96	D916	Sainte-Marie-d'Alvey D916	0,20 / 226,40		Saint-Christophe-la-Grotte			

16 CHARTREUSE

TRIPY GPS+ DIGITAL ROAD BOOK www.tripy.fr

Queyras
(Umgebung von Briançon)

17

198 km

Der Queyras gilt als Dach Europas. Ob Briançon, die höchstgelegene Stadt des europäischen Kontinents, St-Véran, das höchstgelegene Dorf, der Gipfel des Bonette mit der höchstgelegenen Teerstraße, oder der Col de l'Iseran, der höchste Pass – die Hautes-Alpes (dt. Hohe Alpen) werden ihrem Namen und ihrem Ruf als kurvenreiches Bikerparadies gerecht.

17 QUEYRAS

Umgebung von Briançon

BRIANÇON > GUILLESTRE

Die Stadt **Briançon** ist das Tor zum Queyras und die bedeutendste der Festungsanlagen, die Vauban in diesem Teil der Alpen errichtete. Die 14 wichtigsten Anlagen des Festungssystems zählen seit 2008 zum Weltkulturerbe der UNESCO. Im Becken von Briançon stoßen vier Täler aufeinander: das Guisane-Tal, das Clarée-, Durance- und Cerveyrette-Tal. Vauban sprach einst von „Bergen, die an die Wolken stoßen und Tälern die bis in die tiefsten Abgründe reichen". Die Oberstadt von Briançon hat sich in den engen Gassen ihr mittelalterliches Flair bewahrt. Folgen Sie den Hinweisschildern „Briançon-Vauban", schlendern Sie zu Fuß durch die beiden größten Straßen, die Grande-Gargouille und die Petite Gargouille. Die Straßen sind nach den Wasserrinnen benannt, die einst der Brandbekämpfung dienten. Sofern er für die Öffentlichkeit wieder zugänglich ist, lohnt sich auch ein Spaziergang auf dem Wehrgang. Über diesen können Sie die Terrasse der Festung erklimmen, wo Sie eine 9 m große Frankreich-Skulptur und eine Orientierungstafel vorfinden. Wir verlassen die Stadt in Richtung Col de l'Izoard (in den Wintermonaten gesperrt) auf der kurvenreichen Straße oberhalb der Schlucht der Cerveyrette. Hinter Cervières steigt die Straße immer steiler bis zum Col de l'Izoard an. Der Pass ist nach dem Col du Galibier der zweithöchste Punkt der Route des Grandes Alpes. Einige Gehminuten vom Pass entfernt stehen Tafeln mit Informationen zu den umliegenden Bergen. Die Abfahrt in die Casse Déserte bildet einen starken Kontrast zu den grünen Wäldern des Briançonnais. Es ist eine unwirkliche, karge Landschaft aus Felsbrocken und Geröll, in der nur ein paar Kiefern wachsen. Die wilde Schönheit dieser Gegend ist unbeschreiblich.

Nach **Arvieux** erreichen Sie das Tal des Queyras. Hier müssen Sie sich entscheiden: links oder rechts? Links geht es nach **Château-Queyras** mit der beeindruckenden Festung auf der Spitze eines großen Felsens, der den Eingang zum Vallée de Guil versperrt. Der Straße bleibt an dieser Stelle nur ein schmaler Engpass. Im 10 km entfernten Vallée de l'Aigue Blanche liegt Saint-Véran, das höchstgelegene Dorf Europas (2.040 m). Jedes Jahr im Januar findet hier das Motorradtreffen „Moto des Marmottes" statt. St-Véran ist eines der schönsten Dörfer Frankreichs und lässt sich am besten zu Fuß erkunden.

Doch zurück zu unserer Kreuzung: Nach rechts geht es durch Tal des Queyras nach Guillestre. Nach den Tunneln am Ende des Tals bietet sich links auf einer Anhöhe mit Orientierungstafel ein schöner Blick auf Pied-la-Viste.

GUILLESTRE > EMBRUN

Nach einem kurzen Besuch des Wochenmarktes und des Portals von **Guillestre** geht es auf der Route des Grandes Alpes weiter in Richtung Vars. Nach zwei Kilometern auf der D 902 und 100 m vor dem kleinen Weiler Peyre-Haute befindet sich oben auf der linken Straßenböschung eine weitere Informationstafel. Von hier kann man die Aussicht auf Berge mit märchenhaften Namen genießen: Ailefroide (kalter Flügel), Pic Sans Nom (Gipfel ohne Namen)…

Von hier fahren Sie hinauf zum Col de Vars (der Pass ist von Dezember bis April zugeschneit). Da es hier nicht viel zu sehen gibt, geht es direkt weiter zur Napoléon-Schutzhütte in 2.109 m Höhe. Die Landschaft hier oben ist geprägt von kargem Grasland und Geröllfeldern. Dann heißt es Abschied nehmen vom Queyras. Auf der anderen Seite des Passes erwartet uns der Wildwasserfluss Ubaye.

Die angenehme Talfahrt nach Saint-Paul-sur-Ubaye führt über den kleinen Weiler Melezen. Kurz hinter der Siedlung hat man zur Linken eine fantastische Aussicht auf die Erdpyramiden Demoiselles Coiffées. Hierbei handelt es sich um Überreste eiszeitlicher Moränen, die durch eine Art steinernen Regenschirm vor der Erosion verschont geblieben sind. Vor der kleinen Brücke gibt es eine Parkmöglichkeit. Von dort aus gelangt man zu Fuß direkt zu den beeindruckenden Felsen.

Von Saint-Paul-sur-Ubaye aus lohnt sich ein kleiner Abstecher auf der D 25 (insgesamt 10 km) zu der einzigartigen Brücke **Pont du Châtelet**, die sich in schwindelerregenden 100 m Höhe über die Schlucht spannt.

Von Saint-Paul aus führt die Straße bergab nach Jausiers und kreuzt bei der Festung von Tournoux die D 900. Die Festung ist das Meisterwerk unter den Festungsanlagen des Tals von Barcelonnette. Von hier ist es nicht mehr weit bis nach Jausiers, dem Ausgangspunkt für den Aufstieg zum 2.860 m hohen Gipfel des Bonette-Restefond. Jausier ist außerdem der Geburtsort der Brüder Arnaud, die 1805 unter den ersten Bewohnern des Ubaye-Tals waren, die in die Vereinigten Staaten bzw. nach Mexiko auswanderten. Jausiers ist heute die Partnerstadt von Arnaudville in Louisiana. Im gesamten Tal stehen Villas der Auswanderer, die in Mexiko zu Reichtum kamen und dann in ihre Heimat zurückkehrten.

Die wilde Schönheit dieser Gegend ist unbeschreiblich

Auf der D 900 geht es weiter bis zum Ende des Tals. In **Barcelonnette** stehen zahlreiche „mexikanische" Villas, die nicht wirklich mexikanisch aussehen. Sie vereinen vielmehr eine Vielzahl unterschiedlicher architektonischer Elemente im italienischen, Tiroler, Barock- und Troubadour-Stil.

Hinter **Le Lauzet-Ubaye** fahren Sie Richtung Embrun zum Lac de Serre-Ponçon. Besonders Abenteuerlustige entscheiden sich an dieser Stelle für die kleine, sehr schmale und abschüssige D 7 nach Pontis. Alle anderen folgen der D 954 nach Sauze-du-Lac. Dies ist genau der richtige Ort für eine kurze Kaffeepause. Der Lac Serre-Ponçon ist mit einem Fassungsvermögen von 1.200 Millionen m³ Wasser der größte Stausee Europas.

EMBRUN > BRIANÇON

Etwas weiter in Richtung Embrun trifft man auf eine weitere Gruppe von Erdpyramiden, zu denen man über einen Weg durchs Unterholz gelangt (30 Min. hin und zurück). Anschließend geht es auf der N 94 zunächst nach Savines-le-Lac und dann weiter nach Embrun.

Embrun liegt auf einem Felsen oberhalb der Durance und ist schon von Weitem an der Kathedrale Notre-Dame-du-Réal zu erkennen. Sie ist ein beeindruckendes Beispiel lombardischer Baukunst. Die Altstadt von Embrun ist ebenfalls sehenswert. Weiter geht es auf der alten RN 94, die an der Durance entlang entspannt nach Briançon führt.

Dieser Streckenabschnitt ist im Sommer und an Wochenenden bei schönem Wetter stark befahren (und überwacht). Hinter L'Argentière-la-Bessée und die S-Kurve bietet sich der am linken Straßenrand gelegene Aussichtspunkt **Belvédère du Pelvoux** für eine letzte Rast an. Danach geht es wieder ins Stadtgebiet von Briançon.

ÜBERNACHTEN

VILLAR-SAINT-PANCRACE
La Riolette – Auf den Anhöhen von Briançon, in ländlicher Umgebung und doch nur wenige Minuten vom Stadtzentrum entfernt. 5 Gästezimmer von 41 bis 46 €; Table d'hôte (Abendessen am Gasttisch): 15 €. 38 rue du Mélezin, ☎ (00 33) 492 20 58 68.

ARVIEUX
La Borne Ensoleillée – In Arvieux La Chalp, von Izoard kommend vor dem Ort auf der linken Seite gelegen. Bar und Terrasse. Klassische Speisekarte und regionale Spezialitäten, vegetarische Menüs, auf Anfrage Gerichte ohne Schweinefleisch und allergene Zutaten. Menüs von 12 bis 22 €. Zimmer von 45 bis 77 €. Sauna, Spa, kostenfreie Garage mit Werkzeug. Von den Weihnachtsferien bis zum 31. März, vom 1. Mai bis 30. Sept. und in den Herbstferien geöffnet. ☎ (00 33) 492 46 72 89.

GUILLESTRE
Thierry Jouvenne bietet seinen Gästen sechs möblierte Apartments auf einem alten Bauernhof in La Combe mit Garten und Garage für Motorräder. 40 à 90 € pro Nacht. ☎ (00 33)492 45 00 61 oder (00 33) 626 83 24 95.

BARCELONNETTE
Au Bosquet – Vier Gästezimmer für 55 € pro Nacht. Von Anfang Nov. bis Ende Dez. geschlossen. 2 avenue Watton-de-Ferry, ☎ (00 33) 492 81 41 28.

LE LAUZET-UBAYE
La Lauzetane – Drei-Sterne-Hotel-Restaurant mit speziellen Angeboten für Motorradfahrer. Menüs von 11,50 bis 33 €. Zimmer von 65 bis 94 € pro Person mit Halbpension. Beheiztes Schwimmbad (von Mai bis Okt.). ☎ (00 33) 492 85 55 00.

BARATIER
Aux Peupliers - 2 km von Embrun, direkt südlich der N 94 Richtung Les Orres. Hier werden Sie von Françoise und Jacques begrüßt, die selbst Suzuki fahren. Menüs: 17 bis 39 €, Zimmer von 42 bis 65 €. Ort der Entspannung mit Schwimmbad, Sauna, Hammam und Spa. Abschließbare Garage. Das Restaurant ist von Dienstagmittag bis Freitag geschlossen, außer von Juli bis August und an Feiertagen.

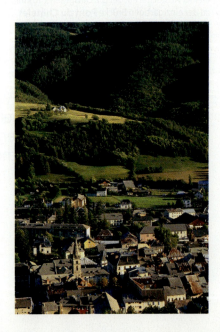

ATTRAKTIONEN

FORT DU CHÂTEAU DE BRIANÇON
Juli bis August: Informationen erhalten Besucher im Club du Vieux Manoir (www.clubduvieuxmanoir.asso.fr) - Mai bis Juni und Oktober: Führungen (1,5-2 Std.) auf Anfrage beim Service du Patrimoine - 5,50 €.

SOUM-MUSEUM IN SAINT-VÉRAN
Le Soum, quartier des Forannes - Juli-August: 9.30-18.30 Uhr; sonst auf Anfrage. Führungen möglich (Dauer: 1 Std., Anmeldung 3 Tage im Voraus, 3,80 €). Das Haus wurde 1641 gebaut und ist somit das Älteste im ganzen Dorf. Die Architektur ist typisch für den Queyras.

FORT QUEYRAS IM CHÂTEAU-QUEYRAS
Juli-Aug.: 9.00-19.00 Uhr; Mai-Juni und Sept.-Okt.: 10.30-17.30 Uhr. Führungen möglich (Jul.-Aug.) - 6,50 €. Hinter der Zugbrücke erwartet den Besucher ein unübersichtliches Gewirr an kleinen Gassen, Treppen, Kasematten und Bastionen. Ausgeschilderter Rundgang (kostenloser Übersichtsplan am Eingang erhältlich).

ESSEN

Briançon - Le Rustique. 36 rue du Pont-d'Asfeld - ☎ (00 33) 492 21 00 10 - Menüs: 25 bis 33 € - Von Mitte Juni bis Anfang Juli geschlossen. Das Restaurant mit der hübschen Fassade befindet sich in der Oberstadt und serviert Savoyische Spezialitäten.

Barcelonnette - **Le Gaudissart.** Place Aimé-Gassier, ☎ (00 33) 492 81 00 45. Ausgezeichnetes Preis-Leistungsverhältnis, weshalb zur Mittagszeit häufig alle Tische besetzt sind. Menüs von 15,50 bis 22 €. Parkplatz vor dem Restaurant. Montags außerhalb der Saison Ruhetag.

17 QUEYRAS

Umgebung von Briançon

km Par / Total	Image	Description	km Par / Total	Image	Description	km Par / Total	Image	Description
0,00 / 0,00	DÉBUT D902	Briançon D902 - Rue Centrale	1,85 / 120,89	D954	Le Lauzet-Ubaye D954			
0,24 / 0,24	D902	Briançon D902 - Rue Centrale	22,62 / 143,51	N94	Savines-le-Lac N94			
9,63 / 9,87	D902	Cervières D902	7,45 / 150,96	N94 2	Baratier N94			
19,60 / 29,47	D902	Arvieux D902	5,31 / 156,27	N94 1	La Pinée N94			
3,65 / 33,12	Queyras D902	Les Moulins D902 Château Queyras	12,92 / 169,19	N94 2	Les Isclasses N94			
11,59 / 44,71	D902	D902	0,55 / 169,74	N94	Mont-Dauphin N94			
4,32 / 49,03	D902a 2	Guillestre D902a	15,50 / 185,24	N94	L'Argentière-la-Bessée N94 - Avenue de la Libération			
0,58 / 49,61	D902 3	Guillestre D902	1,71 / 186,95	N94	Sainte-Marguerite N94 Belvédère du Pelvoux			
33,06 / 82,67	D900	Gleizolles D900	3,37 / 190,32	N94	Queyrières N94			
15,26 / 97,93		Barcelonnette Avenue de Berwick	6,97 / 197,29	N94 2	Chamandrin N94 - Route de Gap			
0,40 / 98,33		Barcelonnette	1,62 / 198,91	FIN	Briançon N94 - Route de Gap			
0,23 / 98,56		Barcelonnette Chemin des Colporteurs						
0,97 / 99,53	D900 2	Barcelonnette D900 - Chemin des Colporteurs						
1,06 / 100,59	D900 2	Saint-Pons D900						
18,45 / 119,04	D900	Le Lauzet-Ubaye D900						

TRIPY GPS+ DIGITAL ROAD BOOK www.tripy.fr

Roadbook zum Herunterladen und Ausdrucken im A4-Format (140 %) bei ViaMichelin

NOTIZEN

Dévoluy
(Umgebung von Gap)

18

350 km

Zwischen den atemberaubenden Gipfeln der Alpen und den wunderschönen Naturlandschaften der Verdon-Schlucht, des Bonette und der Provence bilden zwei weniger bekannte Regionen die die letzte Etappe der Route Napoléon zwischen Gap und Grenoble: Dévoluy und Trièves. Umgeben werden sie von zwei Gebirgsmassiven, dem Vercors- und dem Écrins-Massiv.

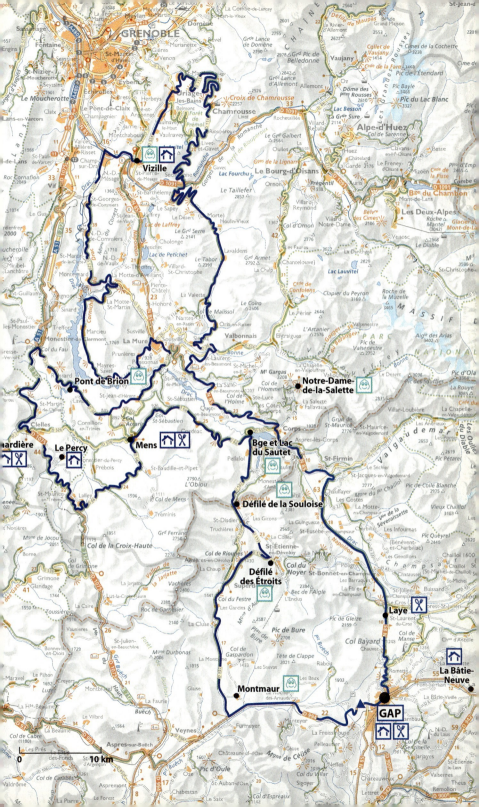

18 DÉVOLUY

Umgebung von Gap

GAP > BARRAGE DU SAUTET

Die Stadt **Gap** liegt in einem der weitesten Täler der Alpen. Wenn die hohen, schneebedeckten Gipfel der umliegenden Berge in der Sonne glitzern, scheint der bläuliche Horizont bis ins Unendliche in Richtung Provence zurückzuweichen. Die Hauptstadt der Südalpen wartet zwar nicht mit spektakulären Bauwerken auf, dafür versprüht die Altstadt mit ihren Gassen und bunten Häusern ein mediterranes Flair.

Für die beschriebene Tour verlässt man Gap auf der Straße nach Veynes. Am Ende des schnurgeraden Streckenabschnitts hinter dem Ort La Roche-des-Arnauds biegen Sie rechts ab nach **Montmaur** in Richtung „Stations du Dévoluy".

Das ursprüngliche und abgelegene Dévoluy-Massiv liegt zwischen dem Fluss Buëch und dem Champsaur-Tal. Das Massiv besteht aus vier Bergen mit schroffen Steilhängen. In sein geschütztes Tal gelangt man im Süden über einen Pass und im Norden durch einen schmalen Engpass. Zunächst geht es auf der D 937 über den Col du Festre zu Füßen des Aurouze, dann weiter in Richtung Superdévoluy über den Col de Rioupe, der eine beeindruckende Aussicht auf einen kargen Felsenkessel bietet. Etwas weiter, in der tief eingeschnittenen Schlucht **Défilé des Étroits**, rücken die Felswände dicht zusammen. Der Legende nach sprang einst ein junges Mädchen in einem Satz über die Schlucht, um ihrem Lehnsherrn zu entkommen, der sein Herrenrecht geltend machen wollte. Seither heißt der Ort „Saut de la Pucelle" (Jungfernsprung).

Von Saint-Étienne-en-Dévoluy geht es auf der D 117 in Richtung Saint-Disdier und durch die Schlucht **Défilé de la Soulouse**, die sich zwischen fantastischen Steilhängen aus Kalkgestein hindurch windet. Hinter dem Tunnel hat man eine schöne Aussicht auf die Schlucht, die Souloise und den fernen Lac du Sautet. Folgen Sie der Straße entlang des Sees und bewundern Sie hinter Pellafol den Felsvorsprung über dem kleinen Ort Ambel.

BARRAGE DU SAUTET > LA MURE

Weiter geht es über den Pont de Sautet, eine 86 m lange Betonbrücke in 160 m Höhe, zum Touristenbüro am Staudamm **Barrage du Sautet**. Der Damm ist 126 m hoch. Von hier aus fahren Sie weiter in Richtung **Mens**.

Nun kommen Sie in das Trièves-Tal. Es gleicht einem natürlichen Amphitheater und schmiegt sich an den Osthang des Vercors. Es geht weiter auf der D 66 nach Lalley, bis die Straße auf die große N 75 Richtung Croix-Haute trifft. Rechts ab geht es in Richtung Grenoble bis zum Col du Fau am Ortseingang von Monestier-de-Clermont. Von hier führt eine Straße über die erstaunlich leicht wirkende Hängebrücke **Pont de Brion** zurück nach Mens. Ursprünglich schwebte die Brücke in 126 m Höhe über den Gorges de l'Ébron. Doch seit flussabwärts der Staudamm von Monteynard gebaut wurde, ist der Flusspegel um 60 m angestiegen. Am Col des Accarias hat man eine weite Rundumsicht auf das Trièves und die umliegenden Gebirgskämme. Von hier aus fahren Sie weiter in Richtung La Mure und Pont de Ponsonnas.

LA MURE > VIZILLE

Am Südrand des Plateau Matheysine liegt der Ort La Mure, der über bedeutende Steinkohlevorkommen verfügt.
Wir verlassen den Ort auf der D 116 nach Prunières, St-Arey und auf die Corniche du Drac. Die Uferstraße bietet eine tolle Aussicht auf die Schlucht mit dem durch Staudämme gebändigten Fluss.
Hinter der ersten Staumauer in St-Pierre-de-Méaroz flussaufwärts (von La Mure kommend) kann man schon den Staudamm von Monteynard und das dahinter liegende Dorf Côtes sehen. Hier macht die Straße eine Biegung und führt in engen und spitzen Serpentinen nach Monteynard hinauf. Dort kommt man wieder auf die Corniche du Drac, die entlang des Flusses und der Eisenbahn verläuft. Bei Notre-Dame-de-Commiers befindet sich ein weiterer Staudamm. An dieser Stelle verläuft auch der 45. Breitengrad, d.h. Sie befinden sich hier genau in der Mitte zwischen Nordpol und Äquator.
Von hier geht es nun allmählich bergab nach Champ-sur-Drac. Es empfiehlt sich, oben herum durch das ehemalige Arbeiterviertel aus dem 20. Jh. und das alte Dorf zu fahren, um das eigentliche Stadtgebiet zu umgehen. Schließlich trifft die Straße auf die N 85 Richtung Vizille.

VIZILLE > GAP

Das Schloss des Konnetabel de Lesdiguières war bis 1972 Residenz der Präsidenten der Republik. Am 14. Juni 1788 fand hier die erste Versammlung der drei Stände statt, in deren Folge es zur französischen Revolution kam. Ohne das Schloss wäre die Stadt **Vizille** ein kleines unscheinbares Dorf und leicht zu übersehen. Es liegt auf dem Weg zum Thermalkurort Uriage-les-Bains in einem grünen Tal am Fuß des Belledonne, zum urigen Dorf Saint-Martin-d'Uriage und zum Wintersportzentrum Chamrousse, zu dessen höchsten Punkt (La Croix de Chamrousse) man mit einer Seilbahn gelangt.
Die Straße führt durch den Wald von Prémol und biegt am Lac Suitel nach Séchilienne ab. Der Moorsee Lac de Luitel ist das älteste Naturschutzgebiet Frankreichs.
Nach den Fabriken entlang der Romanche steigt die Straße auf der anderen Seite in Serpentinen wieder an. Auf dem Weg zum Col de la Morte auf der D 114 hat man auf Höhe der letzten Serpentine eine tolle Aussicht auf das fast 1.000 m weiter unten liegende Industriegebiet im Tal der Romanche zwischen dem Taillefer- und dem Belledonne-Massiv. Zwischen dem Col de la Morte und dem Col de Malissol führt die Straße durch das enge Roizonne-Tal.
Noch vor dem kleinen Ort La Valette biegt links eine kleine Straße in Richtung Les Eyverras ab, die hinunter nach Siévoz und zur N 85 führt. Auf dieser geht es weiter in Richtung Corps.
Die Kleinstadt ist die Hauptstadt des Beaumont und liegt wie auf einem Balkon oberhalb einer prächtigen Landschaft rund um den Staudamm von Sautet. Im Sommer ziehen viele Pilger auf ihrem Weg zur 15 km nördlich gelegenen Marienbasilika **Notre-Dame-de-la-Salette** durch die Stadt. (Im Winter kann die Straße gesperrt sein.) Seit 2001 findet an jedem ersten Wochenende im September eine Wallfahrt christlicher Motorradfahrer zu der Basilika in 1.770 m Höhe statt.
Der Rückweg nach Gap führt wieder über die Route Napoléon. Vom Col Bayard hat man eine wunderbare Aussicht auf das Tal. Rechts hinter dem Ortsausgang von Chauvet befindet sich eine Orientierungstafel. Die kurvenreiche Abfahrt macht Spaß und ist auch bei den Bikern aus der Region sehr beliebt.

> Die Stadt Gap liegt in einem der weitesten Täler der Alpen.

ÜBERNACHTEN

GAP
Le Clos – Das Hotel bietet funktionale Zimmer und einen geräumigen, rustikal eingerichteten Speisesaal mit angrenzender Veranda und Sommerterrasse. Zimmer von 49 bis 58 €. Menüs von 18 bis 31 €. Hoteleigener Parkplatz. 20 ter avenue du Commandant-Dumont, am Stadtrand von Gap. ✆ (00 33) 492 51 37 04.

MENS
Auberge de Mens – In der Auberge de Mens wird das Essen direkt neben dem Holzofen im kürzlich renovierten Speisesaal oder auf der schattigen Terrasse serviert. Die Zimmer sind sehr einladend und gut ausgestattet. Menüs: 18 bis 27 €. Zimmer ab 50 €. Im Januar geschlossen. An der Place du village, ✆ (00 33) 476 34 81 00.

CHICHILIANNE
Au Gai Soleil du Mont Aiguille – Das Hotel-Restaurant liegt 3 km nordwestlich von Chichilianne in dem kleinen Weiler La Richardière (am Ende der Straße). Gäste werden hier wie alte Bekannte empfangen. Von den Herbstferien bis zum 20. Dezember geschlossen. Menüs von 12,50 bis 26,50 €. Zimmer von 43 bis 100 €. Privatparkplatz. ✆ (00 33) 476 34 41 71.

LE PERCY
Gästezimmer Les Volets Bleus – Bauernhof aus dem 18. Jh. bei Les Blancs. Zimmer von 44 bis 54 € (inkl. Frühstück). Table d'hôte (Abendessen am Gasttisch :) 19 €. Von Okt. bis Apr. geschlossen. ✆ (00 33) 476 34 43 07.

VIZILLE
Hôtel Sandra – Das einfache und schlichte Hotel liegt in der Nähe des Schlosses. Zimmer: 30 bis 55 €. Privatparkplatz. 46 rue des Docteurs-Bonnardon, ✆ (00 33) 476 68 10 01.

LA BÂTIE-NEUVE
Gästezimmer La Pastorale – Haus mit Gästezimmern im kleinen Weiler Brés. Die Zimmer fügen sich in das unregelmäßige Mauerwerk des Gebäudes aus dem 16. Jh. ein. Zimmer für zwei Personen von 70 bis 85 €. Frühstück: 8 €. Von Nov. bis Mai geschlossen. ✆ (00 33) 492 50 28 40.

ATTRAKTIONEN

ESPACE JEAN-GIONO IN LALLEY

Das Dorf Lalley war der Heimatort der Malerin Édith Berger. Sie war mit Giono und Jules Flandrin befreundet, in deren Werken die Region lebendig wird. Dauerausstellung. Eintritt 1,50 €. Von Juli bis August dienstags, donnerstags und am Wochenende von 16.00 bis 19.00 Uhr geöffnet, im Juni und September freitags und samstags von 16.00 bis 18.00 Uhr.

SCHLOSS VON VIZILLE

Die Besichtigung des Schlosses dauert etwa 1,5 Stunden, der Eintritt ist frei. Täglich außer dienstags geöffnet; von April bis Oktober von 10.00 bis 12.30 Uhr und von 13.30 bis 18.00 Uhr, von November bis März bis 17.00 Uhr. Das Schloss beherbergt ein Museum zur Französischen Revolution und einen 100 ha großen Park mit frei laufenden Tieren.

NATURRESERVAT LAC LUITEL

Das Reservat ist ganzjährig geöffnet, das Besucherzentrum jedoch nur im Juli und August von 15.00 bis 18.00 Uhr. Führungen dauern 2 Stunden (4 €). Hunde dürfen nicht mitgenommen werden. Das Pflücken von Pflanzen ist verboten und die ausgeschilderten Wege dürfen nicht verlassen werden.

ESSEN

Gap - La Grangette. 1 avenue Foch, in der Nähe des Museums des Département - ✆ (00 33) 492 52 39 82. In dem schlichten, freundlichen Restaurant werden einfache, traditionelle Gerichte serviert. Menüs von 21 bis 30 €. Sonntagabend und Montag sowie in der zweiten Januar- und Julihälfte geschlossen.

Laye - La Laiterie du Col Bayard. Weiler Grands Prés - ✆ (00 33) 492 50 50 06. Die Laiterie du Col Bayard liegt abseits der Touristenstraßen und ist zugleich Käserestaurant, Bauernladen und Käserei. Menüs von 13,50 bis 37 €. Von Dienstagabend bis Donnerstag und montags geschlossen, außer in den Ferien und an Feiertagen. Betriebsurlaub von Mitte November bis Mitte Dezember.

18 DÉVOLUY

Umgebung von Gap

km Par / Total	Description	km Par / Total	Description	km Par / Total	Description
0,00 / 0,00	DEBUT D994 Gap D994 - Cours Ladoucette	0,51 / 81,06	D66 Mens D66 - Rue du Docteur Sénébier	1,19 / 154,77	N85 La Mure N85 - Rue des Fossés
0,13 / 0,13	D994 Gap D994 - Rue Faure du Serre	9,65 / 90,71	D66 Les Petits Moulins D66	0,11 / 154,88	N85 La Mure N85 - Rue du Breuil
0,54 / 0,67	D994 Gap D994 - Avenue Guillaume Farel	0,53 / 91,24	D66 Les Petits Moulins D66	0,63 / 155,51	La Mure
0,88 / 1,55	D994 Gap D994 - Avenue de Veynes	4,54 / 95,78	D66 Lalley D66	1,18 / 156,69	D116 La Mure D116
1,32 / 2,87	D994 Gap D994 - Avenue de Veynes	1,58 / 97,36	E712 Lalley E712	7,13 / 163,82	D116 Saint-Arey D116
5,89 / 8,76	D994 La Freissinouse D994	27,25 / 124,61	D34 Monestier-de-Clermont D34	14,79 / 178,61	D116 Les Côtes D116
13,04 / 21,80	D320 Furmeyer D320	7,77 / 132,38	D34 Villarnet D34 Pont de Brion	2,04 / 180,65	D116 Les Buttarias D116
0,49 / 22,29	D937 Montmaur D937	6,24 / 138,62	D34b Cornillon-en-Trièves D34b	1,45 / 182,10	D116 Les Buttarias D116 - Route du Grand Pré
15,71 / 38,00	D17 L'Adroit D17	0,11 / 138,73	D34 Le Grand Oriol D34c	0,77 / 182,87	D116 La Motte-d'Aveillans D116 - Route des Quatre Galeries
6,91 / 44,91	D117 Le Courtil D117 Défilé des Etroits	1,93 / 140,66	D526 Villars-de-Touage D526	15,84 / 198,71	D529 Les Biautes D529
4,96 / 49,87	D937 Saint-Disdier D937	4,58 / 145,24	D526 Saint-Jean-d'Hérans D526	4,40 / 203,11	D529 Les Chaberts D529
0,64 / 50,51	D937 Saint-Disdier D937 Défilé de la Souloise	1,03 / 146,27	D526 Les Rives D526	2,95 / 206,06	D5 Vizille D5 - Avenue Maurice Thorez
7,07 / 57,58	D537 Les Changeaux D537	3,67 / 149,94	D526 Ponsonnas D526	0,53 / 206,59	Vizille Rue du Colonel Manhès
3,75 / 61,33	D66 Les Moras D66 Barrage du Lac du Sautet	2,72 / 152,66	N85 Le Crozet N85	0,66 / 207,25	D5 Vizille D5 - Place de la Libération
19,22 / 80,55	D66 Mens D66 - Rue Louis Rippert	0,92 / 153,58	N85 Le Crozet N85 - Rue des Alpes	0,09 / 207,34	D524 Vizille D524

TRIPY GPS+ DIGITAL ROAD BOOK www.tripy.fr

Roadbook zum Herunterladen und Ausdrucken im A4-Format (140 %) bei ViaMichelin

km Par / Total	Image	Description	km Par / Total	Image	Description	km Par / Total	Image	Description
7,70 / 215,04		Uriage-les-Bains D524 - Avenue d'Uriage	0,31		Malbuisson D212b			
0,76 / 215,80		Uriage-les-Bains D524 - Avenue d'Uriage	4,27 / 295,10		Saint-Pierre-de-Méaroz N85			
0,46 / 216,26		Uriage-les-Bains D280 - Route d'Uriage	43,77 / 338,87		Laye N85			
2,20 / 218,46		Saint-Martin-d'Uriage D280 - Route d'Uriage	11,45 / 350,32		Gap N85 - Avenue du Commandant Dumont			
0,55 / 219,01		Saint-Martin-d'Uriage D111 - Route de Chamrousse	0,13 / 350,45		Gap N85 - Avenue du Commandant Dumont			
23,91 / 242,92		Montchauffrey						
5,46 / 248,38								
2,06 / 250,44		Le Grand Serre						
2,79 / 253,23		Séchilienne D113						
2,25 / 255,48		Saint-Barthélemy-de-Séchilienne D114						
15,61 / 271,09		Moulin Vieux D114						
8,56 / 279,65		La Valette D114a						
9,09 / 288,74		Siévoz D114a						
0,24 / 288,98		Siévoz D26						
1,54 / 290,52		Malbuisson D26a						

Route Napoléon
(von Grenoble nach Embrun)

140 km

Genießen Sie die Fahrt zur Côte d'Azur auf einer fantastischen Strecke durch die französische Alpenvorlandschaft, auf den Straßen der Alpes-de-Haute-Provence oder über andere Touristenrouten im Südosten Frankreichs.

19 ROUTE NAPOLÉON

Von Grenoble nach Embrun

GRENOBLE > GAP

Auf dieser Tour folgen Sie den Spuren Napoleon I. Im Jahr 1815 war die Strecke noch nicht befahrbar, sodass Napoleon die gut 300 km über Berg und Tal zu Fuß und zu Pferd zurücklegte. Die Strecke zwischen Grenoble und Gap ist weniger beschwerlich, aber von Gap nach Grasse führten vor 200 Jahren nur schmale Maultierpfade. Die Landschaft hat sich seitdem kaum verändert und ist nach wie vor wunderschön und sehr abwechslungsreich.

Die Tour beginnt auf der RN 85, die in Anlehnung an die nach Kaisern benannten Römerstraßen seit 1913 den Namen „Route Napoléon" trägt. Die Straße wurde 1932 auf der Prairie de la Rencontre in Laffrey eingeweiht. An dieser Stelle traf Napoleon am 7. März 1815 auf ein Bataillon Ludwig XVIII. Er lief mit auf die Männer zu und rief: „Soldaten, ich bin euer Kaiser. Wenn es einen unter euch gibt, der seinen Kaiser töten möchte - hier bin ich!" Nach einem Moment des Schweigens liefen die Soldaten Napoleon entgegen und riefen: „Es lebe der Kaiser!"

Auf den Denkmälern entlang der Strecke sind Adler mit ausgebreiteten Schwingen abgebildet, die an folgendes Zitat Napoleons erinnern: „Der Adler wird von Glockenturm zu Glockenturm bis zu den Türmen von Notre-Dame-de Paris fliegen." Entlang dem ersten Streckenabschnitt erblickt man außerdem zahlreiche bunte Holzfiguren, welche die Grognards, die treuen Soldaten aus der napoleonischen Garde, darstellen.

Vom Fort de la Bastille hat man die beste Sicht auf die außergewöhnliche Umgebung von Grenoble und die Stadt selbst: auf den Zusammenfluss von Isère und Drac, das Flusstal der Isère mit dem Casque de Néron zur Rechten und den Ausläufern des Vercors zur Linken. Durch die Pforte von Grésivaudan kann man bei klarem Wetter das Mont-Blanc-Massiv erspähen. Im Osten zeichnet sich die beeindruckende Silhouette des Beledonne-Gebirges vor dem Horizont ab, auf deren schattigen Gipfeln lange Schnee liegt.

Wir verlassen die Alpenstadt nach Süden über St-Martin-d'Hères in Richtung Vizille und machen uns an die Auffahrt nach **Laffrey**. Hinter dem Ort weisen zwei Denkmäler mit dem Kaiseradler den Weg zur Prairie de la Rencontre. Die Statue von Napoleon I zu Pferd ist von der Straße aus gut zu erkennen. In einiger Entfernung verläuft der 45. nördliche Breitengrad genau am südlichen Seeufer des Lac de Laffrey entlang. An dieser Stelle befindet man sich genau in der Mitte zwischen Nordpol und Äquator.

Die Route Napoléon führt weiter in großen Kurven nach La Mure und **Corps**. 15 km nördlich von Corps (die Straße kann im Winter gesperrt sein) thront die Basilika **Notre-Dame-de-la-Salette**, ein bedeutender Marienwallfahrtsort inmitten einer grandiosen Landschaft.

Von Corps nach La Salette-Village führt die Strecke durch das tiefe und kühle Vallée de la Sézia. Zwischen La Salette-Village und der Basilika steigt die Straße ziemlich steil in Richtung l'Obiou an. Neben dem Besuch der Basilika (ca. eine Stunde) bietet sich auch ein Spaziergang zur Anhöhe

mit dem Kreuz an, von der aus man eine tolle Aussicht hat. Dann geht es zurück nach Corps und weiter nach Gap.
Während der Abfahrt vom **Col Bayard** hat man einen unbeschreiblichen Ausblick auf eines der weitesten Alpentäler. Wenn die hohen, schneebedeckten Gipfel der umliegenden Berge in der Sonne glitzern, zieht sich der bläuliche Horizont bis ins Unendliche in Richtung Provence. Die Einkaufsstraßen, Plätze und bunten Häuser von Gap wirken geradezu mediterran, und die Bars rund um die Place Jean-Marcellin sind zu jeder Jahreszeit gut besucht, auch wenn die Stadt keine spektakulären Bauwerke vorweisen kann.

GAP > EMBRUN

Wir empfehlen, die Fahrt nicht auf der ursprünglichen Route Napoléon durch das Durance-Tal und Sisteron fortzusetzen, sondern eine alternative Strecke am Lac de Serre-Ponçon vorbei zu wählen. Verlassen Sie das Stadtzentrum von **Gap** in Richtung Sisteron und folgen Sie der Beschilderung Richtung Remollon und Barcelonnette. Die D900B führt am Staudamm **Barrage de Serre-Ponçon** vorbei. Der Damm besteht aus einem Erdwall mit einem Kern aus wasserdichtem Lehm und wurde nach amerikanischem Vorbild erbaut. Die Straße steigt nun an und gibt den Blick frei auf Europas größten Stausee. Der 1960 angelegte See ist mit 3.000 ha größer als der Lac d'Annecy. Im Maison des Énergies am Staudamm erfahren Besucher mehr über die Anlage, ihre Geschichte und Funktion. Im Kraftwerk werden jährlich bis zu 720 Millionen kWh erzeugt.
Wenn Sie es nicht eilig haben, bietet sich die Umrundung des Serre-Ponçon an. Die Straßen am See sind in hervorragendem Zustand. Immer wieder scheinen die Serpentinen vom Seeufer weg und in die Hügel zu führen, bis zur nächsten Kehre, die den Blick auf einen neuen Abschnitt des Sees und die Landschaft freigibt. Die Überquerung des Pont de Savines, der unmittelbar über der Wasseroberfläche verläuft, ist ein einmaliges Erlebnis. Die Kirche St-Florent (1962) in **Savines-le-Lac** verfügt über besonders hübsche Kirchenfenster und beherbergt das Kreuz aus der ursprünglichen Kirche, die vom Stausee überflutet wurde. Die Erdpyramiden (frz.: „Demoiselles coiffées") in **Théus** und **Pontis** lassen sich am besten zu Fuß erkunden. Hierbei handelt es sich um Überreste eiszeitlicher Moränen, die durch eine Art steinernen Regenschirm vor Erosion geschützt sind. Dieser Schirm presst die darunter liegenden Schichten fest zusammen und verleiht den Säulen Stabilität. Ohne ihn wären die Pyramiden dem Verfall geweiht. Die meisten Pyramiden findet man in Théus.
Es lohnt sich außerdem, die Aussichtspunkte am See anzufahren. Der Aussichtspunkt Ivan-Wilhem bietet einen besonders schönen Blick auf den See und die Landschaft. In dem kleinen Ort Sauze-du-Lac kann man von einer der Terrassen oberhalb der steilen Felswände die Aussicht auf den See und den Zusammenfluss der Durance und der Ubaye genießen. In einer Rechtskurve (auf Höhe eines Kreuzweges) eröffnet sich noch einmal eine weite Rundumsicht auf den See und die Ubaye. In der gegenüberliegenden Landschaft fallen die ausgewaschenen Steilhänge senkrecht ins Wasser ab und bilden tiefe Felsbuchten.
Diese erste Etappe auf der Route Napoléon endet in der Stadt **Embrun**, die wegen der vielen Sonnentage auch das „Nizza der Alpen" genannt wird. Die Kathedrale Notre-Dame-du-Réal verfügt über ein beeindruckendes Portal im lombardischen Stil und einen Kirchenschatz, der einst zu den wertvollsten in ganz Frankreich zählte, im 16. Jh. jedoch von den protestantischen Truppen des Herzogs von Lesdiguières geplündert wurde.

> Immer wieder scheinen die Serpentinen vom Seeufer weg und in die Hügel zu führen, bis zur nächsten Kehre

ÜBERNACHTEN

GRENOBLE
L'Institut – Freundliches, günstiges und gepflegtes Hotel mit funktionellen, gut ausgestatteten Zimmern (die Hälfte davon klimatisiert). Zimmer: 58/64 €. 10 rue Louis-Barbillon, ☎ (00 33) 476 46 36 44.

GAP
Le Pavillon-Carina – Der Hotelkomplex im Nordwesten der Stadt beherbergt zwei Hotels und ein Restaurant. Doppelzimmer: 40/76 €. Menüs für 21 und 31 €. 27 route de Chabanas, ☎ (00 33) 492 52 02 73, www.carina-hotel.com

EMBRUN
Hôtel de la Mairie – Hotel im Stadtzentrum mit 27 Zimmern für 52/72 €. Gebührenpflichtige Tiefgarage. Place Barthelon, ☎ (00 33) 492 43 20 65, www.hoteldelamairie.com

BARATIER
Les Peupliers – Außerhalb des Dorfes Baratier, nahe Embrun gelegen. 24 Zimmer für ein bis fünf Personen im provenzalischen oder alpinen Stil von 44 bis 68 € (Frühstück für 8 €). Menüs für 17/39 €. Freizeiteinrichtungen mit Sauna, Hammam und Spa. Chemin de Lesdier, ☎ (00 33) 492 43 03 47, hotel-les-peupliers.com

SAVINES-LE-LAC
Les Chaumettes – Das Hotel mit 10 Zimmern liegt am Ufer des Lac de Serre-Ponçon und wird von einer belgischen Familie geführt. Doppelzimmer: 45/65 €; Frühstück: 6,50 €/Pers. Motorradparkplatz. ☎ (00 33) 492 44 29 00, www.hotel-leschaumettes.eu

SAINT-VINCENT-LES-FORTS
Pension Rolland – Familienpension in einem renovierten ehemaligen Bauernhof im Chalet-Stil in l'Auchette, mit Swimmingpool, Jacuzzi, Sauna, Volleyball- und Boule-Platz, Minigolf, Tischtennisplatte, Billardtisch etc. 13 Zimmer à 58/65 €. Abgeschlossene Garage. ☎ (00 33) 492 85 50 14, www.hotel-rolland.eu

ATTRAKTIONEN

PANORAMABLICK VOM FORT DE LA BASTILLE
Ankunft per Seilbahn (Dauer 6 Min., Abfahrt alle 6 Min.). Parkmöglichkeiten an der Talstation. www.bastille-grenoble.com - Juli-Aug.: 9.15 (Mo 11.00)-0.15 Uhr; Juni: 9.15 (Mo 11.00)-23.45 Uhr, So 9.15-19.25 Uhr; Apr.-Mai und Okt.: 9.30 (Di 11.00)-23.45 Uhr, Mo 11.00-19.25 Uhr, So. 9.30-19.25 Uhr - Hin- und Rückfahrt: 6,10 €.

NOTRE-DAME-DE-LA-SALETTE
http://lasalette.cef.fr - Jan.-Nov.: ganztags geöffnet. Führungen werden angeboten.

LA MAISON DES ÉNERGIES À SERRE-PONÇON
www.ot-serreponcon.com - Anf. Juli bis Ende Aug. tägl. außer an Feiertagen morgens und nachmittags geöffnet. Eintritt frei.

MUSÉOSCOPE DU LAC
Belvédère de Serre-Ponçon - www.museoscope-du-lac.com - Geführte Besichtigung - 15. Juni-2. Juliwoche und letzte Augustwoche-15. Sept.: tägl. außer Di. 10.00, 11.00, 14.00, 15.00, 16.00, 17.00 Uhr; 2. Juliwoche-Ende 3. Augustwoche: 10.00, 11.00, 12.00 und von 13.30 bis 18.00 Uhr, alle 40 Min.; Rest des Jahres: auf Anfrage - 8,20 €.

ESSEN

Grenoble - Ciao a Te. 2 rue de la Paix - ☎ (00 33) 476 42 54 41 - In den Winterferien im Februar, 3 Wochen im August sowie sonntags und montags geschlossen. Ab 15 bis 30 €. In dem italienischen Restaurant mit der hölzernen Fassade und dem handgemalten Schild werden schnelle Gerichte und ausgezeichnete Pasta serviert.

Corps - Hôtel de la Poste. Place de la Mairie - ☎ (00 33) 476 30 00 03. Das Hotel-Restaurant von Christiane und Gilbert Delas (ehemaliger Koch auf dem Ozeandampfer France) befindet sich in der Nähe der Kirche Notre-Dame-de-la-Salette. Hier wird die französische Küche gepflegt und Motorradfahrer sind herzlich willkommen. Menüs von 23 bis 39 €.

Gap - Le Tourton des Alpes. 1 rue des Cordiers - ☎ (00 33) 492 53 90 91 - In der ersten Julihälfte geschlossen. Von 12 bis 21,70 €. Die Tourtons, eine Art gefüllter Berliner, sind hier besonders zu empfehlen.

19 ROUTE NAPOLÉON

Von Grenoble nach Embrun

km Par / Total	Image	Description	km Par / Total	Image	Description	km Par / Total	Image	Description
0,00 / 0,00	DEBUT	Grenoble - Avenue Marcelin Berthelot	0,11 / 36,32	N85	La Mure N85 - Rue des Alpes	0,29 / 129,10		Gap Rue du Pré de Foire
0,91 / 0,91		Grenoble Rue Paul Claudel	1,14 / 37,46	N85 2	Le Crozet N85	1,36 / 130,46	D990b	Gap Rue des Fusillés
0,54 / 1,45	D5	Grenoble D5 - Avenue Jean Perrot	0,97 / 38,43	N85	Le Crozet N85	0,81 / 131,27	D900b 2	Gap D900b - Route de la Luye
1,35 / 2,80	D5 2	Eybens D5 - Avenue Jean Jaurès	2,07 / 40,50	N85	Charlaix N85	8,57 / 139,84	D900b	La Roche D900b
1,58 / 4,38	D5	Eybens D5 - Avenue du Maquis de l'Oisans	5,88 / 46,38	N85	Les Egats N85	7,67 / 147,51	D53	Remollon D53
0,36 / 4,74	D5 3	Eybens D5 - Avenue des Maquis de l'Oisans	14,45 / 60,83	D212c	Corps D212c	1,25 / 148,76	D53	Théus D53
2,35 / 7,09	D5 2	Tavernolles D5	6,98 / 67,81		Saint-Julien	1,67 / 150,43		Théus D53
5,77 / 12,86	D5	Montchaboud D5 - Route de Brié-et-Angonnes	7,08 / 74,89		Les Abladins-N-D de la Salette	2,16 / 152,59	D53	Théus D53
2,20 / 15,06	D5	Vizille D5 - Rue Jean Jaurès	13,57 / 88,46	D212c	Corps D212c	0,45 / 153,04		
7,52 / 22,58		Laffrey N85	0,48 / 88,94		Corps N85	1,03 / 154,07		Théus Demoiselles coiffées
7,28 / 29,86	N85	Pierre-Châtel N85	23,81 / 112,75	N85 2	Les Baraques N85	2,18 / 156,25		Les Aymes
1,30 / 31,16	N85 2	Pierre-Châtel N85	7,19 / 119,94	N85	Chauvet Col Bayard	2,89 / 159,14		Les Aymes
1,67 / 32,83	N85 2	Susville N85 - Avenue du 22 Août 1944	3,48 / 123,42	N85	Les Bassets N85	1,05 / 160,19		La Faure
2,71 / 35,54	N85 3	La Mure N85 - Rue Jean Jaurès	4,48 / 127,90	N85 2	Gap N85 - Boulevard Pierre et Marie Curie	4,02 / 164,21		Théus Demoiselles coiffées
0,67 / 36,21	N85	La Mure N85 - Rue des Fossés	0,91 / 128,81	N85	Gap N85 - Boulevard Georges Pompidou	1,03 / 165,24		D53

TRIPY GPS+ DIGITAL ROAD BOOK www.tripy.fr

Roadbook zum Herunterladen und Ausdrucken im A4-Format (140 %) bei ViaMichelin

km Par / Total	Image	Description	km Par / Total	Image	Description	km Par / Total	Image	Description
2,60 / 167,84	46.	Théus D53	5,26 / 5,26	61.				Rousset
1,67 / 169,51	47.	Théus	0,56 / 5,82	62.				Rousset Barrage de Serre Ponçon RAZ
1,07 / 170,58	48.	Théus D900b	0,57 / 0,57	63.				Rousset D3
3,23 / 173,81	49.	Les Celliers D900b RAZ	11,56 / 12,13	64.				Chorges D203
6,89 / 6,89	50.	La Bréole D900b	0,35 / 12,48	65.				Chorges
7,84 / 14,73	51.	Saint-Vincent-les-Forts D900 St Vincent les Forts	10,96 / 23,44	66.				Savines-le-Lac N94
5,36 / 20,09	52.	Le Lauzet-Ubaye D954	7,45 / 30,89	67.				Baratier
15,58 / 35,67	53.	Pontis D954 Demoiselles Coiffées	0,92 / 31,81	68.				Embrun
2,72 / 38,39	54.	Lanthelme D954 Pontis	1,32 / 33,13	69.				Embrun Boulvard Pasteur
4,32 / 42,71	55.	Savines-le-Lac N94 RAZ						
10,73 / 10,73	56.	Chorges N94						
0,93 / 11,66	57.	Chorges D3 - Route Départementale des Moilettes						
7,26 / 18,92	58.	Le Fein D3						
4,81 / 23,73	59.	Rousset						
5,27 / 29,00	60.	Les Celliers D3 RAZ						

19 ROUTE NAPOLÉON (von Grenoble nach Embrun)

Route Napoléon
(von Embrun nach Grasse)

20

200 km

Der ursprünglichste Abschnitt der Route Napoléon führt von Embrun nach Grasse und zählt zu den schönsten Strecken in ganz Frankreich. Zudem bietet er die Gelegenheit, in Richtung Alpes du Sud bis an die Côte d'Azur zu fahren, bevor es zurück ins Hochgebirge geht.

20 ROUTE NAPOLÉON

Von Embrun nach Grasse

EMBRUN > CASTELLANE

Wir lassen **Embrun** und den See hinter uns und fahren durch das Blanche-Tal in die Voralpen von Digne. Hinter dem Dorf Seyne, das sich ganz der Maultierzucht verschrieben hat (am zweiten Samstag im August findet hier ein Maultierwettbewerb statt und am zweiten Samstag im Oktober ein Maultiermarkt), geht es über den **Col de Maure** in die Täler der Flüsse Bès und Blanche. Im Sommer trocknen beide Flusstäler aus und verwandeln sich in eine Wüstenlandschaft. Ein paar Kilometer weiter bereitet die Abfahrt vom **Col du Labouret** mit einigen Haarnadelkurven pures Fahrvergnügen. Vor oder nach einem Abstecher nach Digne-les-Bains führt eine Parallelstraße zur D 900B in das geologische Reservat Haute-Provence. Es ist das größte Reservat dieser Art in Europa und dient dem Schutz von Gestein, Fossilien und einer Landschaft, die Auskunft über 300 Millionen Jahre Erdgeschichte gibt („Vélodrome"). Hier stößt man auf fossile Pflanzenreste aus dem Paläozoikum und Spuren von Meeresströmungen.

Digne-les-Bains ist die Hauptstadt der „Lavendelalpen". Die Stadt liegt inmitten der blau schimmernden Berge und wird vom zauberhaften Lavendelduft durchweht. Wir verlassen sie in Richtung Châteauredon, Barrême und Nizza. Von Digne nach Châteauredon fahren Sie auf einer angenehm breiten Straße mit großen Kurven. Zwischen Châteauredon und Castellane hat der Fluss Asse de Blieux Pforten in das Felsgestein gewaschen. Dieser schöne Streckenabschnitt der Route Napoléon führt zu Beginn durch die Schlucht Clue de Chabrière und endet nach der Clue de Taulanne. Nach dem **Col des Leques** führt die D 4085 (ehemalige N 85) in sieben großen Serpentinen hinab nach **Castellane**.

Egal aus welcher Richtung man kommt, ob über die Route Napoléon oder aus dem Haut Verdon, der Anblick des winzigen Dorfes vor dem riesigen, steil aufragenden Felsen ist überwältigend! Das Dorf Castellane erstreckt sich in einem Talkessel rund um die Place Marcel-Sauvaire. Wer sich für einen Zwischenstopp in Castellane entscheidet, sollte sich den lebendigen Platz unbedingt anschauen. Der Platz mit den hübschen Arkaden, dem Springbrunnen und den Cafés ist das Zentrum des kleinen Ortes. Die Kapelle Notre-Dame-du-Roc bietet sich als Ziel eines kurzen Spaziergangs (30 Min. hin und zurück) an. Von hier aus hat man einen schönen Blick auf den gesamten Ort. Der Weg führt an den Ruinen des ehemaligen Markflecken Petra Castellana aus der Feudalzeit und an der Kirche St-André vorbei. Oben thront die Kapelle (1703) 180 m über dem Verdon. Nach dem Spaziergang geht es weiter in Richtung Grasse.

CASTELLANE > GRASSE

Nach knapp 20 km zweigt rechts eine Straße ab und lädt zu einem Besuch des 10 km entfernten Dorfes **Bargême** ein. Bargême liegt auf über 1.000 m Höhe und ist nicht nur der höchstgelegene Ort der Region Var, sondern auch eines der schönsten Dörfer Frankreichs. Die hohen weißen Türme der Schlossruine schimmern in der Sonne und sind schon

von weitem zu sehen. Die kleinen Straßen und Gassen hinter den Befestigungsmauern sind voller Atmosphäre, nicht zuletzt wegen der gelungenen Restaurierung.

Zurück auf der Route Napoléon folgen Sie den weiten Kurven des **Col de Valferrière** bis zum kleinen Weiler Escragnolles. Einige hundert Meter weiter führt eine Straße nach rechts zum Aussichtspunkt Baou Mourine. Auf dem Parkplatz von Colette kann man das Motorrad abstellen und dem rot gekennzeichneten Fußweg folgen (etwa 30 Min. für Hin- und Rückweg einplanen). Der Weg mündet auf einer Aussichtsterrasse, von der aus man den Blick auf das Siagne-Tal, den Golf von Napoule, das Esterel und das Maurenmassiv genießen kann.

Nach weiteren 12 km gelangt man zum **Pas de la Faye** auf 984 m Höhe, mit einem traumhaften Blick auf Grasse und den See St-Cassien im Westen sowie auf das Esterel-Gebirge, das Maurenmassiv, den Golf von Napoule und die Îles de Lérins im Süden.

Nach der Abfahrt erreichen Sie St-Vallier-de-Thiey. Die Säule mit der Büste Napoleons erinnert an den Durchmarsch des Kaisers am 2. März 1815. Damals war die Straße noch ein Maultierpfad. Am Ortseingang geht es rechts ab zum **Souteroscope de la Grotte de Baume Obscure**. Dieses unterirdische Höhlennetz wurde 1958 entdeckt. Der 700 m lange Rundweg führt 56 m in die Tiefe. Hinter einem langen Korridor liegen die neun aufeinanderfolgenden Höhlen mit riesigen Kuppeln, unzähligen dünnen Stalaktiten und kaskadenförmigen Sinterbecken.

Nach St-Vallier hat man vom **Col du Pilon** wieder einen sehr schönen Ausblick auf Grasse und das Mittelmeer. Von hier aus geht es vorbei an den hohen Mauern der Haftanstalt bis nach **Grasse**, der Welthauptstadt des Parfüms. Achtung, besonders in den Sommermonaten ist es schwierig, in der Stadt zu fahren. Es empfiehlt sich,

das Zentrum zu Fuß zu erkunden und dazu den in den Boden eingelassenen Wappen aus Messing des städtischen Rundwegs zu folgen (Dauer ca. 1,5 Std.). An zahlreichen Häuserfassaden sind Informationstafeln angebracht.

Die Häuser des alten Grasse leuchten in den Farben der untergehenden Sonne ocker, orange und gelb. Im historischen Stadtkern von Grasse zeugt rund ein Dutzend prachtvoller, mittelalterlicher Häuser von der Blütezeit der Stadt.

Die Parfümerien Fragonard, Galimard und Molinard bieten Besuchern kostenlose Führungen an, wobei unter der Woche weniger Andrang herrscht. In der entsprechenden Saison können auch die Blumenfelder von Fragonard und Molinard besichtigt werden.

Offiziell endet die Route Napoléon in Grasse, man kann den Spuren des Kaisers jedoch bis zum Schluss folgen. Nach etwa 20 ziemlich reizlosen Kilometern in Richtung Cannes gelangt man zum Strand von **Golfe-Juan** zwischen Antibes und Juan-les-Pins. Hier landeten am 1. März 1815 Napoleon und seine rund 1.100 Soldaten mit der *Inconstant* und einigen Segelschiffen nach seiner Rückkehr aus dem Exil auf Elba.

Auf dem Kai im Hafen erinnert ein Mosaik an dieses Ereignis und jedes Jahr wird die Landung nachgestellt. Von Golfe-Juan marschierte Napoleon mit seiner Truppe nach Cannes und weiter auf der Straße von Grasse über die Alpen in das Durance-Tal. Am 20. März 1815 marschierte er schließlich in Begleitung einer jubelnden Menschenmenge in die Tuilerien ein und übernahm die Macht.

Sie können Ihre Rundreise mit einer Fahrt um das Cap d'Antibes beschließen. Durch die Nutzung hat sich die Halbinsel im Süden von Antibes und Juan-les-Pins ausgedehnt. Die Straße, die um die Halbinsel herumführt ist sehr angenehm und führt vorbei an prachtvollen, malerisch gelegenen Villen und Hotels wie dem Eden Roc.

> Von Digne nach Châteauredon geht es auf einer angenehm breiten Straße mit großen Kurven

ÜBERNACHTEN

EMBRUN
Hôtel de la Mairie - Hotel im Stadtzentrum mit 27 Zimmern für 52/72 €. Kostenpflichtiges Parkhaus. Place Barthelon, ☏ (00 33) 492 43 20 65.

BARATIER
Les Peupliers - In der Nähe von Embrun, außerhalb des Ortes Baratier gelegen. 24 Zimmer für eine bis fünf Personen im provenzalischen oder alpinen Stil von 44 bis 68 € (Frühstück zzgl. 8 €). Menüs: 17/39 €. Wellness-Bereich mit Sauna, Hammam und Spa. Chemin de Lesdier, ☏ (00 33) 492 43 03 47, www.hotel-les-peupliers.com

SAVINES-LE-LAC
Les Chaumettes - Hotel unter der Leitung einer belgischen Familie mit zehn Zimmern am Ufer des Lac de Serre-Ponçon. Doppelzimmer: 45/65 €, mit Frühstück für 6,50 €/Pers. Motorradstellplatz. ☏ (00 33) 492 44 29 00 und www.hotel-leschaumettes.eu

SAINT-VINCENT-LES-FORTS
Pension Rolland - In Auchette, oberhalb des Lac de Serre-Ponçon gelegene Familienpension in einem ehemaligen im Chalet-Stil renovierten Bauernhaus mit Swimmingpool, Jacuzzi, Sauna, Volleyball- und Bouleplatz, Minigolf, Tischtennisplatte, Billard-Tisch uvm. 13 Zimmer: 58/65 €. Abgeschlossene Garage. ☏ (00 33) 492 85 50 14.

LE BAR-SUR-LOUP
Camping des Gorges du Loup – Diesen Campingplatz können Sie auch ohne eigenes Zelt ansteuern und wochenweise Wohnwagen, Mobile Homes oder ein Chalet mieten. 965 chemin des Vergers, ☏ (00 33) 493 42 45 06.

LE CANNET
Hôtel Thomas - Das Drei-Sterne-Hotel wird seit 1998 von dem niederländischen Ehepaar Debbie und Arnold Verhoeven geleitet. Motorradfahrer sind herzlich willkommen. Motorradführungen in der Umgebung werden angeboten. Doppelzimmer: 90 €. 19-23 route de Valbonne, ☏ (00 33) 493 69 80 70, www.hotelthomas.fr

GOLFE-JUAN
Hôtel Beau Soleil - Direkt am Strand von Golfe-Juan gelegenes Drei-Sterne-Hotel mit der Kennzeichnung „Logis Moto" mit 30 Zimmern (DZ von 70 bis 92 €). Impasse Beau-Soleil, ☏ (00 33) 493 63 63 63, www.hotel-beau-soleil.com

ATTRAKTIONEN

SOUTERROSCOPE DE LA GROTTE DE BAUME OBSCURE

Am südlichen Ortsrand von St-Vallier-de-Thiey in Richtung St-Cézaire rechts in die Straße am Friedhof einbiegen und den Hinweisschildern „Grotte Baume Obscure", dann der unbefestigten Straße hinter dem Friedhof folgen. Nach etwa 2 km erreicht man automatisch den großen Parkplatz bei der Grotte. Schuhe mit rutschfesten Sohlen und warme Kleidung erforderlich - Juni-Sept.: 10.00-18.00 Uhr; Feb.-Mai und Okt.-Dez.: tägl. außer montags von 10.00-17.00 Uhr - im Jan. geschlossen - 7,65 €.

MUSEUM/ RUNDWANDERUNG IM RÉSERVE GÉOLOGIQUE DE HAUTE-PROVENCE

Digne-les-Bains. Apr.-Okt.: vorm. und nachm. - an Feiertagen sowie vom 25 Dez.-1. Jan. geschlossen - 4,60 €.

PARFÜMERIEN IN GRASSE:

FRAGONARD - LA FABRIQUE DES FLEURS

Route de Cannes - www.fragonard.com - Feb.-Okt.: 9.00-18.30 Uhr; Rest des Jahres: 9.00-12.30 Uhr und 14.00-18.00 Uhr.

GALIMARD - STUDIO DES FRAGRANCES

5 route de Pégomas - www.galimard.com - tägl. auf Anfr. Führungen 10.00, 14.00, 16.00 - an Feiertagen geschlossen, außer von Anf. Mai bis Ende Sept.

ESSEN

Digne-les-Bains - L'Étable. 1 rue de l'Hubac - ☎ (00 33) 492 36 10 20 - 2 Wochen im Mai, 3 Wochen im Nov., Sonntagabend und Montag, außer vom 15. Juli bis 15. Sept. geschlossen - Mittagsmenü: 12,50 € - Menüs: 20,50/24,50 €. Der freundliche Speisesaal ist mit einem Futtertrog und hübschen gelb-blauen Tischdecken und Gardinen dekoriert. Für die provenzalisch angehauchten Gerichte werden nur erstklassige Zutaten verwendet.

Castellane - La Main à la Pâte. 5 rue de la Fontaine - ☎ (00 33) 492 83 61 16 - im Winter zwei Monate geschlossen - 9/23 €. Das Restaurant in der Altstadt serviert Salate und Pizza.

Grasse - Café des Musées. 1 rue Ossola - ☎ (00 33) 492 60 99 00 - abends geschlossen - 15/20 €. Kleine Terrasse am Ausgang des Internationalen Parfümmuseums in einer schattigen Weinlaube. Ideal fürs Mittagsessen oder den kleinen Hunger zwischendurch. Tagesgerichte, reichhaltige Salate, ausgezeichnete Kuchen und hausgemachtes Eis.

20 ROUTE NAPOLÉON

Von Embrun nach Grasse

km Par / Total	Description	km Par / Total	Description	km Par / Total	Description
0,00 / 0,00	DEBUT — Embrun Boulvard Pasteur	13,43 / 14,95	Le Bès D900a Site du Vélodrome	2,24 / 83,23	Bargème D37
1,30 / 1,30	Embrun	8,54 / 23,49	La Robine-sur-Galabre D900a - Route de Barles Site de	2,23 / 85,46	Le Collet D21
0,83 / 2,13	Baratier N94 - Route de Gap	4,94 / 28,43	Les Isnards D900a - Route de Barles Dalle à Ammonites	9,40 / 94,86	Malamaire D6085
7,46 / 9,59	Savines-le-Lac D954	1,93 / 30,36	Digne-les-Bains D900a - Avenue Saint-Benoît	9,28 / 104,14	La Moulière D6085
4,37 / 13,96	Pontis Lanthelme D954 Pontis	1,14 / 31,50	Digne-les-Bains D900 - Boulevard Martin Bret RAZ	16,78 / 120,92	Saint-Vallier-de-Thiey D6085 Pas de la Faye
2,74 / 16,70	Pontis D954 Demoiselles Coiffées	0,15 / 0,15	Digne-les-Bains Rue du Docteur Honnorat	5,53 / 126,45	Saint-Vallier-de-Thiey D5 - Avenue Nicolas Lombard
15,55 / 32,25	Le Lauzet-Ubaye D954	0,40 / 0,55	Digne-les-Bains N85	0,33 / 126,78	Saint-Vallier-de-Thiey Traverse Sainte-Anne
5,37 / 37,62	Saint-Vincent-les-Forts D900	0,40 / 0,95	Digne-les-Bains N1085	0,10 / 126,88	Saint-Vallier-de-Thiey Chemin de Sainte-Anne
16,40 / 54,02	Seyne D900	1,20 / 2,15	La Sèbe N85	0,45 / 127,33	Saint-Vallier-de-Thiey Chemin de Sainte-Anne Souteroscope de
5,58 / 59,60	Maure D900 Col de Maure	0,54 / 2,69	Digne-les-Bains N85	0,25 / 127,58	Saint-Vallier-de-Thiey Chemin de Sainte-Anne
7,87 / 67,47	La Route D900 WP12 Col du Labouret WP15 Site du Labouret RAZ	40,83 / 43,52	N85 Col des Lèques	0,20 / 127,78	Saint-Vallier-de-Thiey Chemin de Sainte-Anne
2,07 / 2,07	Le Haut Vernet D900 Col du Labouret	9,36 / 52,88	Castellane N85 - Boulevard de la République	0,10 / 127,88	Saint-Vallier-de-Thiey D5 - Avenue Nicolas Lombard
24,81 / 26,88	Digne-les-Bains D900 WP21 RAZ	5,74 / 58,62	La Garde N85	0,18 / 128,06	Saint-Vallier-de-Thiey
31,61 / 31,61	La Route D900a WP12 Col du Labouret WP15 Site du Vélodrome RAZ	13,00 / 71,62	Malamaire D44	0,09 / 128,15	Saint-Vallier-de-Thiey D6085 - Rue Adrien Guébhard
1,52 / 1,52	Verdaches D900a	9,37 / 80,99	Le Collet D37	0,42 / 128,57	Saint-Vallier-de-Thiey D6085 - Avenue Gaston de Fontmichel

TRIPY   GPS+   DIGITAL ROAD BOOK   www.tripy.fr

Roadbook zum Herunterladen und Ausdrucken im A4-Format (140 %) bei ViaMichelin

km Par / Total	Image	Description	km Par / Total	Image	Description	km Par / Total	Image	Description
2,70 / 131,27	46.	D6085 Col du Pilon	0,63 / 159,86	61.	Cannes Boulevard Alexandre III			
8,37 / 139,64	47.	Grasse Avenue du Maréchal Juin	0,93 / 160,79	62.	Cannes Avenue du Maréchal Juin			
0,09 / 139,73	48.	Grasse Boulevard du Jeu de Ballon	0,14 / 160,93	63.	Cannes Avenue du Maréchal Juin			
0,33 / 140,06	49.	Grasse D4 - Cours Honoré Cresp	2,35 / 163,28	64.	Super Cannes Avenue des Frères Roustan			
0,08 / 140,14	50.	Grasse Boulevard Victor Hugo	1,64 / 164,92	65. FIN	Golfe Juan Avenue des Frères Roustan			
0,93 / 141,07	51.	Grasse Avenue du Maréchal Leclerc						
0,39 / 141,46	52.	Grasse Avenue du Maréchal de Lattre de Tassigny						
1,91 / 143,37	53.	La Blaquière D9 - Route de Pégomas						
0,53 / 143,90	54.	La Blaquière D6185						
7,89 / 151,79	55.	Mougins D6185 - Pénétrante Grasse Cannes						
2,11 / 153,90	56.	Les Cabrières D6185 - Pénétrante Grasse Cannes						
0,22 / 154,12	57.	Les Cabrières D6285 - Route du Cannet						
2,20 / 156,32	58.	Le Cannet D6285 - Boulevard Sadi Carnot						
1,75 / 158,07	59.	Cannes Boulevard du Ferrage						
1,16 / 159,23	60.	Cannes Boulevard du Général Vautrin						

20 ROUTE NAPOLÉON (von Embrun nach Grasse)

191

 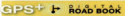 www.tripy.fr

Route des Grandes Alpes
(von Menton nach Guillestre)

21

220 km

Die Route des Grandes Alpes verbindet die legendären Alpenpässe der Tour de France vom Mittelmeer bis zum Genfer See und ist zweifellos der schönste Weg, die französischen Alpen zu entdecken. Die erste Etappe führt von der Côte d'Azur zur höchstgelegenen Straße Europas.

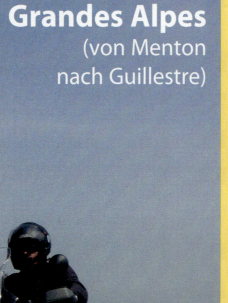

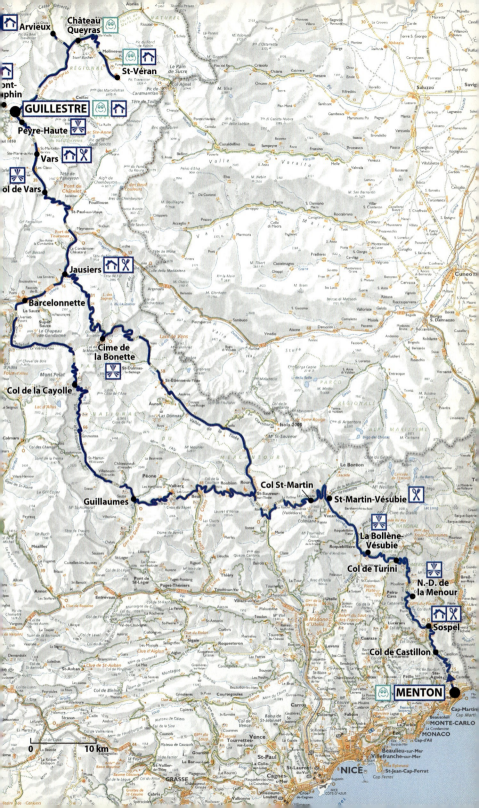

21 ROUTE DES GRANDES ALPES
Von Menton nach Guillestre

MENTON > COL DE LA BONETTE

Im Jahr 1909 startete der Touring Club de France ein Projekt zur Überquerung der Alpen auf der „schönsten Gebirgsstraße der Welt". Die 600 km lange Strecke führt über 16 Alpenpässe von Thonon nach Menton und überwindet einen Höhenunterschied von insgesamt 17.713 m. Bei der Reiseplanung ist zu berücksichtigen, dass die Straße, die praktisch auf der Höhe der Bergkämme und nahe der italienischen Grenze verläuft, über Pässe führt, die von November bis Juni häufig verschneit sind. Nähere Informationen erhalten Sie im Internet unter http://www.grande-traversee-alpes.com.

Die meisten Reiseführer folgen der Route des Grandes Alpes von Norden nach Süden. Wie schon bei der Route Napoléon entscheiden wir uns für die Gegenrichtung und fahren die Strecke von Süden nach Norden mit Menton als Ausgangspunkt. Die Stadt liegt nur knapp 100 km von Grasse entfernt, dem Endpunkt der Route Napoléon.

Bevor Sie **Menton** verlassen, sollten Sie sich zwei Stunden Zeit nehmen, um die Altstadt zu besichtigen und einen Spaziergang am Meer zu machen. Am schönsten ist dies im Sommer in den kühlen Morgenstunden, bevor die Hitze allzu drückend wird. Die Gegend gilt als wärmste Region der Côte d'Azur. Los geht es auf der Straße nach Sospel in Richtung Norden. Wir verlassen Menton über die Avenue de Verdun und die Avenue de Sospel nach Castillon. Wer eine tolle Aussicht auf das Meer und die Berge rund um Menton genießen möchte, sollte einen Abstecher nach Annonciade machen. Etwa 6 km hinter Menton zweigt eine kleine, kurvenreiche und sehr steile Straße nach links ab (ausgeschildert). Der Ort mit der Kapelle aus dem 17. Jh. ist seit dem 11. Jh. ein Marienwallfahrtsort.

Nach diesem Zwischenstopp geht es weiter auf der Straße zum **Col de Castillon**, die auch Route de la Garde genannt wird. Sie verbindet die Gegend um Menton durch das Carei-Tal mit dem Becken von Sospel. Oberhalb der kleinen Siedlung Monti hat man eine tolle Aussicht auf Menton, das Meer und Castellar, bevor die Straße durch den Wald von Menton und am Viadukt von Caramel vorbeiführt, über den einst der Zug zwischen Menton und **Sospel** verkehrte. Wir fahren nicht durch den Tunnel, sondern durch den Ort und über den Col de Castillon und schließlich hinunter nach Sospel. Weiter geht es zum Col de Turini, durch das beeindruckende Tal Gorges du Piaon und durch den Bogen hindurch, der zur Kapelle **Notre-Dame-de-la-Menour** auf einem Felsvorsprung führt. Legen Sie hier eine kurze Pause ein und erklimmen Sie die monumentale Treppe. Achtung: Oberhalb der Kapelle und insbesondere hinter dem Dorf Moulinet bis zum **Col de Turini** ist die Straße in einem sehr schlechten Zustand. Wir setzen unsere Fahrt nach **La Bollène-Vésubie** fort und genießen die ersten Gebirgskurven hinab in das Valdeblore-Tal. Im Vésubie-Tal steigt die Straße in Richtung **St-Martin-Vésubie** wieder an, bis zum **Col St-Martin** und auf der anderen Seite hinab in das Vallée de la Tinée nach St-Sauveur-sur-Tinée und St-Étienne-de-Tinée.

Am Ortsausgang von St-Sauveur führt eine Alternative der Route des Grandes Alpes an der beeindruckenden Stätte von Roubion vorbei, über den Col de la Couillole, über Valberg, **Guillaumes**, den **Col de la Cayolle** und durch die Gorges du Bachelard bis nach **Barcelonnette**, von wo aus Sie weiter nach Jausiers und zurück auf die eigentliche Route fahren können.

Der „offizielle" Weg führt durch die Gorges de Valabres in Richtung St-Étienne-de-Tinée. Kurz hinter dem Ort treffen Sie auf die Brücke Pont Haut. Sie markiert die Grenze zum Schutzgebiet des Nationalparks Parc National du Mercantour. Von hier geht es Richtung Cime de la Bonette, unweit der „höchsten Straße Europas". Die Straße dorthin wurde erst kürzlich erneuert und ist in sehr gutem Zustand. Sie führt an großartigen Almlandschaften vorbei. Hier hat man die größte Chance, die eher scheuen Murmeltiere zu erblicken. Die Tannen werden von niedrigen Kräutern abgelöst, und schließlich fahren Sie durch eine hochgelegene, felsige Mondlandschaft. Auf dem Gipfel erwartet Sie neben den ehemaligen Kasernen und Militärbaracken ein atemberaubendes Panorama.

COL DE LA BONETTE > GUILLESTRE

Der Col de la Bonette verbindet das Ubaye-Tal mit dem Tinée-Tal. Der ehemalige Maultierweg wurde erst ab 1832 verbreitert und die heutige Straße stammt aus dem Jahr 1964. Der höchste Punkt des Col de la Bonette liegt in 2.715 m Höhe und die Straße, die um den **Cime de la Bonette** herumführt, erreicht an ihrer höchsten Stelle 2.802 m. Damit ist sie die höchstgelegene Teerstraße Frankreichs und der Alpen. Die höchste Straße Europas verläuft allerdings in der spanischen Sierra Nevada. Auf dem Gipfel herrscht das ganze Jahr klirrende Kälte und es pfeift ein eisiger Wind. Selbst im August liegt hier oben noch Schnee. Aus diesem Grund sollten Sie unbedingt entsprechende Kleidung einpacken – auch wenn Sie Ihre Tour morgens bei 35 Grad an der Küste starten.

Nach einer langen Abfahrt kommen Sie nach **Jausiers**, einem kleinen Touristenort, von dem aus es in Richtung Col de Vars durch das Hochtal der Ubaye weitergeht. Hinter La Condamine-Châtelard führt die Strecke unterhalb der Festung von Tournoux vorbei, eine der zahlreichen Militäranlagen, die seit der Zeit Vaubans bis 1940 erbaut wurden. Die Kasernengebäude verschmelzen förmlich mit den Felswänden. Sie sollten trotz des imposanten Anblicks auf die Straße achten, um die Abzweigung nach St-Paul-sur-Ubaye nicht zu verpassen. Nun geht es bergauf und in einer Kurve hinter dem Dorf und dem kleinen Weiler Prats steht eine Ansammlung pilzförmiger Erdpyramiden. Am **Col de Vars** erinnert ein Denkmal an die Instandsetzung der Straße im 19. Jh. Auf der anderen Seite des Passes fällt die Straße zunächst leicht ab und verläuft durch die kleinen Siedlungen des Skigebiets **Vars** und schließlich in Serpentinen nach Guillestre. 2 km vor Guillestre und 100 m oberhalb von **Peyre-Haute** (siehe Hinweisschild) sollten Sie die linke Straßenböschung erklimmen (15 Min. hin und zurück), bis zur Panoramatafel, von der aus sich eine tolle Rundumsicht auf die umliegenden Gipfel bietet.

Hinter **Guillestre** folgen wir dem Weg durch die Combe du Queyras. In der Ferne, auf der Spitze eines riesigen Felsens, der den Eingang in das Guil-Tal versperrt und nur einen schmalen Durchgang für die Straße lässt, thront das **Fort Queyras**. Die Festung ist zweifellos das schönste und interessanteste Fotomotiv der Gegend.

In einiger Entfernung zweigt die D 5 ab, die zur 11 km entfernten Gemeinde **Saint-Véran** führt. Die Häuser stehen auf einer leicht abfallenden Wiese am äußersten Ende des Queyras-Tals. Das alte Dorf zählt zu den schönsten Frankreichs und ist der höchstgelegene Ort des Landes, den man zu Fuß erkunden muss. Wenn man der Hauptstraße folgt, gelangt man zum zentralen Platz mit der Kirche und dem Touristenbüro. Jedes Jahr im Februar findet hier das Wintertreffen „Moto des Marmottes" statt.

ÜBERNACHTEN

SOSPEL
Hôtel des Étrangers – Mitten im Dorfzentrum hält Familie Domérégo 27 Zimmer bereit. Das Hotel verfügt über einen Aufzug und hat direkten Zugang zum über dem Fluss gelegenen Schwimmbad und Solarium. Alle Zimmer verfügen über Internetzugang. Abgeschlossene Garage für Motorräder. Zimmer ab 70 €. Menüs für 25 und 36 €. ☏ (00 33) 493 04 00 09.

JAUSIERS
Le Bel'air – Das Hotel liegt im Viertel Ste-Anne, 800 m vom Stadtzentrum entfernt. Es verfügt über eine abgeschlossene und gesicherte Garage für Motorräder, einen abgeschlossenen Raum für Motorradkleidung sowie Werkzeug. Gäste werden hier seit drei Generationen herzlich empfangen. W-LAN-Internetzugang. Zimmer ab 56 € mit Frühstück für 9 €, Speisen von 20 bis 28 €. ☏ (00 33) 492 81 06 35, www.hotel-belair04.com

VARS
Le Vallon – In dem kleinen Weiler Ste-Maire empfängt Sie Denis in seinem für die Region typischen Chalet-Hôtel. W-LAN-Internetzugang im gesamten Hotel und Internetstation an der Rezeption. Zimmer ab 91 € mit Frühstück für 7,50 €. ☏ (00 33) 492 46 54 72.

La Vieille Auberge – Hier werden die Gäste seit 1957 von der Familie Reissent empfangen und übernachten in einem der 20 renovierten Zimmer ab 48 €. Kostenlose Garage für Motorräder. ☏ (00 33) 492 46 53 19, www.lavieilleauberge-vars.com

GUILLESTRE
St-James-les-Pins – Der Campingplatz befindet sich etwa 1 km von Guillestre entfernt und bietet Chalets für 4 und 6 Personen mit Küche, ab 50 €/Nacht. Internetstation und kostenloser WLAN-Internetzugang. ☏ (00 33) 492 45 08 24.

MONT-DAUPHIN
Auberge de l'Échauguette – Die Auberge mit 13 Zimmern und Restaurant von Dominique und Joce ist Teil der Befestigungsanlage des Fort de Mont-Dauphin. Kostenloser W-LAN-Internetzugang an der Rezeption. Zimmer ab 52 €. ☏ (00 33) 492 45 07 13, www.echauguette.com

SAINT-VÉRAN
Le Grand Tetras – Unterkunft am Fuß der Pisten von St-Véran im Quartier de la Sagne mit 21 Zimmern für 2 bis 5 Personen. Zimmer ab 63 € mit Frühstück für 9 €. Menüs von 15 bis 25,50 €. ☏ (00 33) 492 45 82 42, www.legrandtetras.com

ARVIEUX
La Ferme de l'Izoard - La Chalp, route du Col - ☏ (00 33) 492 46 82 37 - www.laferme.fr. Zimmer: 60/161 €, Frühstück: 11 €, Menüs von 23 bis 51 €, Halbpension ab 61 €. W-LAN-Internetzugang. Im April und von Oktober bis Dezember geschlossen. Typisches Bauernhaus des Queyras mit großen Zimmern und Balkon oder Terrasse mit Blick auf das Tal. Es werden regionale Spezialitäten und Grillgerichte serviert.

ATTRAKTIONEN

SCHAUGARTEN SERRE DE LA MADONE
74 route de Gorbio à Menton. Von Apr. bis Okt. tägl. außer montags von 10.00-18.00 Uhr geöffnet. Von Dez. bis März tägl. außer montags von 10.00-17.00 Uhr. Führungen tägl. außer montags um 15.00 Uhr. Im November, am 25. Dez. und 1. Jan. geschlossen. Eintritt 8 €.

SOUM-MUSEUM IN SAINT-VÉRAN
Le Soum, Quartier des Forannes - Juli-August: 9.30-18.30 Uhr; sonst: auf Anfrage. Führungen möglich (Dauer: 1 Std., Anmeldung 3 Tage im Voraus) - 3,80 €. Das Haus wurde 1641 gebaut und ist somit das Älteste im ganzen Dorf. Die Architektur ist typisch für den Queyras.

FORT QUEYRAS IM CHÂTEAU-QUEYRAS
Juli-Aug.: 9.00-19.00 Uhr; Mai-Juni und Sept.-Okt.: 10.30-17.30 Uhr. Führungen möglich (Jul.-Aug.) - 6,50 €. Hinter der Zugbrücke erwartet den Besucher ein Gewirr kleiner Gassen, Treppen, Kasematten und Bastionen. Ausgeschilderter Rundgang (kostenloser Übersichtsplan am Eingang erhältlich).

ESSEN

Sospel - Le St-Donat. Im Quartier La Vasta, 3 km nordwestlich über die Route du Col de Turini zu erreichen - ☎ (00 33) 493 04 14 94. Im November sowie montags und dienstags (außer im Jul. und Aug.) geschlossen. Außerhalb der Saison nur auf Reservierung. Gerichte von 18 bis 30 €. Das Restaurant befindet sich auf dem Campingplatz Mas Fleuri.

Saint-Martin-Vésubie - La Trappa. 7 place du Marché - ☎ (00 33) 493 03 29 23 - Sonntagabends und montags sowie im Jul. und Aug. mittwochs geschlossen. Gerichte von 20 bis 26 €. Tische mit Blick auf die Hauptfußgängerzone, im Sommer auf der Außenterrasse.

Jausiers - Le Sans-Souci. ☎ (00 33) 492 81 06 20. Bei Hélène und Alain, beide Fahrer einer Honda Varadero 1000, im Quartier Ste-Anne werden Gäste in familiärer Atmosphäre bewirtet.

Vars - La Passerelle. Cours Brayer, Gebäude Le Schuss - ☎ (00 33) 492 46 53 28 - 9.00-23.00 Uhr. Außerhalb der Saison abends geschlossen. Von 12,50 bis 35 €. In dem Restaurant mit Bar und gemütlicher Terrasse werden alpine Gerichte, Gerichte vom heißen Stein, Fondue und Pizza serviert.

21 ROUTE DES GRANDES ALPES
Von Menton nach Guillestre

km Par / Total	Image	Description	km Par / Total	Image	Description	km Par / Total	Image	Description
0,00 / 0,00	DEBUT	Menton D2566 - Avenue Boyer	10,63 / 56,22	D70	La Bollène-Vésubie D70	6,64 / 33,25	D64	D64
0,28 / 0,28	D2566	Menton D2566 - Avenue de Sospel	1,06 / 57,28	D70	La Bollène-Vésubie D70 - Avenue de Verdun	20,13 / 53,38	D64	D64
0,13 / 0,41	D2566 2	Menton D2566 - Avenue de Sospel	0,20 / 57,48	D70	La Bollène-Vésubie D70 - Avenue François Gairaud	0,89 / 54,27	D64	D64 Cîme de la Bonnette
0,71 / 1,12	D2566 4	Menton D2566 - Avenue de Sospel	2,82 / 60,30	D2565	La Bollène-Vésubie D2565	1,03 / 55,30	D64	D64
0,33 / 1,45	D2566 3	Menton D2566 - Allée du Maréchal de Lattre de Tassigny	3,76 / 64,06	D2565	Roquebillière-Vieux D2565	22,04 / 77,34	D900 WP46	Jausiers D900 RAZ
1,10 / 2,55	D2566 3	L'Annonciade D2566 - Route de Sospel	2,11 / 66,17	D2565	Plateau de Berthemont D2565	75,49 / 75,49	D30 D2205 112 km WP37 77 km WP 29	Saint-Sauveur-sur-Tinée D30 RAZ
0,72 / 3,27	D2566	Castellar D2566	1,43 / 67,60	D2565	Plateau de Berthemont D2565	12,56 / 12,56	D30	Villars D30
8,91 / 12,18	D2566	Castillon D2566	5,50 / 73,10	D2565	Saint-Martin-Vésubie D2565 - Allées du Docteur Fulconis	1,17 / 13,73	D30	Villars D30
2,42 / 14,60	D2566	Castillon D2566	0,34 / 73,44	D2565	Vignasse D2565	9,34 / 23,07	D28	Beuil D28
6,66 / 21,26	D2566a	Sospel D2566a - Esplanade Antonin Gianotti	2,04 / 75,48	D2565	Les Clots D2565	5,01 / 28,08	D28 2	Combarion D28
0,13 / 21,39	D2204	Sospel D2204 - Avenue Jean Médecin	12,98 / 88,46	D2565 2	La Bolline D2565	1,21 / 29,29	D28	Valberg D28
0,54 / 21,93	D2566	Sospel D2566	8,57 / 97,03	D2205	Rimplas D2205	13,00 / 42,29	D2202	Guillaumes D2202 - Avenue du Lieutenant Colonelli
9,42 / 31,35	D2566	Piaon D2566 Notre Dame de la Menour	4,42 / 101,45	D30 D2205 112 km WP 37 77 km WP 29	Saint-Sauveur-sur-Tinée D2205 RAZ	61,32 / 103,61		Barcelonnette Chemin des Colporteurs
14,16 / 45,51	D70	Col de Turini	13,58 / 13,58	D2205 2	Isola D2205	1,18 / 104,79	D9	Barcelonnette D9 - Avenue Antoine Signoret
0,08 / 45,59	D70	D70	13,03 / 26,61	D39 2	Saint-Etienne-de-Tinée D39	8,07 / 112,86	D900	Guégnier D900 RAZ

TRIPY — GPS+ DIGITAL ROAD BOOK — www.tripy.fr

Roadbook zum Herunterladen und Ausdrucken im A4-Format (140 %) bei ViaMichelin

km Par / Total	Image	Description	km Par / Total	Image	Description	km Par / Total	Image	Description
7,19 / 7,19	46. D902	Gleizolles D902						
6,18 / 13,37	47. D902	Saint-Paul-sur-Ubaye D902						
8,24 / 21,61	48. D902	D902 Col de Vars						
9,81 / 31,42	49. D902	Saint-Marcellin-de-Vars D902						
5,80 / 37,22	50. D902	Risoul D902 Peyre Haute						
2,96 / 40,18	51. D902a	Guillestre D902a						
0,53 / 40,71	52.	Guillestre D902 - Route de Queyras						
4,35 / 45,06	53. D902	D902						
11,60 / 56,66	54. D902	Les Moulins D902						
3,52 / 60,18	55. D902	Arvieux D902						
3,52 / 63,70	56. D947	Les Moulins D947						
1,91 / 65,61	57. D947	Château-Ville-Vieille D947 Château Queyras						
2,59 / 68,20	58. D5	Villevieille D5						
10,21 / 78,41	59. D5 FIN	Saint-Véran D5						

21 GRANDES ALPES (von Menton nach Guillestre)

199

TRIPY   GPS+   DIGITAL ROAD BOOK   www.tripy.fr

Route des Grandes Alpes
(von Guillestre nach Bourg-St-Maurice)

22

340 km

Auf dem zweiten Streckenabschnitt der Route des Grandes Alpes wird es ernst. Der Weg führt fast ausnahmslos durchs Hochgebirge, wo die Wolken zum Greifen nah sind. Auf den endlosen und kurvenreichen Anstiegen und Abfahrten durch fantastische Landschaften bringen Sie die Reifen Ihres Motorrads zum Glühen.

22 ROUTE DES GRANDES ALPES
Von Guillestre nach Bourg-St-Maurice

GUILLESTRE > BRIANÇON

Wenn Sie **Guillestre** verlassen – vor oder nach einem Besuch von Château-Queyras und St-Véran – fahren Sie durch die **Combe du Queyras** und dann auf die Straße Richtung Col d'Izoard. Hinter dem Dorf Brunissard steigt die Straße langsam an und verläuft mitten durch die Casse Déserte, eine einsame Landschaft mit zerklüfteten Felsen und Geröllfeldern. Die Kurven auf dieser Strecke verlangen höchste Aufmerksamkeit, denn der **Col d'Izoard** ist ein bekannter Pass der Tour de France und zieht viele Fahrradfahrer an. Diese haben ihre Räder bei der schnellen Abfahrt nicht immer im Griff oder sind so mit dem Anstieg beschäftigt, dass sie nicht bemerken, dass sie mitten auf der Straße fahren. Der Pass ist in der Regel von Oktober bis Juni zugeschneit. Informieren Sie sich vor der Tour und fahren Sie gegebenenfalls durch das Durance-Tal.
Oben ehrt ein Denkmal die Truppen, die den Pass einst bauten, der zu den höchsten der Route des Grandes Alpes zählt. In einiger Entfernung (15 Gehminuten hin und zurück) stehen oberhalb der Straße Orientierungstafeln. Von hier aus hat man eine schöne Aussicht auf die Berge des Briançonnais und den dahinter gelegenen Mont Thabor im Norden sowie auf die Gipfel des Queyras und der Houerts, den Font Sancte und das Chambeyron-Massiv im Süden. Etwas weiter unten ist die Napoléon-Schutzhütte zu sehen. Als Dank für die Gastfreundschaft in Gap während seiner Herrschaft der Hundert Tage *(siehe Wegbeschreibung der Route Napoléon)* stellte Napoleon I dem Département Geld zum Bau von Schutzhütten an den Alpenpässen zur Verfügung, deren Überquerung im Winter besonders schwierig war. Nach einer angenehmen Abfahrt erreichen Sie **Briançon**, die höchstgelegene Stadt Frankreichs, in der vier Täler aufeinandertreffen. Sie sollten sich unbedingt die Oberstadt, die Festung und den Wehrgang ansehen. Wir verlassen die Stadt auf der Straße nach Grenoble in Richtung Lautaret und Galibier.

BRIANÇON > MODANE

Die D 1091 zwischen Briançon und Le Monêtier-les-Bains ist ehrlich gesagt ziemlich langweilig. Erst wenn die Straße im Guisane-Tal langsam in Richtung Col du Lautaret ansteigt, wird es wieder interessanter.
Trotz der Höhe ist der **Col du Lautaret** selten gesperrt (automatische Bandansage unter der Nummer 0033 492 24 44 44). Von Juni bis Anfang August verwandelt sich die Umgebung in ein Blumenmeer. Am höchsten Punkt des Passes sollten Sie dem Chemin du Jardin Alpin (Alpengarten) folgen, um die Landschaft zu genießen. Auf einer Anhöhe befindet sich eine Orientierungstafel, und von dort aus hat man eine hervorragende Aussicht auf die Gletscher des Meije-Massivs. Vom Pass aus führen zwei alternative Strecken der Route des Grandes Alpes weiter. Entweder fährt man über die Pässe Galibier und Télégraphe oder über Alpe-d'Huez und Croix de Fer.
Die erste Variante führt über die Route du Galibier, die das Maurienne und das Briançonnais miteinander

verbindet. Fahren Sie nicht durch den Tunnel, sondern über den **Col du Galibier**. Zu Fuß geht es zu einem Orientierungspunkt (15 Min. hin und zurück) mit einem tollen Panoramablick. Etwa 100 m davon entfernt markiert ein Grenzstein mit den Wappen Frankreichs und des Savoyen die ehemalige Grenze. Hinter Valloire erreichen Sie den **Col du Télégraphe**. Steigen Sie auf den felsigen Gipfel, um die Aussicht auf das Arc-Tal zu genießen. Danach fällt die Straße steil nach St-Michel-de-Maurienne ab, von wo aus Sie auf der N 6 nach Modane weitefahren.

Die zweite Variante führt über die D 1091 an der Romanche entlang. Nach der Abfahrt nach La Grave führt ein kleiner Abstecher zu der kleinen Kapelle **Oratoire du Chazelet**: hier hergelangen Sie über die D 33A, die nach dem ersten Tunnel von der Route du Lautaret rechts abzweigt. Der Aussichtspukt liegt etwas abseits in einer Kurve und bietet einen atemberaubenden Blick auf das Meije-Massiv. Hinter La Grave und dem Tunnel Grand Clot erreicht man die Schlucht Combe de Malaval, durch die es zum Stausee von Chambon geht. Sie folgen der D 1091 und machen sich schließlich an die legendäre Auffahrt nach **Alpe-d'Huez**, die mit 21 Kurven und Steigungen von 8 bis 17 % aufwartet. Danach geht es wieder bergab zurück bis zum kleinen Ort Huez, von dem aus eine schmale kurvenreiche Straße nach Villard-Reculas führt. Auf schön geschwungenen Kurven rollen Sie ins Tal und zum **Barrage du Verney**, der mit dem von **Grand'Maison** verbunden ist. Näheres erfahren Sie bei einem Besuch im Museum Hydrelec. Zwischen den beiden Bauwerken erstreckt sich das Tal des Eau d'Olle, das auch als grüner „Garten des Oisans" bezeichnet wird. Der Engpass Maupas bildet die Verlängerung des Tals durch das es schließlich ins Olle-Tal unterhalb den Col du Glandon verläuft. Dann endlich erreichen Sie den **Col de la Croix-de-Fer**. Auf dem Weg vom Pass nach St-Sorlin kann man die Aiguilles d'Arves und das Arvan-

Tal bewundern. In der sechsten Kurve erblickt man plötzlich die Gipfel des Grand Sauvage, des Étendard und dessen Gletscher. Achtung, die Straße auf diesem Streckenabschnitt ist meist in keinem guten Zustand! Wenn Sie Zeit haben, lohnt es sich, hinter Entraigues einen Umweg über den Col du Mollard zu machen. Vor dem Hintergrund der Aiguilles d'Arves kann man die ersten Gipfel des Vanoise erblicken. Am Ortsausgang von Albiez-le-Vieux geht es in einer schwindelerregenden Abfahrt ins Arvan-Tal. Zwischendurch bieten sich immer wieder tolle Ausblicke auf die Landschaft. Wenn Sie es eilig haben, fahren Sie auf der tunnelreichen D 926 nach **Saint-Jean-de-Maurienne**. Egal, welche Route Sie wählen, fahren Sie nun durch das Arc-Tal bis nach Modane – entweder über die Autobahn oder die Nationalstraße.

MODANE > BOURG-ST-MAURICE

Nachdem Sie **Modane** hinter sich gelassen haben, fahren Sie weiter durch das Arc-Tal nach Lanslebourg-Mont-Cenis. Wenn Sie gerne sportliche Kurvenstrecken auf gutem Untergrund fahren, sollten Sie einen Abstecher zum Col du Mont-Cenis und den See machen. Ab Lanslebourg geht es fast bis zum Ende der Tour weiter auf der D 902. Am Ende des Tals, über dem sich einige 3.000^{er} erheben, liegt der Ort Bonneval-sur-Arc, das letzte Dorf der Haute Maurienne. Es lohnt sich, einen kurzen Spaziergang durch die stillen und engen Gassen zu machen, in denen die Zeit still zu stehen scheint. Hinter dem Ort geht es hoch zum legendären **Col de l'Iseran**. Der karge, vom Nordwind gepeitschte Pass ist das ganze Jahr hindurch verschneit. Vom Aussichtspunkt **Belvédère de la Tarentaise** (etwa 15 Min. Hin- und Rückweg vom Startpunkt in der Kurve) haben Sie eine gute Aussicht auf das Vanoise, den Mont-Pourri und die Grande Sassière. Ein weiterer Aussichtspunkt liegt an der Südseite des Passes und ist ebenfalls gut zu Fuß zu erreichen. Zum Schluss folgt eine gemütliche Abfahrt nach **Bourg-Saint-Maurice**.

> Schließlich machen Sie die legendäre Auffahrt nach Alpe-d'Huez mit 21 Kurven

ÜBERNACHTEN

GUILLESTRE
St-James-les-Pins – Der Campingplatz befindet sich 1 km von Guillestre entfernt und vermietet Chalets für 4 bis 6 Personen mit Küche ab 50 €/Nacht. Internetstation und kostenloser W-LAN-Internetzugang. ✆ (00 33) 492 45 08 24.

MONT-DAUPHIN
La Maison du Guil – Das mit großem Einfallsreichtum restaurierte ehemalige Priorat aus dem 16. Jh. liegt oberhalb des Guil-Tals. Gäste nächtigen hier zwischen alten Steinen und modernen Möbeln in gemütlicher Atmosphäre. Die kreativen Gerichte werden im ehemaligen Schafstall serviert. Im April und Ende August geschlossen. 4 Zimmer für 75/105 €. Table d'hôte (Abendessen am Gasttisch) 29 €. In Fonts d'Eygliers (6 km von Mont-Dauphin). ✆ (00 33) 492 50 16 20, www.lamaisonduguil.com

ST-VÉRAN
L'Astragale – Das charmante rustikale Chalet hat viel zu bieten: Holzeinrichtung im alpinen Stil, große komfortabel ausgestattete Zimmer mit Blick auf die umliegenden Berge, Sauna und Schwimmbad. Von April bis Juni und September bis November geschlossen. Zimmer für 89/258 €. Das Restaurant ist abends geöffnet, Menü: 26 €. ✆ (00 33) 492 45 87 00, www.astragale.eu

ARVIEUX
La Ferme de l'Izoard - Typisches Bauernhaus des Queyras mit großen Zimmern und Balkon oder Terrasse mit Blick auf das Tal. Es werden regionale Spezialitäten und Grillgerichte serviert. Zimmer: 60/161 €, Frühstück: 11 €, Menüs von 23 bis 51 €, Halbpension ab 61 €. W-LAN-Internetzugang. Im April und von Okt. bis Dez. geschlossen. La Chalp, route du Col, ✆ (00 33) 492 46 82 37, www.laferme.fr

VILLAR-ST-PANCRACE
La Riolette – Das Haus befindet sich in einer sehr ländlichen Gegend in den Höhen über Briançon und dennoch nur wenige Minuten vom Stadtzentrum entfernt. In dem großen Wohnhaus fühlen die sich Gäste wie zu Hause. Auf dem Hof der Eigentümer kann man frische Lebensmittel kaufen. Vom 26. Aug. bis 2. Sept. geschlossen. Zimmer: 44/49 €. 38 rue du Mélezin, 3,5 km südlich von Briançon, ✆ (00 33) 492 20 58 68, http://gites05.free.fr

VAUJANY
Solneige – Die komfortabel und geschmackvoll eingerichteten Zimmer verfügen alle über Balkon oder Terrasse. Speisesaal und Aufenthaltsraum sind in den ehemaligen Stallungen untergebracht. 55 bis 105 €. Pourchery, ✆ (00 33) 476 79 88 18, www.solneige.com

BOURG-ST-MAURICE
L'Autantic – Die Zimmer des Hotels sind schlicht mit schmiedeeisernen oder Holzmöbeln eingerichtet. Einige Zimmer haben Terrasse oder Balkon. Schönes Schwimmbad. Zimmer: 40/130 €. 69 route Hauteville, ✆ (00 33) 479 07 01 70.

ATTRAKTIONEN

**ALPENGARTEN
JARDIN ALPIN
DU COL DU LAUTARET**
http://web.ujf-grenoble.fr/JAL/
Von Juni bis Sept. ganztägig geöffnet. Führungen: 5 €.

HYDRELEC MUSEUM
Von Mitte Juni bis Mitte Sept. von 10.00 bis 18.00 Uhr, an Wochenenden und während der Schulferien von 14.00 bis 18.00 Uhr geöffnet; Ansonsten nur an Wochenenden und Feiertagen von 14.00 bis 18.00 Uhr geöffnet. Am 1. Jan., 1. Mai und 25. Dez. geschlossen. Eintritt frei. Das Kraftwerk von Grand'Maison und das Werk in Oz können nicht besichtigt werden. Besucherparkplatz am Eingang des Kraftwerks von Grand'Maison. Von dort führt ein Weg zum Hydrelec.

**OPINEL MUSEUM
IN ST-JEAN-DE-MAURIENNE**
25 rue Jean-Jaurès - www.opinel-musee.com. Tägl. außer sonntags und an Feiertagen geöffnet, von 9.00 bis 12.00 und von 14.00 bis 19.00 Uhr.

ESSEN

Briançon - Le Rustique. 36 rue du Pont-d'Asfeld - ☎ (00 33) 492 21 00 10 - www.restaurantlerustique.com - 2 Wochen im November sowie Mo und Di geschlossen - 26/35 €. Savoyische Spezialitäten sowie Fondue mit Morcheln und Forellen.

Alpe-d'Huez - Au P'tit Creux. Chemin des Bergers - ☎ (00 33) 476 80 62 80 - Im Mai und Nov. geschlossen; von Jan. bis Anf. Mai. Montag- und Dienstagmittag, von Sept. bis Nov. Montag- und Dienstagabend geschlossen. Reservierung empfohlen. Menü: 48 €. À la carte: 28/55 €. Einrichtung aus alten Holzarbeiten und Korbstühlen. Traditionelle Küche.

Valloire - Le Christiania. Rue de Tigny - ☎ (00 33) 479 59 00 57 - www.christiania-hotel.com/ 15. Juni-15. Sept. und 15. Dez.-15. Apr. geschlossen. Zimmer: 60/80 €. Menü: 15/33 €. Freundlicher Empfang. Restaurant im Stil einer französischen Brasserie.

Val-d'Isère - Atelier d'Edmond. Fornet, route de l'Iseran - ☎ (00 33) 479 00 00 82 - Mai-Dez. geschlossen. Menü: 26/59 €. Die hübsche Innenausstattung ist u.a. einer Schreinerei nachempfunden. Einfache Gerichte, abends etwas aufwändiger.

22 ROUTE DES GRANDES ALPES
Von Guillestre nach Bourg-St-Maurice

km Par / Total	Description	km Par / Total	Description	km Par / Total	Description
0,00 / 0,00	DEBUT D902 Guillestre D902	0,33 / 78,59	D136 Briançon D136 - Avenue du Général de Gaulle	2,30 / 12,28	Ventelon
4,26 / 4,26	D902 D902	0,19 / 78,78	D2 Briançon D2 - Avenue Maurice Petsche	0,99 / 13,27	Les Terrasses Rue des Fontaines
3,88 / 8,14	D902 D902 Combe de Queyras	0,28 / 79,06	N94 Briançon N94 - Avenue de Provence	0,22 / 13,49	Les Terrasses
7,66 / 15,80	D947 Les Moulins D947	1,50 / 80,56	N91 Briançon N91 - Avenue de Savoie	1,03 / 14,52	Le Chazelet
1,95 / 17,75	D947 Château-Ville-Vieille D947 Château Queyras	2,46 / 83,02	N91 Saint-Chaffrey N91 - Route de Grenoble	0,25 / 14,77	Le Chazelet Oratoire du Chazelet
2,59 / 20,34	D5 Villevieille D5	4,86 / 87,88	N91 La Salle-les-Alpes N91 - Route de Grenoble	0,25 / 15,02	Le Chazelet
10,28 / 30,62	D5 Saint-véran D5	18,87 / 106,75	N91 43 km D902 WP23 Col du Lautaret D902 RAZ	1,03 / 16,05	Les Terrasses Rue des Fontaines
10,27 / 40,89	D947 Villevieille D947	8,41 / 8,41	Col du Galibier D902	0,22 / 16,27	Les Terrasses
2,63 / 43,52	Château-Ville-Vieille Château Queyras	17,92 / 26,33	Valloire D902 - Rue des Grandes Alpes	0,80 / 17,07	Ventelon
1,85 / 45,37	D902 Les Moulins D902	0,14 / 26,47	Valloire D902 - Route du Télégraphe	0,19 / 17,26	D33 Ventelon D33
3,70 / 49,07	D902 Arvieux D902	4,69 / 31,16	D902 Albannette D902 Col du Télégraphe	2,31 / 19,57	N91 Ventelon N91
10,32 / 59,39	D902 D902 Col de l'Izoard	11,88 / 43,04	N6 WP70 Saint-Michel-de-Maurienne N6 - Grande Rue RAZ	23,74 / 43,31	Les Clapiers
9,28 / 68,67	D902 Cervières D902	42,97 / 42,97	N91 43 km D902 WP29 WP23 Col du Lautaret N91 RAZ	4,39 / 47,70	D211 Sarennes D211
7,70 / 76,37	D902 Briançon D902	7,68 / 7,68	N91 Villar-d'Arêne N91	3,16 / 50,86	D211 La Garde D211
1,89 / 78,26	Briançon Rue du 4ème Régiment de Tirailleurs Marocains	2,30 / 9,98	D33 Ventelon D33	7,18 / 58,04	D211 L'Alpe-d'Huez D211

TRIPY GPS+ DIGITAL ROAD BOOK www.tripy.fr

Roadbook zum Herunterladen und Ausdrucken im A4-Format (140 %) bei ViaMichelin

km Par / Total	Image	Description	km Par / Total	Image	Description	km Par / Total	Image	Description
2,50 / 60,54	46.	D211 L'Alpe-d'Huez D211	0,22 / 143,27	61.	Saint-Jean-de-Maurienne Rue du Capitaine Bulard	3,43 / 75,56	76.	D902 Le Fornet D902 Belvédère de la Tarentaise
2,50 / 63,04	47.	D211 L'Alpe-d'Huez D211	0,29 / 143,56	62.	D906 Saint-Jean-de-Maurienne D906 - Avenue du Mont-Cenis	11,96 / 87,52	77.	D902 2 Val-d'Isère D902 - Avenue du Prariond
1,23 / 64,27	48.	D211 Huez D211 - Avenue du Moulin	1,41 / 144,97	63.	D906 2 Saint-Jean-de-Maurienne D906 - Avenue du 8 Mai 1945	0,67 / 88,19	78.	D902 2 Val-d'Isère D902 - Avenue Olympique
0,30 / 64,57	49.	D211b Huez D211b	0,13 / 145,10	64.	D906 2 Saint-Jean-de-Maurienne D906	0,28 / 88,47	79.	D902 1 Val-d'Isère D902 - Avenue Olympique
12,95 / 77,52	50.	D44 Sardonne D44	0,98 / 146,08	65.	N6 Villargondran N6	1,38 / 89,85	80.	D902 2 La Daille D902 - Route des Gorges
3,17 / 80,69	51.	D43a Oz D43a Le Verney	1,88 / 147,96	66.	N6 2 Saint-Julien-Mont-Denis N6	0,39 / 90,24	81.	D902 1 La Daille D902
4,51 / 85,20	52.	D43a Vaujany D43a	0,23 / 148,19	67.	N6 Saint-Julien-Mont-Denis N6	5,04 / 95,28	82.	D902 Barrage de Tignes D902
0,44 / 85,64	53.	D43a Vaujany D43a	6,71 / 154,90	68.	N6 1 La Colombette N6 - Rue du Temple	21,04 / 116,32	83.	N90 Séez N90 - Rue Célestin Freppaz
4,07 / 89,71	54.	D526 Oz D526	1,31 / 156,21	69.	N6 Saint-Michel-de-Maurienne N6 - Grande Rue	0,64 / 116,96	84.	N90 Séez N90
16,06 / 105,77	55.	D526 D526 Barrage de Grand-Maison	12,22 / 12,22	70.	N6 1 RAZ Saint-André N6	1,50 / 118,56	85.	N90 2 Châtelard N90 - Avenue du Stade
8,61 / 114,38	56.	D926 Pierre-Aiguë D926 La Croix de Fer	2,20 / 14,42	71.	N6 2 Fourneaux N6 - Avenue de la Liberté	0,61 / 119,07	86.	FIN Bourg-Saint-Maurice N90
8,06 / 122,44	57.	D926 Malcrozet D926	20,16 / 34,58	72.	N6 Termignon N6			
5,99 / 128,43	58.	D926 Belleville D926	5,73 / 40,31	73.	D902 1 Val-Cenis D902 - Route de l'Iseran			
14,46 / 142,89	59.	D926 2 Saint-Jean-de-Maurienne D926 - Avenue Samuel Pasquier	28,31 / 68,62	74.	D902 D902 Belvédère de la Maurienne			
0,16 / 143,05	60.	Saint-Jean-de-Maurienne Rue du Capitaine Bulard	3,51 / 72,13	75.	D902 D902 Col de l'Iseran			

22 GRANDES ALPES (von Guillestre nach Bourg-St-M.)

207

TRIPY GPS+ DIGITAL ROAD BOOK www.tripy.fr

Route des Grandes Alpes
(von Bourg-Saint-Maurice nach Thonon-les-Bains)

23

188 km

Die dritte und letzte Etappe der Route des Grandes Alpes führt kontinuierlich bergab. Aus dem Hochgebirge geht es hinab in gemäßigtere Höhen, wobei der Fahrspaß ungetrübt ist und die Landschaften nach wie vor grandios sind.

23 ROUTE DES GRANDES ALPES
Von Bourg-Saint-Maurice nach Thonon-les-Bains

BOURG-ST-MAURICE > BEAUFORT

Verlassen Sie **Bourg-Saint-Maurice** in Richtung Beaufort. Die Straße verläuft oberhalb des Beckens von Séez und ermöglicht tolle Ausblicke auf die Höhen des Tarentaise. Lassen Sie die Anhöhe mit der Turmruine von Châtelard hinter sich und folgen Sie der Straße durch das bewaldete Tal des Versoyen und das Chapieux-Tal. Nach einem kurvenreichen Abschnitt geht es auf ebener Strecke über einen Damm durch eine Sumpfebene. Achtung: Bei der anschließenden Auffahrt nach **Cormet de Roselend** müssen Sie mit glitschigen Kuhfladen auf der Straße rechnen! Die etliche Kilometer lange Niederung des Cormet verbindet das Roselend- und das Chapieux-Tal miteinander. Die karge Landschaft mit großen Felsbrocken, einsamen Schäferhütten und kargem Grasland ist sehr beeindruckend. Im Süden erheben sich die Bergkämme des Grand Fond, dem höchsten Punkt des Beckens, durch den der Doron de Beaufort fließt. Für eine besonders schöne Rundumsicht steigen Sie am besten auf den Hügel mit dem Kreuz. In einer Felskerbe, in der die Straße sich an den Berghang schmiegt, führt eine steile Straße hinab zum Stausee von Roselend. Von hier aus kann man sogar die Gipfel von zwei Bergen des Beaufortain sehen. Vor diesem fantastischen Panorama steht am äußersten Ende des Sees eine romanische Kapelle (leider nicht für Besucher geöffnet). Es handelt sich um den Nachbau der ehemaligen Dorfkirche, die vom Stausee überflutet wurde. Wenn Sie es eilig haben, sollten Sie der D 925 nach Beaufort folgen. Wenn Sie Zeit haben, biegen Sie links ab nach Arèches. Am linken Ufer der Talsperre wurde ein Aussichtpunkt eingerichtet. Von der Straße zum Col du Pré kann man den gesamten Stausee überblicken. Vorsicht, die Straße ist an manchen Stellen sehr schmal. Von der Kreuzung aus kann man einen kurzen Abstecher zu dem kleinen Bergdorf Boudin machen, einem der ursprünglichsten der Alpen. Dann passieren Sie Arèches, einen der typischen Höhenkurorte des Beaufortain, dann geht es talwärts Richtung **Beaufort**, wo das Roselend- und das Arèches-Tal aufeinander treffen.

Das alte Viertel des Ortes liegt am linken Ufer des Doron. Es ist für seinen Käse bekannt, der schon seit 1968 das Qualitätsprädikat A.O.C. trägt und aus der Milch von Tarine- und Abondance-Kühen hergestellt wird.

BEAUFORT > MORZINE

Von Beaufort nach Villard-sur-Doron geht es auf der Route des Saisies Richtung Hauteluce, bis Sie zum gleichnamigen Dorf und dem Pass kommen. Der Ferienort liegt in der weiten Senke des Passes. Von der Kapelle Notre-Dame-de-Haute-Lumière kann man den Blick weit über die Berge des Beaufortain schweifen lassen. Auf der Abfahrt vom **Col des Saisies** nach Notre-Dame-de-Bellecombe erhaschen Sie immer wieder einen Blick auf die Aravis-Kette. Je weiter man bergab fährt, desto weiter kann man nach Norden blicken, bis zum Pointe Percée, dem höchsten Punkt des Aravis-Massivs. Die Straße ist auf diesem Streckenabschnitt mitunter

sehr schlecht, weshalb Sie vorsichtig fahren sollten. Direkt am Ortseingang von **Notre-Dame-de-Bellecombe,** auf Höhe des Kreuzes, hat man eine tolle Sicht entlang der Gorges de l'Arly. Nach dem Ort geht es in vielen Serpentinen durch einen Tannenwald weiter bergab und über eine Brücke, die in 60 m Höhe über das tiefe Flusstal des Arly führt. Sowohl der Col des Aravis als auch der Col de la Clombière können von Ende November bis Ende Mai zugeschneit sein. In diesem Fall geht es nach der Brücke weiter über Megève nach Cluses. Wenn die Pässe frei sind, führt der Weg weiter durch das „Nadelöhr" von Flumet. Der kleine Ort, in dem die Straßen des Arly-Tals, des Col des Saisies und des Col des Aravis zusammentreffen, ist in der Hauptsaison ziemlich überlaufen und es kommt regelmäßig zu Verkehrsstaus. Nach dem Ort finden Sie sich in den Gorges de l'Arondine wieder. Dieses Flusstal ist tief in den Schiefer eingegraben. An seinem Ende befindet sich das Dorf **La Giettaz**, von wo aus Sie bergauf zum **Col des Aravis** fahren. Die flache Weidelandschaft wird von einer Kapelle geschmückt und von der Serpentinenstraße am Nordosthang des Étale sowie auf der anderen Seite von dem rechteckigen Einschnitt der Porte des Aravis eingerahmt. Bevor man das Stadtgebiet von **La Clusaz** erreicht, warten noch einige schön geschwungene Serpentinen.

Die Straße zum Colombière-Pass verbindet das Thônes-Tal mit dem Arve-Tal und führt durch eine Vielzahl unterschiedlicher Berglandschaften. Die karge Weidelandschaft des Hochtals von Chinaillon bildet einen starken Kontrast zum charmanten Vallée du Reposoir. Nach Chinaillon ändert sich das Landschaftsbild und Sie gelangen in eine unberührte Gegend. Die steilen Felshänge des Jallouvre rücken immer weiter in die Weidelandschaft des Nordhangs vor. Auf der anderen Seite, zwischen dem Pass und Le Reposoir, ragen die grünen Gipfel der Reposoir-Kette südlich von Romme in die Höhe. Bei **Reposoir** führt rechts eine kleine Straße zum 1151 gegründeten Kloster Chartreuse. Auf einer viel angenehmeren Straße geht es über Romme nach Cluses. Nachdem Sie den Ort durchquert haben, führt der Weg weiter auf der Straße in Richtung **Les Gets**. Wenn Sie gerne richtig Gas geben, folgen Sie der großen Straße nach Taninges und Morzine. Biegen Sie in der großen Kurve vor Taninges rechts ab nach Samoëns in Richtung Morzine über den Col de Joux Plane. Auf dieser Strecke können Sie die Berglandschaft in vollen Zügen genießen. Im Sommer können Sie auch die enge D 354 in schwindelregende Höhen oberhalb des Tals entlang und wieder zurück nach **Morzine** fahren.

MORZINE > THONON-LES-BAINS

Seit der Öffnung der Route des Grandes Alpes im Jahr 1980 entwickelte sich die Stadt Morzine zu einem Urlaubsort und ist seit 1930 das touristische Zentrum des Haut Chablais und ein beliebtes Urlaubsziel für Familien. Entlang der Dranse de Morzine geht es in Richtung Thonon. Im Becken von St-Jean-d'Aulps kann man die Klosterruinen der Abbaye de **Notre-Dame-d'Aulps** bewundern. Nach La Baume führt der Weg in die Gorges du Pont du Diable. Bei regnerischem Wetter sollten Sie hier besonders vorsichtig fahren. An einigen Stellen ragen die steilen Felswände fast 60 m empor. Ein Teil der Schlucht ist durch Erdrutsche versperrt. 40 m oberhalb des Flusses klemmt ein riesiger Felsblock zwischen den Wänden der Schlucht und bildet einen natürlichen Übergang, der einst als Brücke benutzt wurde. Von hier sind es noch etwa 10 km bis nach **Thonon-les-Bains**, dem Ende der Route. Von der Terrasse des Musée du Chablais haben Besucher eine tolle Aussicht auf das schier endlose Blau des Genfer Sees bis zum belebten Hafen Port de Rives. Bevor Sie die Gegend verlassen, sollten Sie das Weingut Château de Ripaille und sein Arboretum besuchen.

Auf der Abfahrt vom Col des Saisies erhaschen Sie immer wieder einen Blick auf die Aravis-Kette

ÜBERNACHTEN

BOURG-ST-MAURICE
L'Autantic – Das Hotel bietet Zimmer mit schlichten schmiedeeisernen oder Holzmöbeln; einige Zimmer haben Balkon oder Terrasse. Schönes Schwimmbad. Zimmer: 40/130 €. 69 route Hauteville, ✆ (00 33) 479 07 01 70.

CREST-VOLAND
Le Caprice des Neiges – Ein zauberhaftes Hotel für die ganze Familie. Gemütliche Zimmer im alpinen Stil. Überschaubare Speisekarte mit regionalem Menü. Zimmer: 90/110 €. Menü: 23/48 €. Von Mitte Apr.-Anf. Mai und von Okt.-Dez. geschlossen. Route du col des Saisies, ✆ (00 33) 479 31 62 95.

LA CLUSAZ
Les Sapins – Hotel mit Blick auf die Aravis-Kette und Zimmern im alpinen Stil: helles Holz und freundliche Farben, meistens mit Balkon. Direkter Zugang zu den Skipisten. Tartiflette und Fondue können mit Blick auf die schneebedeckten Hänge genossen werden. Vom 17. Juni-5. Sept. und vom 16. Dez.-9.Apr. geöffnet. Zimmer: 60/130 €. Menü: 18/28 €. 105 chemin des Riffroids, ✆ (00 33) 450 63 33 33.

LE GRAND-BORNAND
Croix St-Maurice – Traditionelles Chalet mit regionaltypisch eingerichteten Zimmern, häufig mit Balkon. Klassische Küche und Savoyische Spezialitäten werden im Speisesaal am Kamin serviert. Blick auf die Avaris-Kette. Im Okt. geschlossen. Zimmer: 64/92 €. Menü: 20/29 €. Gegenüber der Kirche, ✆ (00 33) 450 02 20 05.

MORILLON
Le Morillon - Chalet im Zentrum. Komfortabler Wellness-Bereich. Traditionelle Küche und heller, holzvertäfelter Speisesaal. Von Apr.-Juni und von Okt.-Nov. geschlossen. Zimmer: 75/175 €. ✆ (00 33) 450 90 10 32.

SAMOËNS
Neige et Roc - Chalet aus dem Jahr 1969 mit geräumigen Zimmern mit Balkon. In einem weiteren Gebäude befinden sich Apartments mit kleiner Küchenzeile. Überdachtes Schwimmbad. Wellness-Bereich. Großer Speisesaal, Veranda. Von Apr.-Juni und von Okt.-Nov. geschlossen. Zimmer: 80/165 €. Menü: 35/65 €. Route de Taninges, ✆ (00 33) 450 34 40 72.

LES GETS
La Marmotte – Machen Sie es sich vor dem Kamin gemütlich, bevor Sie sich im komfortablen Spa verwöhnen lassen. Gemütliche Zimmer mit hübschen Holzschnitzereien. Restaurant mit Blick auf die Pisten. Von Mai-Juni und von Sept.-Mitte Dez. geschlossen. Zimmer: 110/139 €. Restaurant nur für Gäste, à la carte: 30/48 €. 61 rue du Chêne, ✆ (00 33) 450 75 80 33.

MORZINE
Le Dahu – In ruhiger Lage am rechten Flussufer der Dranse gelegenes familienfreundliches Hotel. Zimmer im alpinen Stil, häufig mit Balkon. Ideal zum Entspannen. Restaurant mit Panoramablick. Von Apr.-Jun. und Okt.-Nov. geschlossen. Zimmer: 50/220 €. Menü: 30 €. ✆ (00 33) 450 75 92 92.

ATTRAKTIONEN

KLOSTER CHARTREUSE DU REPOSOIR
Nur der Kreuzgang und die Kapelle (nicht während der Gottesdienste) sind zu besichtigen. Ein Modell gibt den Besuchern jedoch einen guten Überblick über die große Anlage mit den vielen Gebäuden. Führungen nach Anmeldung.

KLOSTER NOTRE-DAME-D'AULPS
Die Ruinen des Klosters und des ehemaligen Bauernhofs werden zurzeit restauriert und als Informationszentrum eingerichtet. Sie sind daher nicht zu besichtigen. www.valleedaulps.com - Führungen über die Anlage von Jul.-Aug. 11.00-16.00 Uhr, Schulferien 15.00 Uhr - 2,50 €. Domaine Découverte: Ende Jun.-Anf. Sept.: 10.00-19.00 Uhr; Apr.-Juni, Sept. und Herbstferien: tägl. außer samstags 14.00-18.30 Uhr; von Mitte Dez.-Ende März: tägl. außer samstags 10.00-18.00 Uhr - Okt. und von Anf. Nov.-Mitte Dez. geschlossen. - 5,50 €.

DOMAINE DE RIPAILLE
www.ripaille.fr - Führung (1h) Jul.-Aug.: 11.00, 14.30, 15.15, 16.00, 16.45 Uhr; Apr.-Juni und Sept.: 11.00, 14.30, 16.00 Uhr; Feb.-März und Okt.-Nov.: 15.00 Uhr - 6 €. Der Besuch des Waldes/Arboretums ist nicht im Eintritt für das Weingut enthalten. Mai-Sept.: 10.00-19.00 Uhr Jan.-Apr. und Okt.-Nov.: 10.00-16.30 - montags und im Dez. geschlossen - Eintritt frei.

ESSEN

La Pierra Menta Col du Pré. In 15 km Entfernung von Beaufort über den Staudamm von Roselend zu erreichen - ☏ (00 33) 479 38 70 74 - Von Nov.-Mai geschlossen - 15/21 €. Das auf 1.700 m Höhe gelegene Chalet bietet einen einzigartigen Panoramablick auf den Staudamm von Roselend und den Mont Blanc. Einfache Savoyische Küche.

N.-D.-de-Bellecombe - La Ferme de Victorine. In Planay - ☏ (00 33) 479 31 63 46 - Vom 16. Juni-4.Jul., vom 11. Nov.-19. Dez. sowie vom 15. Apr.-15. Jun. und von Sept.-Nov. sonntagabends und montags geschlossen - 23/40 €. Nachbau einer traditionellen Berghütte. Leckere regionale Küche.

Morzine - Le Clin d'Œil. Gegenüber der Post - ☏ (00 33) 450 79 03 10 - Im Juni sowie außerhalb der Saison donnerstagabends und samstags geschlossen - Mittagsmenü: 14 € - 20/40 €. Das in einer ehemaligen Scheune untergebrachte kleine Restaurant ist einfach und gemütlich eingerichtet. Spezialitäten aus dem Savoie.

La Clusaz - Les Airelles. 33 place de l'Église - ☏ (00 33) 450 02 40 51 - Vom 24. Apr.-22. Mai und 13. Nov.-10. Dez. geschlossen - 20/26 €. Sehr gemütlich sitzt man am großen Kamin. Savoyische Küche.

23 ROUTE DES GRANDES ALPES
Von Bourg-Saint-Maurice nach Thonon-les-Bains

km Par / Total	Image	Description	km Par / Total	Image	Description	km Par / Total	Image	Description
0,00 / 0,00	DÉBUT D902	Bourg-Saint-Maurice D902	0,87 / 72,36		Saint-Nicolas-la-Chapelle	11,47 / 110,93	D4	Aufferan D4 Col de la Colombière
19,00 / 19,00	D925	D925 Cormet de Roselend	0,79 / 73,15	D113	Saint-Nicolas-la-Chapelle D113	7,41 / 118,34	D4	Le Reposoir D4 Chartreuse au Reposoir
6,90 / 25,90	D925	Col de Méraillet	0,14 / 73,29	D11	Saint-Nicolas-la-Chapelle D113	6,80 / 125,14	D4	Marnaz D4 - Route de la Colombière
13,22 / 39,12	D925	Beaufort D925 - Place du Capitaine Bulle	0,75 / 74,04	N212	Saint-Nicolas-la-Chapelle N212	1,11 / 126,25	D4	Blanzy D4 - Avenue de la Colombière
0,15 / 39,27	D925 2	Beaufort D925 - Avenue des Sports	0,87 / 74,91	N212	Flumet N212 - Grande Rue Centrale	1,99 / 128,24	D4 2	Scionzier D4 - Avenue du Mont Blanc
2,36 / 41,63	D218b	Villard-sur-Doron D218b	0,26 / 75,17	D909	Flumet D909 - Route des Aravis	0,67 / 128,91	D4	Cluses D4 - Avenue du Mont Blanc
8,23 / 49,86	D218b	Le Praz D218b	8,34 / 83,51	D909	La Giettaz D909	0,26 / 129,17	N205	Cluses N205 - Avenue Louis Rouxel
5,88 / 55,74	D218b 1	Les Saisies D218b	2,80 / 86,31	D909	La Giettaz D909 Col des Aravis	0,68 / 129,85	D902 3	Cluses D902 - Place des Allobroges
0,12 / 55,86	D218b 1	Les Saisies D218b	7,02 / 93,33	D909 2	La Clusaz D909 - Route des Grandes Alpes	0,13 / 129,98	D902 1	Cluses D902 - Grande Rue
0,49 / 56,35	D218b 1	Les Saisies D218b	0,31 / 93,64	D909 2	La Clusaz D909 - Route des Grandes Alpes	0,38 / 130,36	D902 2	Cluses D902 - Avenue Aimé Poncet
0,44 / 56,79	D218b 2	Les Saisies D218b	0,41 / 94,05	D909 1	La Clusaz D909	0,41 / 130,77	D902	Cluses D902 - Avenue des Alpes
11,01 / 67,80	D218b	Notre-Dame-de-Bellecombe D218b	2,59 / 96,64	D4 1	Saint-Jean-de-Sixt D4	0,27 / 131,04	D902	Cluses D902
1,25 / 69,05	D218b	Flumet D218b	1,45 / 98,09	D224	Le Villaret D224	0,36 / 131,40	D902 2	Cluses D902 - Avenue de Châtillon
2,05 / 71,10	N212	Flumet N212	1,05 / 99,14	D4 1	Le Grand-Bornand D4	3,57 / 134,97	D902	Pressy D902
0,39 / 71,49	N212	Flumet N212	0,32 / 99,46	D4	Le Grand-Bornand D4	3,10 / 138,07	D902	Cellières D902

TRIPY GPS+ DIGITAL ROAD BOOK www.tripy.fr

Roadbook zum Herunterladen und Ausdrucken im A4-Format (140 %) bei ViaMichelin

km Par / Total	Image	Description	km Par / Total	Image	Description	km Par / Total	Image	Description
1,94 / 140,01		D902 Taninges D902 - Rue de la Poste	0,96 / 186,44		Thonon-les-Bains D902 - Avenue des Vallées			
0,14 / 140,15		D902 Taninges D902 - Route des Gets	0,74 / 187,18		Thonon-les-Bains N5 - Boulevard du Canal			
10,39 / 150,54		D902 Les Gets D902 - Route des Grandes Alpes	0,15 / 187,33		Thonon-les-Bains N5 - Boulevard du Canal			
0,87 / 151,41		D902 Les Gets D902 - Rue de Pressenage	0,29 / 187,62		Thonon-les-Bains N5 - Boulevard du Pré-Cergues			
0,25 / 151,66		D902 Les Gets D902 - Route des Grandes Alpes	0,59 / 188,21		Thonon-les-Bains Avenue du Général de Gaulle			
4,21 / 155,87		D902 Pied-de-la-Plagne D902 - Route des Grandes Alpes	0,17 / 188,38		FIN Thonon-les-Bains N5 Avenue du Général De gaulle			
0,80 / 156,67		D902 Morzine D902						
0,75 / 157,42		D902 Morzine D902						
1,44 / 158,86		D902 Montriond D902						
5,64 / 164,50		D902 Bas-Thex D902 Abbaye Notre Dame d'Aulps						
0,31 / 164,81		D902 Bas-Thex D902						
1,31 / 166,12		D902 Seytroux D902						
6,84 / 172,96		D902 Le Jotty D902						
3,60 / 176,56		D902 Bioge D902						
8,92 / 185,48		D902 Thonon-les-Bains D902 - Avenue de la Dranse						

23 GRANDES ALPES (von Bourg-St-M. nach Thonon)

TRIPY GPS+ DIGITAL ROAD BOOK www.tripy.fr

INDEX

A

Aareschlucht (Schweiz) 37, 39
Aix-les-Bains (Frankreich) 137, 139
Albulapass (Schweiz) 92
Alpe-d'Huez (Frankreich) 203, 205
Altdorf (Schweiz) 37
Andermatt (Schweiz) 100
Annecy (Frankreich) 28, 31, 130, 131, 136
Aosta (Italien) 121, 123
Aostatal (Italien) 118
Arabba (Italien) 77, 78
Argentière (Frankreich) 130
Arlbergpassstraße (Österreich) 52
Arvieux (Frankreich) 162, 164, 196, 204
Au (Österreich) 54
Aymavilles (Italien) 121

B

Bach (Österreich) 54
La Balme-de-Rencurel (Frankreich) 147, 148
Baratier (Frankreich) 164, 180, 188
Barcelonnette (Frankreich) 163, 164, 165, 195
Bard (Italien) 121, 123
Bargême (Frankreich) 186
Barrage de Grand'Maison (Frankreich) 203
Barrage de Serre-Ponçon (Frankreich) 179
Barrage du Sautet (Frankreich) 170
Barrage du Verney (Frankreich) 203
Le Bar-sur-Loup (Frankreich) 188
La Bâtie-Neuve (Frankreich) 172
Bayern (Deutschland) 58
Beaufort (Frankreich) 210
Bellagio (Italien) 109, 110, 111
Bellinzona (Schweiz) 109

Belvédère de la Maurienne (Frankreich) 203
Belvédère de la Tarentaise (Frankreich) 203
Belvédère du Pelvoux (Frankreich) 163
Berchtesgaden (Deutschland) 63
Berchtesgadener Land (Deutschland) 61
Bergün (Schweiz) 94, 95
Berner Oberland (Schweiz) 34
Berninapass (Schweiz) 92
Bex (Schweiz) 28, 31
Bielerhöhe (Österreich) 53
Biella (Italien) 109, 120
Bois-Barbu (Frankreich) 149
La Bollène-Vésubie (Frankreich) 194
Bolzano/Bozen (Italien) 84, 87
Borgomanero (Italien) 109
Bourg-Saint-Maurice (Frankreich) ....
.... 203, 204, 210, 212
Bozen/Bolzano (Italien) 77, 79, 84, 87
Briançon (Frankreich) 162, 165, 202, 205
Brig (Schweiz) 101, 102, 103
Brissago (Schweiz) 110, 111
Brusi (Schweiz) 92
Bürglen (Schweiz) 47

C

Campitello di Fassa (Italien) 78
Le Cannet (Frankreich) 188
Castellane (Frankreich) 186, 189
Chamonix (Frankreich) 128, 130, 131
Champex (Schweiz) 128, 130
Champoluc (Italien) 122, 123
Charavines (Frankreich) 154, 157
Chartreuse (Frankreich) 152
Chartreuse du Reposoir (Frankreich) 213

Château-Queyras (Frankreich).. 162, 165, 195, 197
Chavanod (Frankreich) 138
Chiavenna (Italien) 93, 95
Chichilianne (Frankreich) 172
Choranche (Frankreich) 147, 149
Cime de la Bonette (Frankreich) 195
Cirque d'Archiane (Frankreich) 146
La Clusaz (Frankreich) 211, 212, 213
Col Bayard (Frankreich) 179
Col de Castillon (Frankreich) 194
Col de la Bataille (Frankreich) 147
Col de la Cayolle (Frankreich) 195
Col de la Croix (Schweiz) 28
Col de la Croix-de-Fer (Frankreich) 203
Col de la Forclaz (Frankreich) 129
Col de la Forclaz (Schweiz) 128
Col de l'Iseran (Frankreich) 203
Col de Maure (Frankreich) 186
Col de Rousset (Frankreich) 146
Col des Aravis (Frankreich) 211
Col des Leques (Frankreich) 186
Col des Montets (Frankreich) 128
Col des Saisies (Frankreich) 210
Col de Turini (Frankreich) 194
Col de Valferrière (Frankreich) 187
Col de Vars (Frankreich) 195
Col d'Izoard (Frankreich) 202
Col du Galibier (Frankreich) 203
Col du Labouret (Frankreich) 186
Col du Lautaret (Frankreich) 202, 205
Col du Pillon (Schweiz) 28
Col du Pilon (Frankreich) 187
Col du Télégraphe (Frankreich) 203
Colle di Joux (Italien) 121

Col Saint-Martin (Frankreich).............................. 194
La Combe (Frankreich) 157
Combe du Queyras (Frankreich) 202
Combe Laval (Frankreich) 146
Combloux (Frankreich) 129
Como (Italien).. 109
Cormet de Roselend (Frankreich) 210
Corps (Frankreich) 178, 181
La Correrie (Frankreich) 157
Cortina d'Ampezzo (Italien) 76
Corvara (Italien) 77, 78
Crest-Voland (Frankreich) 212

D

Davos (Schweiz) 45, 46, 47
Défilé de la Soulouse (Frankreich) 170
Défilé des Étroits (Frankreich) 170
Dévoluy (Frankreich) 168
Digne-les-Bains (Frankreich) 186, 189
Disentis (Schweiz) 93, 94, 95, 100, 102
Dolomiten (Italien) 74
Domaine de Ripaille (Frankreich) 139, 213
Domodossola (Italien) 108
Duingt (Frankreich) 137

E

Edelweißspitze (Österreich) 69
Eggen/Ega (Italien).. 79
Ehrenberg, Burg (Deutschland) 60
Embrun (Frankreich) 179, 180, 186, 188
Engadin (Italien, Schweiz) 90
Essert-Romand (Frankreich) 138
Évian-les-Bains (Frankreich) 136, 139

F

Falzaregopass (Italien) 76
Fenis (Italien) 121, 123

INDEX

Fernpass (Deutschland) 61
Ferrières (Frankreich) 139
Filisur (Schweiz) 94
Finstermünz (Österreich) 52
Flexenpassstraße (Österreich) 53
Flüelapass (Schweiz) 45
Flüelen (Schweiz) 38
Fort de la Bastille (Frankreich) 181
Forte di Airolo (Schweiz) 100
Franz-Josefs-Höhe (Österreich) 69
Freiburg/Fribourg (Schweiz) 29, 31
Furkapass (Schweiz) 100
Fuscher Törl (Österreich) 69

G

Gadmen (Schweiz) 37
Gailbergsattel (Österreich) 69
Gampenjoch/Passo delle Palade (Italien) 85
Gap (Frankreich) 170, 172, 173, 179, 180, 181
Garmisch-Partenkirchen (Deutschland) 61, 62, 63
Les Gets (Frankreich) 211, 212
La Giettaz (Frankreich) 211
Glarus (Schweiz) 44
Glaubenbielenpass (Schweiz) 36
Gletsch (Schweiz) 101
Golfe-Juan (Frankreich) 187, 188
Gorges du Guiers Mort (Frankreich) 154
Gorges du Guiers Vif (Frankreich) 155
Gotthardpass (Schweiz) 100
Le Grand-Bornand (Frankreich) 212
Grasse (Frankreich) 187, 189
Graubünden (Schweiz/Italien) 42
Grenoble (Frankreich) 146, 148, 154, 156, 157, 180, 181

Grimselpass (Schweiz) 101
Grödner Joch (Italien) 77
Großen Sankt Bernard (Schweiz) ... 121, 128
Großglocknerstraße (Österreich) 71
Grottes des Échelles (Frankreich) 157
Gruyères/Greyerz (Schweiz) 29, 31
Gstaad (Schweiz) 29
Guillaumes (Frankreich) 195
Guillestre (Frankreich) 162, 164, 195, 196, 202, 204

H

Habère-Lullin (Frankreich) 138
Heididorf (Schweiz) 45, 47
Heiligenblut (Österreich) 69, 70, 71
Hinterthal (Österreich) 70
Hochtannbergpass (Österreich) 53
Hohenschwangau, Schloss (Deutschland) .. 60, 63
Les Houches (Frankreich) 129

I

Il Fuorn (Schweiz) 46
Indemini (Italien) 109
Innertkirchen (Schweiz) 37, 38, 39, 101
Iselsberg (Österreich) 69, 70
Isola Bella (Italien) 108
Issogne (Italien) 121
Die italienischen Seen (Italien, Schweiz) 106
Ivrea (Italien) 120

J

Jaufenpass/Passo Giovo (Italien) 84
Jaunpass (Schweiz) 29, 31
Jausiers (Frankreich) 195, 196, 197
Julierpass (Schweiz) 92

K

Kärnten (Österreich/Italien) 66
Kaunertal (Österreich) 52, 55
Kehlstein (Deutschland) 61
Kehlsteinhaus (Deutschland) 63
Klausenpass (Schweiz) 44
Kössen (Österreich) 62
Kötschach (Österreich) 70

L

Lac de Paladru (Frankreich) 154, 156
Lac Luitel (Frankreich) 173
Laffrey (Frankreich) 178
Lalley (Frankreich) 173
Lans-en-Vercors (Frankreich) 148
Le Lauzet-Ubaye (Frankreich) 163, 164
Laye (Frankreich) 173
Lech (Österreich) 53
Le Veyrier-du-Lac (Frankreich) 31
Linderhof, Schloss (Deutschland) 60, 63
Litzirüti (Schweiz) 46
Locarno (Schweiz) 108, 111
Lottigna (Italien) 93, 95
Lugano (Schweiz) 109, 110, 111
Lukmanierpass (Italien) 93

M

Mandello del Lario (Italien) 109
Maria Alm (Österreich) 70
Marmolada (Italien) 77, 79
Marmorera (Schweiz) 92
Martigny (Schweiz) 128, 131
Mastrils (Schweiz) 45, 47
Megève (Frankreich) 129, 130, 131
Meiringen (Schweiz) 39, 101, 102, 103

Mémorial de la Résistance (Frankreich) 149
Menaggio (Italien) 109, 111
Menglon (Frankreich) 148
Mens (Frankreich) 170, 172
Menthon-Saint-Bernard (Frankreich) 129, 131
Menton (Frankreich) 194
Meran (Italien) 85, 87
Modane (Frankreich) 203
Mont Charvin (Frankreich) 129
Mont-Dauphin (Frankreich) 196, 204
Montmaur (Frankreich) 170
Morillon (Frankreich) 212
Mortirolopass (Italien) 85
Morzine (Frankreich) 211, 212, 213

N

Nécropole nationale du Vercors (Frankreich) .. 149
Neßlegg (Österreich) 53
Neuschwanstein, Schloss (Deutschland) 60, 63
Notre-Dame-d'Aulps (Frankreich) 211, 213
Notre-Dame-de-Bellecombe (Frankreich) ....
.... 211, 213
Notre-Dame-de-la-Menour (Frankreich) 194
Notre-Dame-de-la-Salette (Frankreich).. 171, 178, 181
Notre-Dame-de-Toute-Grâce (Frankreich) 131
Nufenenpass (Schweiz) 100

O

Oberalppass (Schweiz) 100
Oberwallis (Schweiz) 98
Ofenpassstraße (Schweiz) 45
Ollon (Schweiz) 28
Omegna (Italien) 109
Oratoire du Chazelet (Frankreich) 203
Oropa (Italien) 120

INDEX

P

Pas de la Faye (Frankreich) 187
Passo della Foppa (Italien) 85
Passo delle Palade/Gampenjoch (Italien) 85
Passo Giovo/Jaufenpass (Italien) 84
Le Percy (Frankreich) 172
Peyre-Haute (Frankreich) 195
Le Pin (Frankreich) 156
Plateau d'Assy (Frankreich) 129
Plöckenpass (Österreich) 69
Pont de Brion (Frankreich) 170
Pont de l'Abîme (Frankreich) 137
Pont du Châtelet (Frankreich) 163
Pont du Diable (Frankreich) 137
Ponte di Legno (Italien) 85
Pontis, Erdpyramiden (Frankreich) 179
Pontresina (Schweiz) 92
Pont-Saint-Martin (Italien) 120
Pordoijoch (Italien) 77
Presles (Frankreich) 148

Q

Quart (Italien) 122
Queyras (Frankreich) 160

R

Ramsau (Deutschland) 61, 63
Reckingen (Schweiz) 102, 103
Reichenbachfällen (Schweiz) 37, 39
Reit im Winkl (Deutschland) 61, 62
Reposoir (Frankreich) 211
Reschenpass/Passo di Resia (Österreich) 52
Resia/Reschen (Italien) 54, 55
Rhonegletscher (Schweiz) 101
Riedbergpass (Österreich) 53

Route des Grandes Alpes (Frankreich) ....
.... 192, 200, 208
Route Napoléon (Frankreich) 176, 184
Runkelstein, Schloss (Italien) 87
Rüti (Schweiz) 36

S

Saalbach (Österreich) 70
Saanenmöser (Schweiz) 30
Saint-Christophe-la-Grotte (Frankreich) .. 155, 156
Saint-Ferréol (Frankreich) 30
Saint-Jean-de-Maurienne (Frankreich) 203, 205
Saint-Jorioz (Frankreich) 30
Saint-Martin-Vésubie (Frankreich) 194, 197
Saint-Pierre-de-Chartreuse (Frankreich) . 155, 156
Saint-Pierre (Italien) 121
Saint-Véran (Frankreich) ... 165, 195, 196, 197, 204
Saint-Vincent-Les-Forts (Frankreich) 180, 188
Salzburg (Österreich) 68, 71
Samoëns (Frankreich) 212
San Bernardino (Schweiz) 93
San Floriano/Obereggen (Italien) 78
Sankt Anton (Österreich) 54, 55
San Vito di Cadore (Italien) 79
Sarentino/Sarnthein (Italien) 84, 86, 87
Sarnthein/Sarentino (Italien) 84, 86, 87
Savines-le-Lac (Frankreich) 179, 180, 188
Savognin (Schweiz) 92, 94
Savoie (Frankreich) 126
Schallenbergpass (Schweiz) 36
Scharnitzpass (Deutschland) 61
Schwartzsee (Schweiz) 36
Die Seen der Savoie (Frankreich) 134
Sellapass (Italien) 77
Senale (Italien) 86

Serfaus (Österreich) 54
Serre de la Madone (Frankreich) 197
Serre-Ponçon (Frankreich) 181
Seynord (Frankreich) 30
Sillingy (Frankreich) 139
Simplonpass (Schweiz) 101, 108
Soazza (Schweiz) 93, 95
Soglio (Schweiz) 93
Sospel (Frankreich) 194, 196, 197
Souterroscope de la Grotte de Baume Obscure
(Frankreich) 187, 189
Splügenpass (Italien) 93
Stampa (Schweiz) 92
Sterzing/Vipiteno (Italien) 86
Stilfserjoch (Schweiz) 45
Südtirol (Italien) 82
Sulden (Italien) 46
Sustenpass (Schweiz) 37, 101
Sutrio (Italien) 71

T

Théus, Erdpyramiden (Frankreich) 179
Thônes (Frankreich) 137, 138
Thonon-les-Bains (Frankreich) 136, 139, 211
Thun (Schweiz) 36, 39
Tiefencastel (Schweiz) 92
Tirano (Italien) 85, 92
Tolmezzo (Italien) 69
Tonalepass (Italien) 85
Trauttmansdorff, Schloss (Italien) 87
Les Treize Arbres (Frankreich) 136
Trivero (Italien) 120

U

Ugine (Frankreich) 129
Ulrichen (Schweiz) 100, 101, 102, 103
Umbrailpass (Schweiz) 45
Unsere liebe Frau im Walde/Senale (Italien) 86
Urnerboden (Schweiz) 47

V

Val-d'Isère (Frankreich) 205
Valloire (Frankreich) 205
Vallorcine (Frankreich) 128
Valsavarenche (Italien) 122, 123
Varese (Italien) 109
Vars (Frankreich) 195, 196, 197
Vassieux-en-Vercors (Frankreich) 146, 149
Vaujany (Frankreich) 204
Verbania (Italien) 108, 110
Vercors (Frankreich) 144
Verrès (Italien) 121
Villar-Saint-Pancrace (Frankreich) 164, 204
Vipiteno/Sterzing (Italien) 86
Vizille (Frankreich) 171, 172, 173
Voiron (Frankreich) 157
Vorarlberg (Österreich) 50

W

Wallis (Schweiz) 26
Welschnofen/Nova Levante (Italien) 77, 78
Wendelstein (Deutschland) 61

Z

Zell am See (Österreich) 68
Zweisimmen (Schweiz) 30

BILDNACHWEIS

Seiten 1, 3, 30, 36, 37, 38, 42, 44, 45, 46, 50, 58, 60, 61, 62, 68, 69, 70, 74, 76, 77, 78, 82, 84, 85, 86, 92, 93, 94, 100, 101, 102, 109, 118, 120, 121, 122, 130, 146, 152, 171, 180, 208, 222 : F. Lecoutre/Michelin

Seite 4 : R. Villalon/Fotolia.com

Seiten 26, 28, 29, 34, 66, 98, 126, 128, 129, 192, 194, 195, 200, 202, 203, 210, 211 : T. Mallevays/CTOUTCOM STUDIO

Seite 52 : Ph. Roy/hemis.fr

Seite 53 : M. E. Smith/Photononstop

Seite 90 : Ph. Orain/Michelin

Seite 106 : J. Huber/Sime/Photononstop

Seite 108 : A. Strauss/Look/Photononstop

Seite 110 : C. Bana/Author's Image/Photononstop

Seite 134 : P. Jacques/hemis.fr

Seiten 136, 137, 172 : H. Lenain/hemis.fr

Seiten 138, 154, 155 : N. Thibaut/Photononstop

Seiten 144, 148, 184, 186 : C. Moirenc/hemis.fr

Seite 147 : J.-P. Garcin/Photononstop

Seiten 156, 188 : G. Labriet/Photononstop

Seiten 160, 170 : F. Guiziou/hemis.fr

Seite 162 : S. Ouzounoff/Photononstop

Seiten 163, 164 : P. Escudero/hemis.fr

Seite 168 : B. Merle/Photononstop

Seiten 176, 178, 179 : J. Larquier/Moto Magazine

Seite 187 : Mauritius/Photononstop

Michelin Travel Partner
Société par actions simplifiées au capital de 11 629 590 EUR
27 Cours de l'Ile Seguin - 92100 Boulogne Billancourt (France)
R.C.S. Nanterre 433 677 721

Jede Reproduktion, gleich welcher Art, welchen Umfangs und mit welchen Mitteln, ohne Erlaubnis des Herausgebers ist untersagt.

© Michelin, Propriétaires-éditeurs

Dépôt légal : 03-2012 – ISSN 0293-9436
Photosatz : Michelin, Boulogne Billancourt
Druck, Broschur : La Tipografica Varese , Varese (Italy)
Printed in Italy: 03-2012

Usine certifiée 14001
Sur du papier issu de forêts gérées durablement (100% PEFC)